Dieter Sandner

Gruppenanalyse

Theorie, Praxis, Forschung

mit Beiträgen von D. Ohlmeier und F. Schwarz

Springer-Verlag
Berlin Heidelberg New York Tokyo

Dr. Dieter Sandner
Dipl.-Psych. M. A.
Schleißheimer Str. 106/II
8000 München 40

ISBN 3-540-16587-8 Springer-Verlag Berlin Heidelberg New York Tokyo
ISBN 0-387-16587-8 Springer-Verlag New York Heidelberg Berlin Tokyo

CIP-Kurztitelaufnahme der Deutschen Bibliothek

Sandner, Dieter: Gruppenanalyse : Theorie, Praxis, Forschung /
D. Sandner. – Berlin ; Heidelberg ; New York ; Tokyo :
Springer, 1986.
  ISBN 3-540-16587-8 (Berlin ...);
  ISBN 0-387-16587-8 (New York ...)

Das Werk ist urheberrechtlich geschützt. Die dadurch begründeten Rechte, insbesondere die der Übersetzung, des Nachdruckes, der Entnahme von Abbildungen, der Funksendung, der Wiedergabe auf photomechanischem oder ähnlichem Wege und der Speicherung in Datenverarbeitungsanlagen bleiben, auch bei nur auszugsweiser Verwertung, vorbehalten.

Die Vergütungsansprüche des § 54, Abs. 2 UrhG werden durch die „Verwertungsgesellschaft Wort", München, wahrgenommen.

© Springer-Verlag Berlin Heidelberg 1986
Printed in Germany

Die Wiedergabe von Gebrauchsnamen, Handelsnamen, Warenbezeichnungen usw. in diesem Werk berechtigt auch ohne besondere Kennzeichnung nicht zu der Annahme, daß solche Namen im Sinne der Warenzeichen- und Markenschutz-Gesetzgebung als frei zu betrachten wären und daher von jedermann benutzt werden dürften.

Produkthaftung: Für Angaben über Dosierungsanweisungen und Applikationsformen kann vom Verlag keine Gewähr übernommen werden. Derartige Angaben müssen vom jeweiligen Anwender im Einzelfall anhand anderer Literaturstellen auf ihre Richtigkeit überprüft werden.

Druck u. buchb. Verarbeitung: Beltz Offsetdruck, Hemsbach/Bergstraße
2119/3140-54321

Inhaltsverzeichnis

Auf dem Wege zu einer wissenschaftlich fundierten und gesellschaftlich engagierten Gruppenanalyse 3

Theorie

1. Die analytische Theorie der Gruppe von W. R. Bion 11

2. Der Beitrag von S. H. Foulkes zur Entwicklung einer analytisch fundierten Gruppendynamik 24

3. Walter Schindlers Beitrag zur gruppenanalytischen Theorie und Technik . 38

4. Modellüberlegung zur psychischen Dynamik in analytischen Gruppen . . 42

5. Theoriebildung in der Gruppenanalyse. Gegenwärtiger Stand und Perspektiven 57

6. Analyse der Gruppe als Ganzes – eine umstrittene Perspektive 70

Praxis

7. Selbsterfahrung und Schulung psychosozialer Kompetenz in psychoanalytischen Gruppen 89

8. Zur Psychodynamik in Arbeitsgruppen – ein Beitrag zur Theorie der angewandten Gruppendynamik 101

9. Zur Psychodynamik von Schizophrenen in analytischen Gruppen mit Psychotikern und Neurotikern 116

10. Gruppenanalyse in der Klinik mit Psychotikern und anderen schwer gestörten Patienten 131

Forschung

11. Zur Methodologie der Erforschung des Gruppenprozesses in der analytischen Gruppentherapie 141

12. Begründung und Darstellung eines hermeneutischen Verfahrens zur Erfassung des Beziehungsgeschehens in der analytischen Gruppenpsychotherapie (Gruppenanalyse) 152

13. Zur Wechselwirkung von Theorie, Praxis und Forschungsmethode bei der Erforschung des Prozesses in der analytischen Gruppenpsychotherapie (Gruppenanalyse) 162

Gesellschaftliche Bezüge der Gruppenanalyse

14. Über die Schwierigkeit, kollektive Widerstände zu bearbeiten. Kritische Anmerkungen zu den Protokollen der Arbeitskreise der 8. Arbeitstagung des DAGG 173

15. Psychologische und soziologische Überlegungen zur Sozialisation des Gruppenanalytikers 186

Quellennachweise der einzelnen Aufsätze 197

Für Maria Theresia

Auf dem Wege zu einer wissenschaftlich fundierten und gesellschaftlich engagierten Gruppenanalyse

Die vorliegende Aufsatzsammlung stellt eine Rückbesinnung dar auf 12 Jahre praktischer gruppenanalytischer Arbeit und der damit verbundenen Auseinandersetzung mit den von mir vorgefundenen gruppenanalytischen Konzepten. Die einzelnen Beiträge zeichnen gleichsam meinen Weg in Richtung auf eine wissenschaftlich fundierte Gruppenanalyse. Es gab hierbei verschiedene äußere berufliche Etappen, wobei die praktischen Probleme, die sich mir jeweils stellten, eine weitere Auseinandersetzung mit theoretischen Konzepten anregten bzw. auch stellenweise richtiggehend erzwangen. Bedeutsam war hierbei sicherlich, daß ich immer schon ein starkes Bedürfnis hatte, meine praktische Arbeit theoretisch zu reflektieren und begrifflich abzubilden. Zudem war es mein Anliegen, an der Entwicklung einer gruppenanalytischen Theorie mitzuarbeiten, die *praktisch* relevant ist und unmittelbar in der praktischen Arbeit angewendet werden kann. Früh schon hat mich der Satz von K. Lewin beeindruckt: Es gibt nichts Praktischeres als eine gute Theorie.

Meine gruppenanalytische Lehrzeit absolvierte ich einmal in einer Selbsterfahrungsgruppe mit 14 Sozialarbeiterinnen und Sozialarbeitern, die unter der Leitung von D. Ohlmeier (damals Leiter der Sektion für analytische Gruppenpsychotherapie an der Universität Ulm) durchgeführt wurde und in der ich als Koleiter tätig war. Mein Interesse galt damals v. a. gruppendynamischen Prozessen: Ich kam von der gruppendynamischen Tradition her und war zunächst weniger psychoanalytisch, mehr sozialpsychologisch orientiert und interessiert. Im Verlaufe der gemeinsamen Arbeit mit Ohlmeier beeindruckte mich zunehmend das strenge gruppenanalytische Setting, das ausgesprochen interessante gruppendynamische Phänomene hervortreten ließ, die zurückgenommene freischwebende Aufmerksamkeit des Gruppenleiters und dessen sparsame, aber oft treffende Deutungen unbewußter Vorgänge in der Gesamtgruppe. Ohlmeier war damals ein strenger Anhänger des Konzepts, wonach die Gruppe in ihrer Gesamtheit dem Gruppenleiter gegenüber übertrage und die einzelnen Teilnehmer mit ihrer jeweils spezifischen Übertragung an der Übertragung der Gesamtgruppe auf den Therapeuten teilhaben. Diese Arbeitsweise hat mich sehr beeindruckt, und ich verspürte den starken Wunsch, die in der Gruppe erlebten Vorgänge auch theoretisch besser zu verstehen. Deshalb wandte ich mich zunächst 2 Klassikern der Gruppenanalyse zu: W. R. Bion und S. H. Foulkes. Ergebnis meiner Studien dieser beiden Autoren waren die Aufsätze über Bion und Foulkes, die 1974 bzw. 1975 entstanden sind und in denen es mir um ein *umfassendes* Verständnis der Ansätze dieser beiden Autoren ging, aber auch bereits um eine erste kritische Gewichtung auf dem Hintergrund einer mir damals nur vage vorschwebenden gruppenanalytischen bzw. gruppendynamischen Gesamttheorie.

Besonders auf der Basis der Überlegungen von Bion habe ich dann auch 1974 begonnen, hier in München Selbsterfahrungsgruppen von jeweils 1 Jahr Dauer für interessierte Berufstätige und Studenten durchzuführen. Gleichzeitig arbeitete ich von 1974–1977 an meiner Dissertation über „die konzeptionelle Erfassung der psychischen Dynamik in Selbsterfahrungs- und Therapiegruppen", die in stark gekürzter Form 1978 als Buch erschienen ist mit dem Titel „Psychodynamik in Kleingruppen". In dieser Arbeit versuchte ich, die gesamte *gruppendynamische* Tradition von den Anfängen bei Lewin (1947) bis 1977 aufzuarbeiten unter der leitenden Fragestellung, welche psychodynamisch bedeutsamen Annahmen von den wichtigsten Vertretern dieser Tradition gemacht wurden. Es wurde mir bald klar, daß die Vertreter der gruppendynamischen Tradition meist Anleihen bei psychoanalytischen oder gruppenanalytischen Autoren genommen hatten, welche versuchten, griffigere psychodynamische Überlegungen zu entwickeln, um das Geschehen in ihren gruppendynamischen Trainingsgruppen, den gruppenpsychologischen Unterrichtsgruppen und Selbsterfahrungsgruppen zu verstehen. Aus diesem Grund und weil ich beeindruckt war von der praktischen Arbeit mit Ohlmeier, vertiefte ich mich in weitere psychoanalytische und gruppenanalytische Überlegungen über Gruppen und entwickelte eine gruppenanalytische *Modellüberlegung,* die ich den vorliegenden wichtigsten gruppendynamischen Konzepten gegenüberstellte. Ergebnis meiner Untersuchung war, daß diese Modellüberlegung es gestattete, die vielfach disparat erscheinenden Befunde der gruppendynamischen Tradition sinnvoll aufeinander zu beziehen bzw. in eine Gesamttheorie zu integrieren. Besonders bedeutsam für mich war dabei, daß es sich im wesentlichen um eine *gruppenanalytische* Modellüberlegung handelte. Meine damalige Modellüberlegung basierte auf der Annahme, daß es unterschiedliche qualitativ und psychodynamisch voneinander unterscheidbare Konstellationen zwischen den Teilnehmern einer Gruppe, der Gruppe als ganzer und dem Gruppenleiter gibt, die sich je nach der Größe der Gruppe, den Interventionen des Gruppenleiters und der spezifischen Geartetheit der Teilnehmer in ihrer Gesamtheit einstellen, d. h. daß es *kein* einheitliches Gruppengeschehen gibt. Ich nahm damals hypothetisch wenigstens 3 unterschiedliche Konstellationen in Selbsterfahrungs- und Therapiegruppen an: Eine *präödipale Konstellation* (wie wenn in einer Gruppe nur eine Beziehung zwischen 2 „Personen" bestünde), eine *ödipale Konstellation* (Wiederbelebung einer Dreieckskonstellation Mutter/Vater/Kind auf dem Niveau der Gesamtgruppe) und schließlich eine reife Beziehungsstruktur, die ich *reflexiv-interaktionell* nannte, bei der die Teilnehmer und der Gruppenleiter als abgegrenzte gleichberechtigte Erwachsene miteinander interagieren. In der genannten Monographie (Sandner 1978) konnte ich zeigen, daß aller Wahrscheinlichkeit nach in Selbsterfahrungs- und Therapiegruppen ein Prozeß in Gang kommt, der sich von der präödipalen über die ödipale Konstellation bis hin zur reflexiv-interaktionellen Konstellation hinbewegt, wobei ich auch herausarbeitete, unter welchen Bedingungen dies geschieht und unter welchen nicht. Da diese Modellüberlegung auch heute nichts an Aktualität eingebüßt hat, habe ich eine gekürzte Fassung des 2. Kapitels meiner Monographie *Psychodynamik in Kleingruppen* in diese Aufsatzsammlung aufgenommen. Es ist der Beitrag „Modellüberlegung zur Psychodynamik in analytischen Gruppen".

Diese theoretischen Überlegungen zusammen mit der praktischen Erfahrung, daß die von Bion, Foulkes, aber auch von Ohlmeier vertretene Arbeitsrichtung von den

Teilnehmern meiner Gruppen oft wenig verstanden wurde und in mir häufig schwierige emotionale Spannungszustände auslöste, führten mich zunehmend dazu, mit meiner Arbeitsweise zu experimentieren und nicht mehr strikt Vorgänge in der Gesamtgruppe zu fokussieren. Gleichzeitig wurde ich zunehmend zunächst von den Schriften, dann auch ganz persönlich von W. Schindler beeinflußt: Schindler stellte die strenge gruppenanalytische Orientierung sehr in Frage und meinte: Es gehe doch darum, daß die einzelnen Gruppenteilnehmer von der Gruppenerfahrung profitieren und weniger darum, daß gruppenanalytische Prozesse vom Gruppenleiter erkannt, studiert und als Deutung angeboten werden. Gruppenanalytisches Arbeiten im Sinne des Konzepts „Gruppe als Ganzes" führe vorwiegend zu einer therapeutisch wenig handhabbaren und fruchtbar zu machenden Regression der Teilnehmer in ihrer Gesamtheit und ermögliche den Teilnehmern wenig unmittelbare Erfahrung und Einsicht in der Gruppe. Nach vielen Diskussionen mit Schindler und der Überwindung innerer Widerstände in mir, das Klassische – v. a. von orthodoxen Analytikern vertretene – gruppenanalytische Konzept in Frage zu stellen, bewegte ich mich zunehmend auf die pragmatischere gruppenanalytische Position von Schindler zu. Seine Überlegungen leuchteten mir auch ein aufgrund von Erfahrungen mit schwer zu handhabenden regressiven Gruppenvorgängen in studentischen Selbsterfahrungsgruppen von 20–25 Teilnehmern, die ich im Rahmen eines Lehrauftrags „Theorie und Praxis der Gruppendynamik" von 1975–1978 am Psychologischen Institut der Universität München durchführte. Ähnlich kritisch äußerte sich auch meine damalige Kontrollanalytikerin, Frau Schwinert, bei der ich meine Gruppen hier in München regelmäßig kontrollieren ließ. Nichtsdestoweniger blieb ich praktisch zunächst vorwiegend orientiert an der Arbeitsweise, die Gruppe als Ganzes zu interpretieren, ja es war sogar so, daß ich, als ich 1977 an die Forschungsstelle für Psychopathologie und Psychotherapie in der Max-Planck-Gesellschaft kam, um dort ein bereits laufendes Gruppentherapieprojekt (gemeinsame Behandlung von Schizophrenen und Neurotikern in analytischen Gruppen) wissenschaftlich zu begleiten und zu erforschen, in der praktischen Arbeit mit diesen Gruppen zunächst eher eine besonders „klassische" gruppenanalytische Arbeitsweise praktizierte (im Sinne von Bion, Foulkes und Ohlmeier). Rückblickend meine ich, daß ich mich damals wohl beim emotionalen „Zusammenprall" mit den ausgesprochen schwer gestörten Patienten (v. a. schizophrene Patienten, Borderlinepatienten und schweren chronifizierten Neurosen), mit denen ich vorher relativ wenig zu tun gehabt hatte, auf das zurückgezogen habe, wo ich mich behandlungstechnisch und theoretisch sicher gefühlt habe. Wie stark mich diese Arbeit damals aufgewühlt und betroffen gemacht hat, wird aus meinem ersten Aufsatz über diese Arbeit von 1980 „Zur Psychodynamik von Schizophrenen in analytischen Gruppen gemeinsam mit Neurotikern" deutlich. Im Verlauf der insgesamt 3 Zweijahresgruppen mit Schizophrenen und Neurotikern, die ich an der Forschungsklinik der Max-Planck-Gesellschaft stationär und ambulant behandelte, wurde mir zunehmend deutlich, daß die extrem gruppenanalytische Arbeitsweise für mich nicht durchzuhalten war, weil ich mich emotional zu belastet fühlte ebenso aber auch für die Teilnehmer zu unnötigen Spannungen und wenig korrigierender Einsicht führte. Ich habe deshalb während dieser Arbeit (1977–1982) bereits meinen Stil zunehmend geändert in Richtung auf das Ansprechen von Interaktionen zwischen Teilnehmern und auch Interpretationen der Psychodynamik einzelner Teilnehmer in der Gruppe. Das Ergebnis ist eine gruppenanalytische

Arbeitsweise bzw. Behandlungstechnik, wie ich sie in dem Beitrag „Behandlungstechnik in der Gruppenanalyse von Schizophrenen gemeinsam mit Neurotikern" schildere, der 1984 verfaßt wurde.*

Parallel zu meiner praktischen Arbeit an der genannten Forschungsklinik, die von Herrn Prof. P. Matussek geleitet wird, habe ich mich bereits seit 1979 wieder vermehrt Fragen der gruppenanalytischen Theorie zugewendet: Ich hatte das Bedürfnis, nicht nur in meiner praktischen Arbeit die Behandlungstechnik zu ändern, sondern ebensosehr zu verstehen, was dabei gruppenanalytisch geschieht: Was geschieht in Gruppen, wenn einzelne interpretiert werden, Interaktionen gedeutet oder die Gruppe als Ganzes angesprochen wird? Ich kam zu dem Ergebnis, daß es ganz offensichtlich völlig unterschiedliche *Einstiege* von der Behandlungstechnik her in ein und demselben Gruppenprozeß gibt, aber wenig geklärt ist, was gruppenanalytisch beim jeweiligen Einstieg in der Gruppe vor sich geht. Ergebnis meiner diesbezüglichen Reflexion und eines intensiven Studiums der einschlägigen Literatur waren die Aufsätze „Theoriebildung in der Gruppenanalyse" (verfaßt 1980) sowie „Gruppenanalyse der Gruppe als Ganzes – eine umstrittene Perspektive" (verfaßt 1982). Während ich im 1. Beitrag eine Bestandsaufnahme des gegenwärtigen Stands der Theoriebildung vornahm und ausformulierte, welche Forschungsprobleme in Angriff genommen werden sollten und welche Forschunsstrategien verwendet werden müßten, handelt es sich in dem 2. genannten Beitrag um eine kritische Auseinandersetzung mit der gesamten Tradition, aus der ich selber ursprünglich gekommen bin: Bion, Grinberg/Langer/Rodrigue, Ezriel, Argelander und Ohlmeier, d. h. mit dem Konzept, „Gruppe als Ganzes" zu interpretieren.

Bereits bei meiner Bestandsaufnahme zur Theoriebildung in der Gruppenanalyse wurde mir deutlich, daß aller Wahrscheinlichkeit nach die herkömmliche positivistische sozialwissenschaftliche Forschungsmethodtik (das nomologische Paradigma) wenig geeignet ist, die mich interessierenden gruppenanalytischen Fragen, den *gruppenanalytischen Prozeß* zu erfassen und abzubilden. Mir wurde zunehmend klar, und das ist sicherlich ein Ergebnis meiner orthodoxen gruppenanalytischen Schulung und Herkunft, daß es fruchtbar ist, auch in der Forschung die Methode der Sinnerfassung anzuwenden, die jeder Gruppenanalytiker ganz spontan anwendet, wenn er verstehen will, was in den Gruppen vor sich geht: *eine hermeneutische Methode der Sinnerfassung*. Diese Frage habe ich in meinem Beitrag „Zur Methodologie der Erfassung des Geschehens in analytischen Gruppen" eingehend diskutiert, wobei mir deutlich wurde: Es reicht nicht, intuitiv-hermeneutisch – vom eigenen Gefühl her – den Gruppenprozeß zu erfassen, es ist erforderlich, ein spezifisch wissenschaftliches hermeneutisches Verfahren zu entwickeln, das als Forschungsverfahren konkret angewendet werden kann: Es geht darum, eine *empirisch-hermeneutische Forschungsmethode* zu entwickeln. Dies war dann auch der nächste Schritt, den ich unternahm. In dem Aufsatz „Begründung und Darstellung eines hermeneutischen Verfahrens zur Erfassung des Beziehungsgeschehens in der analytischen Gruppenpsychotherapie" habe ich dargelegt, welche Anforderungen an ein solches Verfahren gestellt werden müßten und wie ein solches Verfahren aussehen könnte. Gleichzeitig

---

* Dieser Beitrag ist erschienen in: Sandner, D. (Hrsg.) Analytische Gruppentherapie mit Schizophrenen. Vandenhoeck & Ruprecht, Göttingen 1986, 133–147

erkannte ich zunehmend, welch enger Zusammenhang zwischen Praxis, Theorie und Forschung für die praktische Arbeit sowie für die Theoriebildung in der Gruppenanalyse besteht. Diese Frage war mir so wichtig, daß ich einen eigenen Beitrag darüber verfaßt habe.

Ich bin mir im klaren darüber, daß ich auf meinem Wege zu einer wissenschaftlich fundierten Gruppenanalyse bislang v. a. Vorarbeiten und Grundlagenarbeit geleistet habe. Es wird in Zukunft darum gehen, die von mir entwickelte empirisch-hermeneutische Methode als Forschungsmethode auf konkrete Gruppenverläufe systematisch anzuwenden mit dem Ziel, die vielfältigen, in der Gruppenanalyse vorliegenden Konzepte und Annahmen empirisch zu überprüfen. Praktisch konnte ich die Brauchbarkeit meiner Methode im Kreis von Fachkollegen in Seminaren und auf Tagungen mehrfach bereits unter Beweis stellen. Ziel der Herausgabe dieses Sammelbandes ist es, Gruppenanalytiker, Gruppendynamiker und gruppenpsychologisch Interessierte anzuregen, ihren eigenen Weg zu reflektieren und in Auseinandersetzung mit meinen Überlegungen und Befunden – vielleicht auf diesen aufbauend – selbst mitzuwirken an der weiteren Entwicklung der Gruppenanalyse. Das können und sollen nicht nur Wissenschaftler; ich meine, daß auch „reine" Praktiker Spaß daran finden können, ihre eigene Gruppenarbeit zu reflektieren. Daß dies der Fall ist, habe ich auf verschiedenen Arbeitstagungen der „Sektion analytischer Gruppenpsychotherapie im DAGG" erleben können und auch in einer Arbeitsgruppe zur Gruppenanalyse hier in München, die ich 1977 gegründet habe und in der nur Praktiker sind. Ich möchte an dieser Stelle besonders darauf hinweisen, wie sehr mir die vielen Diskussionen in dieser Arbeitsgemeinschaft geholfen haben, meinen Weg weiter zu gehen und mir Mut gemacht haben, neben der täglichen therapeutischen Arbeit meine Überlegungen und Hypothesen weiter zu verfolgen, zu präzisieren und zu Papier zu bringen. Dafür danke ich den Mitgliedern dieser Arbeitsgemeinschaft ganz herzlich (G. Bass, J. Gneist, K. Lehmann, D. Mattke, G. Mayer, P. Molitor, W. Wirtz und U. Zeitler).

Zwei Arbeiten habe ich in diesen Sammelband aufgenommen, die zunächst relativ wenig mit der unmittelbaren gruppenanalytischen Arbeit zu tun haben: Einen Bericht über den Kongreß des DAGG von 1978 (Thema: Veränderung und Widerstand) sowie eine kritische Reflexion zur Sozialisation des Gruppenanalytikers. Mir scheint, daß beide Arbeiten wichtig sind für das Selbstverständnis des Gruppenanalytikers: zum einen was seine Rolle in der Gesellschaft anbelangt über die unmittelbare therapeutische Kleingruppenarbeit hinaus; zum anderen ist es, wie ich meine, von grundlegender Bedeutung, welche Sozialisation ein Gruppenanalytiker durchläuft, wie die institutionellen Rahmenbedingungen sind innerhalb derer er sein Handwerk erlernt und ausübt. Beiden Fragen sollten Gruppenanalytiker sich auch zuwenden. Es wird dann bald deutlich werden, daß die unmittelbare therapeutische gruppenanalytische Arbeit viel mit den Rahmenbedingungen zu tun hat, in denen der Gruppenanalytiker arbeitet: Die Form der Berufsausübung „in privater Praxis" und die spezifische Sozialisation zum Gruppenanalytiker im Rahmen privater Institute führen dazu, daß der Gruppenanalytiker in der Regel wenig in die Lage versetzt wird, seine Arbeit kritisch zu reflektieren. Weniger deshalb, weil er nicht möchte oder grundsätzlich nicht könnte, eher weil er Geld verdienen muß und von den privaten Instituten in der Regel wenig Handwerkszeug erhält, seine gruppenanalytische Praxis mit einer adäquaten Methode zu analysieren und in einer kontinuierlichen Gruppe von

Kollegen zu reflektieren. Darüber hinaus möchte ich an dieser Stelle gerne die Frage stellen, ob die gruppenanalytische Erfahrung und die in Gang kommende gruppenanalytische Forschung nicht wertvolle Beiträge leisten könnte zur Lösung von Problemen, bei denen es nicht um unmittelbare therapeutische Zielsetzungen geht: Die Beiträge „Zur Psychodynamik in Arbeitsgruppen" und der mit D. Ohlmeier gemeinsam verfaßte Beitrag „Selbsterfahrung und Schulung psychosozialer Kompetenz in psychoanalytischen Gruppen" sowie der Bericht „Gruppenanalyse in der Klinik" sind erste *Versuche* in diese Richtung. Angesichts der massiven gesellschaftlichen und politischen Herausforderungen, die sich uns in den nächsten Jahren im Bereich der Ökologie, der Friedenssicherung und Erhaltung einer humanen Gesellschaft unter vermehrtem sozialen Konfliktdruck stellen, ist zu fragen, ob die Gruppenanalyse sich lediglich auf den engen therapeutischen Raum beschränken sollte oder nicht vielmehr ihren Beitrag als *Hilfswissenschaft* einbringen sollte bei der Lösung der genannten Probleme: Wie läßt sich Gruppenanalyse z. B. im Bereich des politischen und gesellschaftlichen Konfliktaustrags nutzen, um eine Verbesserung der Arbeit der vielen Gruppen zu ermöglichen, die gesellschaftlich und politisch engagiert sind und sich um eine Verbesserung der gesellschaftlichen Verhältnisse bemühen (Gruppen, die sich um Abrüstung bemühen, eine gerechtere Verteilung des gesellschaftlichen Reichtums national und international anstreben, ein ökologisches Umdenken, um eine ökologische Katastrophe zu verhindern, ein Hinterfragen der riesigen Rüstungsausgaben, Gruppen, die gegen Diskriminierung von Randgruppen sind oder sich um eine bessere psychotherapeutische Versorgung wenig versorgter, schwerer psychischer Störungen bemühen usw.). Dabei ist es wohl nicht vordringlich, mögliche Gefahren des Mißbrauchs gruppenanalytischer Erfahrungen zu reflektieren, etwa in der Weise, daß solche Erfahrungen für eine effektivere Durchsetzung oder Aufrechterhaltung bestehender herrschender Auffassungen oder Machtstrukturen mißbraucht werden könnten. Wichtiger scheint mir, eine psychologistische Verkürzung der Gruppenanalyse zu vermeiden, statt so zu tun, als wäre es möglich, durch vermehrte gruppenanalytische Arbeit gesellschaftliche Verhältnisse zu verändern oder zu verbessern. Es geht vielmehr darum, die Gruppenanalyse als *mögliche Hilfe* bei der Bewältigung gruppenpsychologischer Probleme im Rahmen politisch engagierter Gruppen zu verstehen, als *Hilfswissenschaft,* um konkretes Engagement effektiver zu gestalten. Mit einer so verstandenen Gruppenanalyse würden wir weder an den Punkt gelangen, an dem K. Lewin 1947 die gruppendynamische Bewegung begründet hat als Möglichkeit und Notwendigkeit der Erforschung gruppendynamischer und gruppenanalytischer Prozesse bei der Realisierung der Ziele politisch engagierter Gruppen (damals ging es um die Arbeit für die Rassenintegration in den USA). Gruppenanalyse wäre auf diese Weise aus einer gewissen Einengung auf die therapeutische Arbeit befreit und würde die ihr zukommende Bedeutung für die theoretische wie die angewandte Gruppenpsychologie erlangen, die ihr m. E. zukommen sollte.

München, im Mai 1986   Dieter Sandner

Theorie

1. Die analytische Theorie der Gruppe von W. R. Bion

Vorbemerkung

Die Überlegungen, die Bion v. a. in seinem Hauptwerk „Erfahrungen in Gruppen" anstellt, sind oft schwerverständlich. Etwas weniger verwirrend sind die Texte, wenn man sie als aufeinanderfolgende Versuche Bions betrachtet, seine Erfahrungen in Gruppen begrifflich zu fassen (vgl. Sherwood 1964, S. 114).

In einer 1. Formulierung, die er in den ersten beiden Papieren seiner Schrift versucht (Bion 1971, S. 20–42)*, geht es Bion darum, die Prozesse in Gruppen mit den Begriffen „Bedürfnisse der Individuen", „Gruppenmentalität" und „Gruppenkultur" zu erfassen (vgl. Abschn. I dieser Arbeit).

Der 2., nach Sherwoods Auffassung wichtigste, Formulierungsversuch ist in den Papieren 3–7 enthalten, in denen Bion seine Theorie der Grundannahmengruppe entwickelt (S. 42–101).

In einem 3. Anlauf versucht Bion schließlich, seine Theorie der Grundannahmen in Gruppen zu verknüpfen mit theoretischen Vorstellungen von S. Freud und M. Klein. Diese Überlegungen sind in dem Papier über Gruppendynamik enthalten (S. 102–141).

Ich bin mit Sherwood der Auffassung, daß der 2. Formulierungsversuch Bions der ausgereifteste ist. Im Gegensatz zu ihm meine ich allerdings, daß der 3. Versuch mehr ist als ein äußerliches Bemühen Bions, seine Erfahrungen mit Konzepten der psychoanalytischen Theorie zu verknüpfen (Sherwood 1964, S. 122). Gerade seine Ausführungen über die Ähnlichkeit bestimmter Phänomene in stark regredierten Gruppen mit frühkindlichen psychischen Abläufen, wie sie M. Klein beschreibt, sollten sorgfältig analysiert und nachgeprüft werden.

Die Schwierigkeiten bei der Erfassung der Bionschen Gedankengänge dürften dazu geführt haben, daß Bion zwar in allen Arbeiten über analytische Gruppentheorie zitiert wird, eine eingehendere Auseinandersetzung mit ihm aber allerorts tunlichst vermieden wird.

Meines Erachtens lohnt es aber, sich die Mühe zu machen, die Ausführungen Bions eingehend zu studieren; er ist einer der wenigen, der sich mit der Aufhellung von stark regressiven Zuständen in Gruppen beschäftigt hat, die besonders in analytischen Gruppen, aber auch in anderen, als nicht ungefährliche Phasen der Gruppenentwicklung auftreten.

---

* Alle Angaben, die sich auf diese Schrift von Bion beziehen, werden lediglich durch eine Seitenzahl in Klammern ausgewiesen

Durch den folgenden Beitrag soll ein erster Einblick in die Gedankengänge Bions ermöglicht werden, der den Leser zum weiteren Studium anregen soll. Er gliedert sich in 6 Abschnitte:

- im 1. wird die Frage aufgeworfen, wie Bion zu seinem Konzept der Grundannahmengruppe gekommen ist und was es in erster Annäherung besagt
- im 2. Abschnitt werden die verschiedenen Grundformen von Grundannahmen skizziert
- im 3. geht es um das Problem der Funktion dieser Grundannahmen im seelischen Haushalt, des einzelnen und der Gruppe
- im 4. um die Frage des Übergangs von der Grundannahmengruppe zur sog. Arbeitsgruppe
- im 5. Abschnitt werden wir uns mit den Aufgaben des Gruppenleiters befassen, den Gruppenprozeß konstruktiv zu fördern, und
- im 6. schließlich wird sich eine knappe kritische Würdigung des Ansatzes von Bion anschließen, insbesondere in seiner Bedeutung für die gruppendynamische Arbeit.

I

Nach mehrjähriger Erfahrung mit therapeutischen Gruppen hat Bion festgestellt, daß nur bestimmte Beiträge – sei es von einzelnen oder vom Gruppenleiter – in diesen Gruppen aufgegriffen wurden bzw. Anklang fanden. Andere Beiträge, so treffend und differenziert sie auch sein mochten, stießen auf stillschweigende Ablehnung, sie wurden einfach übergangen. Bion schreibt:

M.a.W., einem einzelnen Mitglied ist es nicht ohne weiteres möglich gewesen, der Gruppe Auffassungen mitzuteilen, die nicht mit denen übereinstimmen, die sie gerne hegen möchte (S. 25).

Und weiter unten:

Wir stehen also vor der Tatsache, daß die Gruppe höchstwahrscheinlich alle Deutungen, die von mir oder einem anderen ausgehen mögen, so umdeuten wird, daß sie ihren eigenen Wünschen entsprechen (S. 27).

Wie kommt es zu einer solchen unbewußten „Übereinkunft" in Gruppen? Bion meint,

... daß jeder, der irgendwie Kontakt mit der Realität hat, ständig die Einstellung seiner Gruppe zu ihm selbst bewußt oder unbewußt abschätzt (S. 31).

Wenn ich Bion richtig verstanden habe, so bedeutet dies, daß jedes Gruppenmitglied unbewußte Wünsche und Erwartungen hegt, die es an die Gruppe heranträgt. Der einzelne sieht die Gruppe durch die Brille seiner eigenen unbewußten Wünsche, nimmt deshalb nur ganz bestimmte Dinge wahr, hält dieses für möglich, jenes für unmöglich. Er interpretiert die Gruppe und die Vorgänge in ihr spontan im Lichte seiner unbewußten Übertragungen als für ihn positiv oder negativ.

Diese Übertragungsvorgänge finden in jeder Beziehung zwischen Menschen statt. Das Neue und Bedeutsame an Bions Konzept für das Verständnis von Gruppenprozessen ist, daß sich die Wünsche und Erwartungen der einzelnen durch projektive und identifikatorische Prozesse zu *gemeinsamen* Gruppenwünschen und -erwartungen *spontan* vereinigen. Sie bilden fortan eine Art unbewußter Gruppennorm, an der sich alle Gruppenmitglieder unbewußt emotional orientieren.

Das Besondere bei der Entstehung und Aufrechterhaltung solcher unbewußter Gruppen-„annahmen" liegt – wie später noch genauer ausgeführt werden wird – darin, daß es sich bei den beteiligten Übertragungsvorgängen offensichtlich um solche handelt, die sehr frühen Phasen der kindlichen Entwicklung zugerechnet werden müssen. Es handelt sich um die Reaktivierung von Konstellationen, welche in der sehr frühen Mutter-Kind-Beziehung gegeben waren, weniger und nur in zweiter Linie, um die Wiederholung der (ödipalen) Familienkonstellation der Gruppenteilnehmer. Dies läßt sich wahrscheinlich aus dem relativ unstrukturierten „setting" therapeutischer oder gruppendynamischer Gruppen erklären, das solche Regressionen in frühe Entwicklungsphasen nahelegt oder erleichtert.

Die Psychodynamik dieser sich spontan und unbewußt einspielenden „Übereinkünfte" in Gruppen versucht Bion, mit folgenden – recht paradox klingenden – Aussagen verständlich zu machen:

Wenn die Gruppe eine Möglichkeitzu anonymen Äußerungen bieten kann, ist der Grund zu einem funktionsfähigen Sysem der Ausflüchte und Verleugnungen gelegt (S. 36).

Und weiter:

... ich werde eine Gruppenmentalität als das Sammelbecken voraussetzen, in das die anonymen Beiträge einfließen und durch das die Impulse und Wünsche, die in diesen Beiträgen liegen, befriedigt werden (S. 36).

Und schließlich,

... daß der einzelne in der Gruppenmentalität ein Ausdrucksmittel für Beiträge findet, die er anonym vorbringen möchte, während sie gleichzeitig das größte Hindernis auf dem Wege zu den Zielen bildet, die er durch seine Zugehörigkeit zu der Gruppe erreichen möchte (S. 38).

Hier ist die Rede von

– anonymen Beiträgen, deren
– zugrundeliegende Impulse und Wünsche befriedigt werden
– durch ein System von Ausflüchten und Verleugnungen,
– wobei die Äußerungen (Beiträge) zugleich das größte Hindernis zu den Zielen darstellen, die der einzelne erreichen möchte.

Im Klartext heißt das: Einerseits befriedigen die Gruppenteilnehmer z. B. durch abhängiges, passives Verhalten ein Stück weit ihre Bedürfnisse nach Zuwendung und Geborgenheit, insofern sie durch ein solches Verhalten Fürsorge provozieren und erwarten, andererseits aber verhindert gerade diese zur Gruppennorm erhobene Passivität eine aktive Prüfung der Umwelt und der realen Möglichkeiten, Zuwendung und Geborgenheit zu erlangen. Die Gruppenmitglieder leugnen durch ihr Verhalten, daß sie überhaupt etwas tun müssen oder können, sie erwarten alles vom Gruppenleiter und machen ihn für ihre hilflose Situation verantwortlich.

Anders ausgedrückt: Die unbewußte Gier nach oraler Befriedigung darf als solche gar nicht ins Bewußtsein treten, weil sie mit zu vieler frühkindlicher Angst assoziiert wird. Deshalb tritt sie im Gewande der Passivität auf. Die Aussperrung des eigentlichen Bedürfnisses vom Bewußtsein verunmöglicht aber gerade eine realitätsgerechte Auseinandersetzung zwischen den einzelnen und der Gruppe mit dem Ziel einer echten Befriedigung der Bedürfnisse. Als Konsequenz der – sozusagen hinter ihrem Rücken vor sich gehenden Bedürfnisartikulation werden die Gruppenteilnehmer dann ständig dazu getrieben, diese Bedürfnisse unbewußt als Anforderungen an den Leiter heranzutragen, ohne daß sie selbst etwas für ihre Realisierung tun.

Ich fasse das bisher relativ abstrakt Erörterte in einem Beispiel zusammen:

In der relativ wenig strukturierten Situation einer beginnenden gruppendynamischen oder therapeutischen Gruppe werden vorwiegend starke Wünsche nach Abhängigkeit und Geborgenheit (orale Gier) wach bzw. reaktiviert, zugleich aber die entsprechenden Ängste vor diesen Wünschen. Nach kurzer Zeit vereinigen sich diese Wünsche meist zu einer unbewußten Gruppenmentalität, die besagt: keiner darf aktiv seine Wünsche verfolgen, alle müssen lediglich geduldig warten, bis der Leiter sie füttert und in jeder Hinsicht für alle sorgt.

Die orale Erwartung ist zunächst recht angenehm: die Gruppenmitglieder warten darauf, gefüttert zu werden. Aber mit dieser Einstellung ist notwendigerweise Frustration verbunden, denn das Ersehnte stellt sich nicht ein: Die Abhängigkeitsbedürfnisse werden nicht befriedigt vom Leiter, können in ihren Riesenansprüchen auch gar nicht befriedigt werden. Da es auf der Basis der gemeinsamen Gruppenmentalität *Abhängigkeit* keinem Mitglied der Gruppe „erlaubt" ist, aktiv zu werden und zu versuchen, durch Aktivitäten seine Bedürfnisse zu befriedigen, stellen sich sehr rasch Aggressionen auf den Leiter ein, die ihrerseits nicht geäußert werden dürfen. Die Aggressionen steigern sich, können nicht auf den Leiter gelenkt werden und müssen deshalb auf ein Ziel außerhalb oder innerhalb der Gruppe (äußerer Feind oder Sündenbock) gerichtet werden. Die Gruppe wird, wie Bion es nennt, zur Kampfgruppe.

Wichtig ist, daß, wie durch einen geheimnisvollen Zwang, alle Mitglieder einer Gruppe auf das geschilderte abhängige Verhalten festgelegt werden, die unbewußte Gruppenannahme den Verhaltensspielraum der einzelnen absteckt.

Bion versucht, die geschilderten Phänomene in Gruppen durch die Einführung von 3 Grundbegriffen zu ordnen. Er meint, daß die Gruppe als ein Wechselspiel zwischen

– individuellen Bedürfnissen
– Gruppenmentalität und
– Gruppenkultur

betrachtet werden kann (vgl. S. 40).

Er erläutert diese Begriffe folgendermaßen:

...daß es zur Aufhellung der Gruppenspannungen nützlich sei, die Existenz einer Gruppenmentalität anzunehmen. Mit diesem Wort bezeichne ich das, was ich für den einmütigen Ausdruck des Willens der Gruppe halte – einen Willensausdruck, zu dem die einzelnen anonym beitragen. Ich habe gesagt, dieses Phänomen im Seelenleben der Gruppe rufe meiner Ansicht nach Schwierigkeiten für den einzelnen bei der Verfolgung seiner Ziele hervor. Drittens und letztens habe ich eine Gruppenkultur postuliert, womit ich diejenigen Aspekte des Verhaltens der Gruppe bezeichnete, die aus dem Konflikt zwischen der Gruppenmentalität und den Wünschen des einzelnen zu entstehen scheinen (S. 43).

Im Spiegel der Interpretationen des Gruppenleiters erscheinen die 3 genannten Ebenen der Betrachtung wie folgt:

a) Gruppenmentalität: „Ich glaube, die Gruppe hat sich darauf geeinigt, daß ..."
b) Gruppenkultur: „Wir verhalten uns jetzt, als ob ..."

c) Individuum: „Herr X hat Schwierigkeiten, weil er gerne möchte, daß eines seiner Probleme behandelt wird, aber er hat das Gefühl, er würde sich bei der übrigen Gruppe unbeliebt machen, falls er den Versuch nicht aufgibt" (vgl. S. 43).

Oder anders ausgedrückt:

Die Gruppenmentalität ist der einmütige Ausdruck des Willens der Gruppe, zu dem der einzelne beiträgt, ohne sich dessen bewußt zu sein, und der unangenehm auf ihn einwirkt, sobald er in einer Weise denkt oder handelt, die zu den Grundannahmen im Widerspruch stehen. Sie ist also ein Mechanismus von Querverbindungen, der sicherstellen soll, daß das Gruppenleben mit den Grundannahmen im Einklang steht (vgl. S. 49).

II

Nach Bion gibt es in Gruppen folgende 3 Grundannahmen (GA), von denen *eine* jeweils die Gruppenmentalität bestimmt, während die anderen in den Hintergrund treten:

1. Abhängigkeit,
2. Kampf/Flucht und
3. Paarbildung.

Bei der GA Abhängigkeit verhält sich die gesamte Gruppe wie ein unmündiges, hilfloses Kind, das ganz und gar auf die Versorgung durch einen Erwachsenen angewiesen ist.

Der Gruppenleiter (GL) wird als allmächtiger angesehen, der alles bestens lösen wird. Eigene Aktivität ist weder erforderlich noch erfolgversprechend, ebensowenig Kommunikation unter den Gruppenmitgliedern. Der GL weiß, was für alle gut ist und wird allen verschaffen, was sie benötigen (vgl. Sherwood, S. 115f.; Rioch, S. 49f.).

Die GA Kampf/Flucht beinhaltet die einmütige Auffassung, daß die Gruppe in jedem Fall überleben muß, weil sie allein Sicherheit gibt. Sie kann nur überleben, wenn sie gegen den Feind im inneren (= Mitglieder, die ihre Problematik vortragen wollen und damit den inneren Frieden stören, sozusagen „den Leu wecken") und gegen den vermeintlich äußeren Feind (= dem Projektionsschirm der eigenen Aggressionen) ins Feld zieht und dabei von einem starken Führer geführt wird, oder, falls der Feind zu stark ist, geordnet zurückgeführt wird (Sherwood, S. 115; Rioch, S. 51f.).

Die GA Paarbildung ist charakterisiert durch eine messianische Hoffnung der Gruppe, daß durch Interaktionen zwischen Personen in der Gruppe etwas Neues entsteht, das alle Probleme löst. Alles wird schöner und besser werden. Es ist auch kein Führer erforderlich. Man muß nur die beiden gewähren lassen. Dabei ist es den beiden nicht erlaubt, eine echte sexuell-erotische Beziehung aufzunehmen. Alles muß im erwartungsvollen Vorfeld bleiben (Sherwood, S. 115; Rioch, S. 52f.).

Diese GA gehen – wie schon eingangs betont – nicht aus bewußten Interaktionen der Gruppenteilnehmer hervor bzw. aus einer bewußten Auseinandersetzung zwischen diesen, sondern aus unbewußten identifikatorischen und projektiven Prozessen. Gerade das hat Rioch im Auge, wenn sie schreibt:

Das Grundannahmeleben ist nicht nach außen in Richtung auf die Realität, sondern nach innen auf die Phantasie hin orientiert, die dann impulsiv und unkritisch wird. Man hält nur wenig inne, um zu überlegen oder die Folgen zu testen, man hat wenig Geduld mit einer fragenden Haltung und besteht entschieden auf dem Gefühl. Mitglieder von Grundannahmegruppen sind oft verwirrt, sie haben ein schlechtes Gedächtnis und sind hinsichtlich der Zeit desorientiert. Sie lernen nicht wirklich durch die Erfahrung oder passen sich durch sie an, sondern widersetzen sich tatsächlich der Veränderung, obwohl sie sehr bereitwillig von einer Grundannahme zur anderen überwechseln (Rioch 1973, S. 53f.).

Als charakteristisch für eine GA-Gruppe können wir festhalten (vgl. Sherwood, S. 116f.):

1. Alle GA zeichnen sich durch bestimmte Gefühlskonstellationen aus (wir sind klein und schwach, wir müssen kämpfen/fliehen, wir sind voller Hoffnung), die alle Gruppenaktivitäten durchdringen.
2. Diese Konstellationen stellen sich spontan ein, sind nicht bewußt angestrebt oder gewollt, spielen sich sozusagen hinter dem Rücken der Gruppenmitglieder ein.
3. Jede dieser GA hat eine Richtung, zu deren Repräsentanten die Gruppe ein Mitglied, eine Idee, die Geschichte der Gruppe (Tradition) oder den Leiter der Gruppe macht. Diese Richtung und ihre Repräsentanten ergeben sich aus bestimmten unbewußten „Bedürfnissen" der Gesamtgruppe, sie sind deren funktionale Erfordernisse.

Weiterhin zeichnen sich die GA aus durch folgende 3 Eigentümlichkeiten in den Interaktionen der Teilnehmer (vgl. Sherwood, S. 117):

1. die Dimension der Zeit scheint zu fehlen;
2. es besteht eine Abneigung gegen jede Art von Entwicklung, d. h. des Lernens aus der Erfahrung;
3. die Gruppe ist wenig in der Lage, die verbale Kommunikation, Sprache als Mittel des Probehandelns und der Realitätsprüfung zu verwenden. Sprache wird vielmehr konkret als Mittel der unbewußten Aktion im Dienste der GA verwendet.

Zusammengefaßt heißt das: In der GA-Gruppe laufen alle Prozesse weitgehend entlang den unbewußten primärprozeßhaften Phantasien der frühen Kindheit ab. Es findet keine Realitätsprüfung in der Gruppe statt, vielmehr sammeln sich alle Wünsche der Gruppenteilnehmer – bildlich gesprochen – in einer Art Gruppen-Es (Gruppenmentalität), das am liebsten gar nichts tun, alles haben und in keiner Weise vom Über-Ich geängstigt werden möchte.

III

In der relativ wenig strukturierten Situation einer therapeutischen oder gruppendynamischen Gruppe werden nach Bion eine ganze Reihe sehr früher Ängste reaktiviert. Es findet eine Regression auf frühkindliche Stadien (sog. prädipale Stadien) der Entwicklung statt.

Die geschilderten GA, die in solchen Gruppen sich rasch unbewußt einspielen, dienen dazu, diese frühen Ängste abzuwehren (vgl. S. 120f.; Sbandi 1973, S. 84; bes. Kutter 1970, S. 725f.):

1. Durch die GA der Abhängigkeit werden Gefühle von Gier und Neid abgewehrt, die auftauchen, sofern der Gruppenleiter (Gl) unbewußt als spendende Mutter erlebt wird. Keiner darf sich dann aktiv betätigen, denn das würde Neid und Aggressionen der anderen hervorrufen.
2. Da der Gl in der Regel den oralen Abhängigkeitswünschen der Gruppenmitglieder nicht nachkommt, entsteht sehr rasch Haß und Wut auf den Leiter, möglicherweise auch auf die anderen Teilnehmer der Gruppe. Diese starken Emotionen werden abgewehrt, indem die ganze Gruppe gegen einen vermeintlichen äußeren Feind kämpft oder vor einem solchen flieht. Die Wut ist dann sozusagen nicht in der Gruppe, sondern in einem äußeren Feind; die eigene Wut wird auf einen vermeintlich Wütenden projiziert.
An diesem Vorgang läßt sich demonstrieren, was Bion in Anlehnung an M. Klein „projektive Identifikation" nennt (S. 120f.).
Die eigenen Haßgefühle werden auf jemanden, eine Gruppe oder eine Idee projiziert, die dann als böse, feindlich erlebt werden. Zugleich identifizieren sich die Mitglieder der Gruppe mit diesen bösen Objekten und werden auf diese Weise die Verfolger nicht los, d.h. sie müssen sich ständig gegen diese verteidigen oder vor ihnen fliehen. Die in der Gruppe vorher vorhandene Aggression ist somit auf einen äußeren Verfolger verschoben, den die Gruppe loszuwerden versucht.*
3. Sexuelle Ängste in der Gruppe, die auf präödipale Ängste zurückgehen, werden abgewehrt, indem die Gruppe sich von einem Paar Hilfe und Rettung erwartet. Einem Paar allerdings, welchem es nicht gestattet ist, eine wirklich sexuell-erotische Beziehung aufzunehmen.

Je stärker eine Gruppe gestört ist, d.h. aus Mitgliedern besteht, die präödipale Störungen aufweisen, um so stärker treten die GA in Erscheinung, um so stärker regrediert die Gruppe auf diese. Und je weniger gestört die Gruppe ist, desto mehr ist es ihr möglich, auf einer Basis zu arbeiten und sich fortzuentwickeln, die Bion *Arbeitsgruppe* nennt.

Wenden wir uns jetzt dem zu, was Bion als Ziel einer therapeutischen oder gruppendynamischen Gruppe im Auge hat: der Arbeitsgruppe (AG).

IV

Unter „Arbeitsgruppe" versteht Bion eine differenzierte Gruppe, in der versucht wird, das jeweils gesteckte Gruppenziel durch fortwährend Klärung der Realität innerhalb und außerhalb der Gruppe zu erreichen. Sherwood schreibt:

Die AG ist ein Gebilde, das für eine bestimmte Aufgabe bewußt organisiert wird. Ein solches Gebilde muß nicht unbedingt einen Führer haben, aber in jedem Fall ist es ständig erforderlich zu kooperieren und zu planen. Insofern ist sie das Gegenteil einer GA-Gruppe, die ein nicht (bewußt) gewolltes Gebilde darstellt, das keinerlei bewußte Anstrengung von seinen Mitgliedern erfordert. Wenn sich die AG für ihre Arbeit organisiert, so ist stets ein bestimmtes Ziel im Blick, das „Durcharbeiten" von gemeinsamen Problemen durch rationale und mitfühlende Diskussion. Ein anderes wichtiges Ziel ist eine weniger verzerrte Wahrnehmung der physischen und sozialen Umgebung. Alle diese Aufgaben

---

* Vergleiche hierzu die Ausführungen zur Genese dieses Prozesses in der frühen Kindheit von M. Klein, 1972, S. 106ff., besonders S. 108; S. 151f.

erfordern, daß die AG sich an der Realität orientiert und deshalb mit Versuch und Irrtum, mit wissenschaftlicher Einstellung an ihre Probleme herangehen muß. Das bedeutet Empfänglichkeit für Erfahrung, eine Bereitschaft zu lernen und sich zu verändern. Vor allen Dingen muß die Fähigkeit vorhanden sein, die Gruppenerfahrungen auf den Begriff zu bringen und in Worte zu fassen in einer Weise, die brauchbare Regeln und Verallgemeinerungen erlaubt. Alle diese Merkmale bezeichnen gerade das Gegenteil von dem, was in GA-Gruppen vor sich geht: Abneigung gegen Entwicklung und Veränderung, die Weigerung, aus der Erfahrung zu lernen, und die Unfähigkeit, die Sprache adäquat zu verwenden (d.h. Symbole zu bilden). (Sherwood, S. 117, eigene Übersetzung; vgl. auch Rioch, S. 47.)

Um von der anfänglich sich spontan herausbildenden GAn-gruppe zu einer differenzierten Gruppe (Arbeitsgruppe) fortzuschreiten, ist es erforderlich, daß die Mitglieder der Gruppe aktiv werden und in einen wechselseitigen Klärungsprozeß eintreten.

Was Bion mit GAn-gruppe bzw. AG bezeichnet, ist natürlich nie in reiner Form vorhanden. Es finden sich ständig Mischungen aus beiden – idealtypisch vereinfachten – Gruppenformen. Nichtsdestoweniger aber findet ein ständiger Kampf innerhalb der Gruppe statt, einerseits in einem infantilen (regressiven) Stadium zu verbleiben, andererseits eine differenzierte Struktur zu entwickeln, d.h. zu prüfen, was in der Gruppe real vor sich geht. Dabei ist besonders wichtig, daß die GA flexibel gehandhabt, d.h. für den Prozeß der Kooperation bzw. bewußten Interaktion fruchtbar gemacht werden. Rioch schreibt:

In der naiven und unbewußten Phantasie muß der Führer der Abhängigkeitsgruppe allmächtig sein. Der Kampfführer darf nicht zu schlagen und der Fluchtführer nicht zu fangen, der Führer der Paarungsgruppe (muß) gleichzeitig wunderbar und noch ungeboren sein. In der reifen Arbeitsgruppe jedoch, die von den passenden Grundannahmen einen verfeinerten Gebrauch macht, ist der Führer der Abhängigkeitsgruppe zuverlässig, der Führer der Kampf-Flucht-Gruppe mutig und der Führer der Paarungsgruppe kreativ.

Um effektiv zu funktionieren, müssen die Grundannahmen untergeordnet sein und im Dienst der Arbeitsaufgabe verwendet werden. Sie geben gute Diener ab und sind armselige Herren. Die verschiedenen Geschichten über phantastische Maschinen, Dämonen, Dschins, Geister usw., die wundervolle Aufgaben für ihre Herren vollbringen, bis sie eines Tages die Macht übernehmen und in einen Zerstörungsrausch verfallen, sind mythische Repräsentationen für die Fähigkeit menschlicher Wesen, gewaltige Energien einzuschirren und gleichzeitig ein Hinweis auf die Gefahren dieser Kräfte, wenn sie nicht im Zaum gehalten werden. Die Arbeitsaufgabe ist wie ein ernster Vater, der das Auge auf Intelligenzplanung gerichtet hat. Die Grundannahmen sind wie die zu Späßen aufgelegten oder erschreckten Kinder, die eine sofortige Befriedigung ihrer Wünsche wollen. Was Bion betont, ist die Tatsache, daß beide bestehen und nötig sind (Rioch, S. 57).

Wie die kreative Verwendung der GA für die Zwecke einer sich fortwährend differenzierenden AG konkret aussieht, habe ich bei Bion nicht ermitteln können. Er schreibt lediglich:

Organisation und Struktur sind Waffen der Arbeitsgruppe. Sie sind Ergebnis der Kooperation zwischen den Mitgliedern, und wenn sie sich einmal in der Gruppe durchgesetzt haben, so erfordern sie immer weitere Kooperation von den Einzelpersonen (S. 99).

Obwohl aus den Schriften Bions nicht deutlich hervorgeht, wie eine Gruppe aus dem Stadium infantiler Regression zu einer AG wird, läßt sich aus ihnen eine Reihe von Hinweisen entnehmen über die Aufgabe des Gl, aus einer undifferenzierten Gruppe eine differenzierte entstehen zu lassen.

V

Welche Möglichkeiten hat der Gl, den Übergang von der GAn-gruppe zur AG zu fördern?

1. Indem der Gl die Gruppe immer wieder eindringlich auf die GAn hinweist, die sich in ihr eingespielt haben, ermöglicht er nach und nach ein Bewußtwerden und eine Bearbeitung der Ängste, die mit den GAn verbunden sind. Bion führt dazu aus:
   > Es empfiehlt sich, die therapeutische Gruppe ständig auf die Furcht vor der Grundannahme hinzuweisen und ihr zu zeigen, daß der Gegenstand der Furcht in hohem Maße von dem Bewußtseinszustand abhängt, der in der Gruppe die Oberhand hat. Wenn also die Abhängigkeit am stärksten hervortritt – und zwar so stark, daß die Gruppe als abhängige Gruppe identifiziert zu sein scheint –, dann handelt es sich um die Furcht vor der Arbeitsgruppe (S. 72).

2. Der Gl soll alle seine Interpretationen auf die Gruppe als Ganze beziehen. Erst auf dem Hintergrund der Bewegungen der Gruppe als Ganzer werden die Interaktionen zwischen einzelnen Gruppenmitgliedern, die Aktionen und Reaktionen einzelner in ihrem Stellenwert für den Gruppenprozeß bestimmbar. Die jeweilige Gruppenmentalität bestimmt den Spielraum für Einzelaktivitäten der Gruppenmitglieder ebenso wie die des Gl.

3. Wichtig ist, daß der Gl aufzeigt, wie die Gruppe oder ihre Repräsentanten mit Gruppenmitgliedern umgehen, die sich nicht bestimmten GAn gemäß verhalten. Bion betont:
   > ... daß es nicht darum geht, individuelle Therapie vor den Augen anderer zu treiben, sondern auf die gegenwärtigen Erfahrungen der Gruppe als solcher aufmerksam zu machen – in diesem Falle darauf, wie Gruppe und Individuen mit dem Individuum umgehen (S. 58).

4. Nach Bion sollte der Gl „skeptisch sein, wenn er das Gefühl hat, er beschäftige sich mit dem Problem, mit dem er sich nach der Meinung des Patienten oder der Gruppe beschäftigen sollte" (S. 59). Damit fällt er häufig auf die GA herein, anstatt sie als Abwehr zu interpretieren oder bewußtzumachen.

5. Der Gl ist der Anwalt der Realität. Er verweist in seinen Interpretationen ständig auf sie, auf die Notwendigkeit, sich nicht auf die Wirksamkeit von Magie zu verlassen. Dabei ist besonders wichtig, daß er „sehr energisch auf die Realität der Anforderungen der Gruppe an ihn hinweist, ganz gleich, wie phantastisch ihre Aufhellung diese Anforderungen erscheinen läßt, und ebenso auf die Realität der Feindseligkeit, die durch seine Erklärung hervorgerufen wird" (S. 73).
   Der Gl muß also deutlich aufzeigen, welche phantastischen Anforderungen die Gruppenmitglieder an ihn haben, nämlich
   a) die Gruppe in jeder Hinsicht zu nähren,
   b) sie gegen den bösen Feind von innen und außen zu führen oder im geordneten Rückzug zurückzugeleiten,
   c) der Messias der Gruppe zu sein, der alles zum Guten wendet.

6. Der Gl sollte Phänomene in der Gruppe dann interpretieren, wenn sie lange genug in der Gruppe beobachtbar waren, von der Gruppe aber nicht wahrgenommen werden können (vgl. Heigl-Evers 1972, S. 41).

7. Die Zeitspanne, die eine Gruppe *einem* Gruppenmitglied oder mehreren gewährt, um ihre Gefühle oder Gedanken vorzutragen, ist für den Gl ein wichtiger Hinweis darauf, ob es sich um ein Gruppenproblem handelt oder um das Problem des einzelnen. Wenn ein Gruppenmitglied sehr lange seine Problematik vortragen kann, handelt es sich in der Regel um ein Problem der gesamten Gruppe.

VI

Wie aus der bisherigen Darstellung deutlich geworden sein dürfte, bewegt sich dieser Ansatz im wesentlichen im Bereich der Deutungen präödipaler Phänomene. Es werden auf der Ebene der Gruppe Phänomene registriert und gedeutet, die große Ähnlichkeit mit denjenigen individualpsychologischen Erscheinungen haben, die M. Klein (und andere) als charakteristisch für psychische Abläufe im frühen Kindesalter (1. und 2. Lebensjahr) herausgefunden haben (Klein 1973, S. 157ff.). Bion selbst betont, daß das Verhalten einer Gruppe sich um so mehr dem der geschilderten GAn annähert, je mehr die Gruppenmitglieder in den ersten beiden Lebensjahren in ihrer Entwicklung gestört und auf diese Phasen fixiert worden sind. Die Stärke der Regression einer Gruppe von der ödipalen in die präödipale Phase hängt also vom Grad der frühen Traumatisierung der Gruppenmitglieder ab.

Die Methode Bions dürfte sich deshalb besonders für die Arbeit mit schwergestörten Patienten eignen, aber auch angebracht sein, um den oft vorhandenen „psychotischen Untergrund" verschiedener – an sich als höchstens neurotisch erscheinender – Gruppenteilnehmer durchzuarbeiten und zu stabilisieren.

Oder wie Bion es selbst ausdrückt:

Je stärker die Gruppe gestört ist, desto leichter sind diese primitiven Phantasien und Mechanismen zu erkennen; je stabiler die Gruppe ist, desto mehr entspricht sie der Freudschen Kennzeichnung der Gruppe als einer Wiederholung der Beziehungsmuster in der Familiengruppe und der neurotischen Mechanismen. Aber auch in der „stabilen" Gruppe sollten die tiefen psychotischen Schichten aufgezeigt werden, obwohl das zeitweilig eine scheinbare Verschlechterung der „Krankheit" der Gruppe mit sich bringen kann (S. 121).

Wenn man bedenkt, daß sehr viele Autoren heute eine Verschiebung der Häufigkeit seelischer Schwierigkeiten von der ödipalen zur präödipalen Problematik feststellen (z. B. Ammon 1973; Balint 1973; Calogeras u. Schupper 1972), und sich diese Verschiebung natürlich auch in den gruppendynamischen oder therapeutischen Gruppen zeigt, könnte man versucht sein, in diesen Gruppen vorwiegend mit der von Bion vorgeschlagenen Methode zu arbeiten.

Ich halte dies aber nicht für richtig. Ich meine, daß die ödipale Deutungsebene und die Ebene der realen Interaktionen in einer Gruppe neben der von Bion akzentuierten Ebene gleichermaßen berücksichtigt werden müssen.

Für das Verständnis der psychischen Prozesse in Gruppen ist es m. E. erforderlich

1. sowohl die Gruppe als Ganzes im Blick zu haben, wobei offenbar vorwiegend präödipale Probleme sichtbar werden, als auch
2. das vielschichtige ödipale Übertragungsgeflecht mit den jeweiligen spezifischen Beiträgen bzw. Übertragungsbeziehungen der einzelnen Gruppenmitglieder zu beobachten (vgl. Freud 1967), ebenso wie
3. die realen Interaktionen, d. h. die für alle Gruppenmitglieder wahrnehmbaren Aktionen und Reaktionen der Mitglieder im Medium der Öffentlichkeit der Gruppe zu berücksichtigen (vgl. Heigl-Evers u. Heigl 1968). Die dabei zutage tretenden Konflikten werden methodisch besonders in der nichtanalytischen Gruppendynamik angegangen, im sogenannten Sensitivitätstraining (Däumling 1973).

Diese Einteilung in 3 Betrachtungsebenen deckt sich weitgehend mit den 3 Ebenen, die Heigl-Evers und Heigl als Grundlage für 3 voneinander unterscheidbare psychotherapeutische Verfahren vorgeschlagen haben (Heigl-Evers u. Heigl 1973).

Wenn diese 3 Prozeß- bzw. Betrachtungsebenen berücksichtigt werden, ist es auch weniger wahrscheinlich, daß durch die spezifische Deutetechnik von Bion, die sämtliche Prozesse in Gruppen auf die Gruppe als Ganze bezieht, eine künstliche, unnötige Infantilisierung der Teilnehmer entsteht (wie Pohlen meint) oder aber eine in dieser Schwere oft nicht angebrachte Regression auf präödipale Stufen der Entwicklung (Pohlen 1972, S. 146 ff.).

Sowohl Pohlen als auch Heigl-Evers äußern den Verdacht, daß Gruppenprozesse in gruppendynamischen oder therapeutischen Gruppen nicht unwesentlich von der Deutetechnik des Gl beeinflußt werden und daß dies besonders bei dem interpretativen Vorgehen von Bion ins Auge sticht. Das heißt nicht, daß durch die Deutetechnik des Gl beliebige Gruppenphänomene erzeugt werden können, wohl aber, daß innerhalb der – in jedem Fall – asymmetrischen Beziehung zwischen Gl und Gruppe der Gl beschleunigen oder verlangsamen, Regressionen provozieren oder abfangen und die Gruppe auf weiten Strecken von sich abhängig machen oder selbständig werden lassen kann.

Vieles spricht dafür, daß die Methode von Bion sich besonders für längerdauernde *therapeutische* Gruppen mit relativ schwergestörten Teilnehmern eignet (vgl. Argelander 1972, S. 73 ff.), während sie in den kurzdauernden gruppendynamischen Gruppen eher unerwünschte übermäßige Regressionen erzeugt.

In gruppendynamischen Gruppen, in denen es ja in erster Linie um das Studium der ablaufenden psychischen Prozesse geht, nicht aber um den ausgesprochen therapeutischen Prozeß der nachholenden Ich-Entwicklung, sind solch massive Regressionen störend und nicht ungefährlich. Zwar geht es auch in solchen Gruppen in gewissem Umfang um eine Bearbeitung von Konflikten, aber schwerpunktmäßig eben auf der interaktionellen Ebene (= widersprüchliches Verhalten, das jedem auffällt) und auf der Ebene ödipaler Probleme (= Wiederholung der Familienkonstellation) und weniger um die präödipalen, stark abgewehrten bzw. verdrängten frühkindlichen Konflikte (vgl. Ammon u. Moldenhauer 1973).

Im zeitlichen Rahmen einer gruppendynamischen Gruppe wäre es auch gar nicht möglich, einigermaßen zu bearbeiten, was an präödipaler Problematik bei den einzelnen Teilnehmern (auch bei den relativ gesunden) bei einer ausschließlichen Anwendung der Methode von Bion aufbrechen würde.

Ich meine allerdings, daß es für einen angehenden Gruppendynamiker von großer Wichtigkeit ist, mit dieser Methode Erfahrungen zu sammeln, um die geschilderten regressiven Prozesse in Gruppen wahrnehmen und handhaben zu lernen.

Hierfür wären das Studium der Schriften von Bion und eigene Erfahrungen starker Regressionen in Ausbildungsgruppen (einer Art Gruppenlehranalyse für Gruppendynamiker) sicher recht wertvoll. Für den angehenden Gruppendynamiker ist in diesem Zusammenhang das Werk „Mikrokosmos" von Slater von besonderer Bedeutung, der sich stark auf Bion bezieht, aber ausgesprochen gruppendynamische Gruppen im Auge hat (Slater 1970).

Zusammenfassung

In diesem Aufsatz wurde der Versuch unternommen
1. den Ansatz von W. R. Bion zusammenfassend darzustellen und
2. den Ort dieser Gedankengänge im Bereich der Arbeit mit therapeutischen und gruppendynamischen Gruppen zu umschreiben.

Er gliedert sich in 6 Abschnitte:
1. Wie ist Bion zu seinem Konzept der Grundannahmengruppe gekommen und was besagt es in erster Annäherung?
2. Welche Grundformen von Grundannahmen arbeitet Bion heraus?
3. Welche Funktionen haben die Grundannahmen im seelischen Haushalt des einzelnen und der Gruppe?
4. Der Übergang von der Grundannahmengruppe zur sog. Arbeitsgruppe.
5. Welche Möglichkeiten hat der Gruppenleiter, den Gruppenprozeß auf der Ebene der Grundannahmen konstruktiv zu fördern?
6. Eine knappe Würdigung des Ansatzes von Bion im Hinblick auf die Arbeit mit therapeutischen und gruppendynamischen Gruppen.

Ergebnis der Untersuchung: Bion arbeitet vorwiegend auf der sogenannten präödipalen Ebene möglicher Gruppenphänomene. Die Bereiche der ödipalen und der aktuellen interaktionellen Phänomene in Gruppen werden dabei weniger angesprochen bzw. aktualisiert. Es spricht vieles dafür, daß Bion durch seine spezifische Wahrnehmungseinstellung und seine Methodik der Arbeit die präödipale Ebene besonders anspricht bzw. starke Regressionen erzeugt.

Die Provokation und Bearbeitung dieser Regressionen ist wahrscheinlich eher indiziert bei ausgesprochenen Patientengruppen mit längerer Laufzeit (2–3 Jahre) und einem erfahrenen Therapeuten als Leiter. In den relativ kurzlebigen gruppendynamischen oder Selbsterfahrungsgruppen und bei nicht hinreichend therapeutisch ausgebildeten Leitern scheint die Methode von Bion – meines Erachtens – kontraindiziert, da sie zu starke Regressionen auslöst, die in diesem Rahmen nicht hinreichend bearbeitet werden können. Nichtsdestoweniger sollten angehende Gruppendynamiker theoretisch und praktisch mit der analytischen Theorie und Methodik von Bion vertraut gemacht werden.

Literatur

Ammon G (1973) Dynamische Psychiatrie. Luchterhand, Darmstadt
Ammon G, Moldenhauer P (1973) Warum analytische Gruppendynamik? Gruppendynamik 4/6:448–453
Argelander H (1972) Gruppenprozesse – Wege zur Anwendung der Psychoanalyse in Behandlung, Lehre und Forschung. Rowohl, Hamburg
Balint M (1973, engl. 1968) Therapeutische Aspekte der Regression. Rowohlt, Hamburg
Bion WR (1971, engl. 1961) Erfahrungen in Gruppen und andere Schriften. Klett, Stuttgart
Calogeras RC, Schupper FX (1972, engl. 1971) „Verschiebung" der Abwehrform und einige Konsequenzen für die analytische Arbeit. In: Horn K (Hrsg) Gruppendynamik und der subjektive Faktor. Suhrkamp, Frankfurt, S 312–348

Däumling A (1973) Sensitivity Training. In: Heigl-Evers A (Hrsg) Gruppendynamik. Vandenhoeck & Ruprecht, Göttingen, S 7–24
Freud S (1967) Massenpsychologie und Ich-Analyse. Fischer, Frankfurt, S 7–82
Heigl-Evers A (1972) Konzepte der analytischen Gruppentherapie. Vandenhoeck & Ruprecht, Göttingen
Heigl-Evers A, Heigl F (1968) Analytische Einzel- und Gruppenpsychotherapie: Differentia Specifica. Gruppenpsychother Gruppendynamik 2:21–52
Heigl-Evers A, Heigl F (1973) Gruppentherapie: interaktionell-tiefenpsychologisch fundiert (analytisch orientiert) psychoanalytisch. Gruppenpsychother Gruppendynamik 7:132–157
Klein M (1972, Erstveröffentlichung 1962) Das Seelenleben des Kleinkindes und andere Beiträge zur Psychoanalyse. Rowohlt, Hamburg
Klein M (1973, engl. 1932) Die Psychoanalyse des Kindes. Kindler, München
Kutter P (1970) Aspekte der Gruppentherapie. Psyche 24:721–738
Pohlen M (1972) Versuch einer systemkritischen Analyse der Gruppenkonzepte. Gruppenpsychother Gruppendynamik 5:135–151
Rioch MJ (1973, engl. 1970) Die Arbeit Wilfried Bions mit Gruppen. In: Ammon G (Hrsg) Gruppenpsychotherapie. Hoffmann & Campe, Hamburg, S 44–60
Sbandi P (1973) Gruppenpsychologie. Pfeiffer, München
Sherwood M (1964) Bion's experiences in groups, a critical evaluation. Hum Relations 17:113–130
Slater PE (1970, engl. 1966) Mikrokosmos. Eine Studie über Gruppendynamik. Fischer, Frankfurt

2. Der Beitrag von S. H. Foulkes zur Entwicklung einer analytisch fundierten Gruppendynamik

Im Bereich der sozialpsychologisch orientierten gruppendynamischen Forschung gibt es inzwischen eine Vielzahl von Ansätzen für eine theoretische Erklärung der Prozesse, die in gruppendynamischen Trainings ablaufen (vgl. z. B. die zusammenfassenden Darstellungen: Bradford et al. 1972; Cartwright u. Zander 1968; Däumling et al. 1974). Nach wie vor aber ist das Feld der psychoanalytisch orientierten gruppendynamischen Arbeit wenig geklärt.[1]

Es gibt zwar eine ganze Reihe von psychoanalytisch ausgebildeten Trainern, die analytisch orientierte Selbsterfahrungsgruppen durchführen; ein einigermaßen ausgewiesenes Gerüst theoretischer psychoanalytischer Annahmen, das dieser Arbeit zugrunde liegt, fehlt aber. Vielfach ist auch wenig deutlich, ob es sich bei diesen Aktivitäten um therapeutische oder um nichttherapeutische Gruppenarbeit handelt.

Soweit mir bekannt ist, gehen alle Berichte von analytisch durchgeführten Selbsterfahrungsgruppen von Theorien aus, die in der Arbeit mit therapeutischen Gruppen gewonnen und entwickelt wurden.

Eine analytisch orientierte Gruppendynamik muß sich deshalb notwendigerweise zunächst an diesen Ansätzen orientieren. Innerhalb der psychoanalytischen Theorie von Therapiegruppen lassen sich vereinfacht 3 Richtungen unterscheiden (vgl. Heigl-Evers 1972; Pohlen 1972; Kunkel 1975):

a) ein Ansatz, bei dem es im wesentlichen darum geht, einzelne im Rahmen einer Gruppe zu behandeln (vgl. Wolf 1971; und die Charakterisierung des von Wolf und Schwartz vertretenen Ansatzes in: Heigl-Evers 1972, S. 29–33);
b) der Ansatz von W. R. Bion, in dem versucht wird (therapeutische) Gruppen zu betrachten als ein Gebilde mit eigenen Gesetzmäßigkeiten, innerhalb dessen die Einzelmitglieder relativ wenig Spielraum haben (vgl. Bion 1971; Sandner 1975) und

---

1 Neuerdings sind zwei Arbeiten erschienen, die sich explizit auf analytische Gruppendynamik beziehen: G. Ammon u. P. Moldenhauer „Warum analytische Gruppendynamik?" und W. Schmidbauer „Sensitivitätstraining und analytische Gruppendynamik".
Die 1. Arbeit enthält einige Gesichtspunkte zur Bestimmung dessen, was analytische Gruppendynamik sein könnte, die 2. handelt lediglich in 5 von 170 Seiten von analytischer Gruppendynamik (S. 39–43) und beinhaltet im wesentlichen die in der 1. Arbeit aufgeführten Gesichtspunkte.
Interessant sind in diesem Zusammenhang 2 Arbeiten von T. Brocher (1967, 1973; S. 84–128), in denen er – leider wenig systematisch – eine analytische Theorie der Gruppe anvisiert, die auf S. Freud und die psychoanalytische Ich-Psychologie zurückgeht (vgl. Freud 1967)

c) der Ansatz von S. H. Foulkes (1970, 1974; Foulkes u. Anthony 1965), der versucht, den Zusammenhang zwischen dem Verhalten der einzelnen Gruppenmitglieder und der psychischen Gesamtkonstellation, die in einer Gruppe entsteht und sich durch die Interaktionen der Mitglieder fortwährend verändert, darzustellen.

In Unterschied zu Wolf und Schwartz einerseits und Bion andererseits, die streng genommen *die aus der psychoanalytischen Zweiersituation gewonnenen Begriffe* wie z. B. Übertragung und Widerstand auf die Gruppensituation *ohne wesentliche Modifikationen* übertragen (Wolf, indem er psychoanalytisch mit den einzelnen Gruppenmitgliedern arbeitet und Bion durch seinen Versuch, die Gruppe als eine Einheit, quasi als eine Person zu betrachten, die dem Analytiker gegenüber „überträgt" und „Widerstand leistet"), versucht Foulkes das psychoanalytische Denken auf die völlig neuartige Gegebenheit der komplexeren psychischen Dynamik einer Mehrpersonensituation der Gruppe anzuwenden.

Indem Foulkes versucht, *psychoanalytisch* die *interindividuellen* Prozesse in Gruppen zu erfassen, geht er die zentrale methodische Barriere an, die es bisher schwer machte, sozialpsychologische und psychoanalytische Ansätze im Bereich der Gruppenforschung auf einen Nenner zu bringen: die Psychoanalyse hatte im wesentlichen *intra*psychische Prozesse im Auge, während die Sozialpsychologie sich ausgesprochen mit *inter*individuellen Vorgängen befaßte (vgl. Lieberman et al. 1972).

Das Konzept von Foulkes soll unter dreierlei Gesichtspunkten dargestellt werden:[2]

1. Unter dem für Foulkes zentralen Begriff der Gruppenmatrix.
2. Auf der Basis dieses Grundbegriffs lassen sich verschiedene Teilkonzepte unterscheiden, die für sich eine gewisse Bedeutung haben, v. a. aber weiter klären helfen, was Foulkes im einzelnen unter Gruppenanalyse versteht.
3. Es scheint mir wichtig, hervorzuheben, wie Foulkes die Beziehungen zwischen Gruppenleiter und Gruppe sieht. Daran anschließend will ich versuchen, die Nahtstellen anzugeben, an denen eine Verbindung der sozialpsychologischen Gruppentheorie von K. Lewin mit den Vorstellungen von Foulkes gut möglich wäre.

I

Foulkes ist der Auffassung, daß sich die psychische Struktur eines jeden Menschen bildet innerhalb des Interaktionsnetzwerks der Familie, in der er aufwächst.[3] In diesem Geflecht von Beziehungen sind die Weisen der Bedürfnisartikulation und der Bedürfnisbefriedigung für jedes einzelne Mitglied festgelegt und damit auch die

---

[2] Dabei beziehe ich mich in erster Linie auf eine Sammlung von Aufsätzen aus der Zeit von 1944–1964, die im letzten Jahr (1974) auf deutsch erschienen ist. Foulkes entwickelt dabei an mehreren Stellen dieselben Gedanken in verschiedenen Kontexten

[3] Die Gedanken dieses Abschnitts finden sich besonders auf den Seiten 34–113. Soweit sich die Verweise auf Foulkes (1974) beziehen, werden sie im folgenden lediglich mit der entsprechenden Seitenangabe in Klammer angegeben

Konflikte gegeben, die sich aus einer unzureichenden Bedürfnisbefriedigung auf die Dauer ergeben. Jedes Mitglied eines solchen primären Interaktionssystems erhält eine bestimmte starke oder schwache, in jedem Fall aber auf die anderen Mitglieder und das gesamte System dieser Primärgruppe angewiesene Position. Jeder lernt in dieser Gruppe seine Rolle spielen und die der anderen antizipieren. Er verinnerlicht sozusagen die Spielregeln dieser Primärgruppe (S. 32–34).

Deshalb können die Schwierigkeiten, welche die Teilnehmer einer therapeutischen oder gruppendynamischen Gruppe in diese mitbringen, nicht einfach als intrapsychische Fehlentwicklungen betrachtet werden, sondern als individuelle Verhaltensdefizite bzw. -unzulänglichkeiten, die sich in der realen Interaktion mit den anderen Mitgliedern ihrer Primärgruppe oder ihrer Primärgruppen, also im interpersonellen System dieser Gruppe(n) notwendig ergeben haben.

Wenn der Einzelne aus seiner Primärgruppe heraustritt und sich in eine neue Gruppe hineinbegibt, so versucht er, seine gelernte Rolle wieder zu spielen und die anderen in die Rollen der früher erlebten Mitspieler hineinzudrängen. Er wiederholt ständig sein gelerntes Verhalten und projiziert die erlebten Reaktionen seiner Primärgruppe in die Mitglieder der neuen Gruppe hinein. Er versucht quasi immer wieder dasselbe Stück zur Aufführung zu bringen, in Szene zu setzen. So gesehen könnte man sagen, daß jeder dasjenige frühe Beziehungsgeflecht in sich hineingenommen hat und ständig als Programm in sich herumträgt, welches er in seiner Primärgruppe gelernt hat. Dieses Beziehungsgeflecht oder Netzwerk von Beziehungen bezeichnet Foulkes als die Gruppenmatrix in uns (vgl. S. 32f.).

Wie schon angedeutet, versucht jeder Mensch in neuen Gruppen, in die er hineinkommt, die ursprüngliche Matrix wiederherzustellen und zwar völlig unbewußt. Die einzelnen Gruppenmitglieder tasten sich sehr rassch unbewußt ab, und es entsteht eine neue Matrix, ein neues Netzwerk von Beziehungen, das den kleinsten gemeinsamen Nenner aller von jedem Einzelnen mitgebrachten verinnerlichten Interaktionssysteme darstellt. Durch dieses unbewußte und auch bewußte Abtasten (vgl. S. 34), durch ständige Kommunikationen der Mitglieder, entsteht ein neues Netzwerk, auf dessen Hintergrund und innerhalb dessen sich die Einzelaktivitäten der Mitglieder einer Gruppe abspielen. Alle Aktionen und Reaktionen erhalten ihren Stellenwert und Sinn erst, wenn sie mit dieser Matrix in Verbindung gebracht werden, sie sind Ausdruck der jeweiligen Konstellation innerhalb dieser Matrix, dieses Netzwerks von Beziehungen.

Dabei ist es nach Auffassung von Foulkes so, daß in relativ unstrukturierten analytischen Gruppen diese unbewußten emotionalen Kommunikationsprozesse besonders deutlich zu erkennen und zu studieren sind. In Arbeitsgruppen sind sie natürlich ebenso vorhanden, nur überlagert von zielgerichteten, bewußten Aktivitäten, von sog. „Okkupationen", wie Foulkes sagt.[4]

Im Laufe des Interaktionsprozesses einer analytischen Gruppe verändert sich die anfänglich weitgehend unbewußt sich einspielende Matrix der Gruppe. Während zunächst die Mechanismen der Projektion und der Übertragung weitgehend die

---

[4] Hier eröffnet sich ein weites Feld des psychoanalytischen Studiums der emotionalen Vorgänge in Arbeitsgruppen und der Frage nach der konstruktiven bzw. destruktiven Dynamik in solchen Gruppen

Beziehungen zwischen den Mitgliedern bestimmen, ändert sich das so entstandene Beziehungsgeflecht mit zunehmender Kommunikation und Realitätsprüfung der Mitglieder der Gruppe untereinander. Nach und nach wandeln sich die Übertragungsbeziehungen in reale bewußte Beziehungen zwischen den Teilnehmern. Die Gruppe wird zur Stellvertretergruppe für die frühe Primärgruppe, in ihr können die emotionalen Realitätsprüfungen vorgenommen werden, die in der Primärgruppe nicht oder nur unzureichend möglich gewesen waren (S. 34). Dabei ist nach Foulkes besonders wichtig, daß sich nach und nach durch die Beiträge Mitglieder, die eng geknüpft sind an die Gruppenmatrix, sich diese Matrix ändert und dann wieder neue „progressive" Beiträge ermöglicht. Wenn ich richtig sehe, so ist Foulkes der Auffassung, daß sich nach und nach die in der Kindheit an verschiedenen Stellen unterbrochene Kommunikation der Gruppenteilnehmer, die zu beträchtlichen Verzerrungen in der Kommunikation der nun Erwachsenen führt, wieder aufbaut, daß die zerstörten Kommunikationsbrücken wieder aufgebaut werden. Die Gruppenteilnehmer können sich dann bewußt über ihre Bedürfnisse verständigen und werden nicht unbewußt von ihnen getrieben oder besser umgetrieben.

In der (analytischen) Therapiegruppe werden nach und nach alle wichtigen Konflikte der Kindheit, die mit bestimmten Entwicklungsphasen verbunden waren, als Gruppenkonflikte wiederbelebt, wieder inszeniert und der Realitätsprüfung durch die Gruppe unterzogen. Dabei können durch die sich wandelnde Gruppenmatrix, durch die sich verändernden bewußten und unbewußten Beziehungen und Interaktionen zwischen den Mitgliedern einer Gruppe immer realitätsgerechtere Weisen der Artikulation, Handhabung und Befriedigung von Bedürfnissen einerseits und Ängsten andererseits als von der Gesamtgruppe getragenes Kommunikations- bzw. Regelungssystems der zwischenmenschlichen Beziehungen entstehen.[5]

Mit diesen Vorstellungen hat Foulkes das traditionelle Denken der Psychoanalyse durchbrochen. Dies wird deutlich, wenn wir versuchen, das bislang zur Gruppenmatrix Ausgeführte in psychoanalytischer Terminologie auszudrücken und zusammenzufassen:

Nach Foulkes *überträgt* das einzelne Gruppenmitglied seine verinnerlichte Familienkonstellation auf die (therapeutische) Gruppe; es versucht, seine Familie wieder zu konstellieren. Da dies aber alle Gruppenmitglieder versuchen, ergibt sich ein gemeinsames neues Übertragungsgeflecht aus diesen vielen projizierten Beziehungsgeflechten. Dadurch entstehen für den einzelnen nicht einfach Übertragungsbeziehungen zu den einzelnen anderen Mitgliedern der Gruppe, sondern ein komplexes neues Beziehungsgeflecht, in dem – so läßt sich hypothetisch annehmen – der kleinste gemeinsame Nenner dieser vielen Konstellierungsversuche in einem jeweils spezifischen Gruppenbeziehungsgeflecht sich konstelliert. Es entsteht sozusagen eine neue (künstliche) Primärgruppe, an der alle mit ihren spezifischen Übertragungstendenzen teilhaben. Dabei wird ein gemeinsames neues Stück aufgeführt, nicht eine Addition der individuellen Familienstücke der Teilnehmer.

Ähnlich ist der *Widerstand,* der in einem solchen Beziehungsgeflecht der Einsicht und der Korrektur individuellen Verhaltens entgegenwirkt, nicht einfach individuel-

---

5 Vgl. hierzu auch das Konzept der Gruppenkultur von Whitaker u. Lieberman 1964, S. 95–115

ler Widerstand, sondern ein jeweils für ein spezifisches Problem in einer spezifischen Gruppensituation sich einspielender Gruppenwiderstand.[6]

Foulkes hat mit seiner Konzeption die klassischen analytischen Begriffe Übertragung und Widerstand, die ja aus der Zweiersituation des analytischen Settings gewonnen wurden, für die komplexere Situation in Gruppen angemessen modifiziert, d. h. psychoanalytisch korrekt auf die Gruppensituation hin abgewandelt. Er nennt deshalb seine Methode auch nicht „Psychoanalyse in Gruppen" wie z. B. Wolf oder „psychoanalytische Gruppentherapie", sondern *„gruppenanalytische* Psychotherapie" oder ganz einfach „Gruppenanalyse", um zu unterstreichen, daß es sich dabei um die (psycho-)analytische Erhellung von Gruppenprozessen handelt.[7]

II

Innerhalb des Grundkonzepts zur Gruppenmatrix, des Kommunikationsnetzes einer Gruppe, in dem die einzelnen sozusagen Knotenpunkte darstellen, hat Foulkes einige weitere Konzepte entwickelt, die es dem Gruppenleiter ermöglichen, nähere Anhaltspunkte, Ordnungspunkte in der Vielfalt der Gruppenprozesse zu gewinnen:

T-Situation

Die gruppenanalytische Situation ist eine Situation, die im täglichen Leben nicht oder höchst selten vorhanden ist. Diese Situation nennt Foulkes *T-Situation* (vgl. S. 34–37). Charakteristisch für eine solche T-Situation ist: Die Teilnehmer kennen sich nicht und haben untereinander und mit dem Leiter keinerlei Kontakt außerhalb der Sitzung. In den Sitzungen ist ein völlig ungehemmter Fluß der Kommunikationen möglich. Der Leiter ermuntert zur möglichst freien Kommunikation, beurteilt oder bewertet die Vorgänge aber nicht, gibt keine Ratschläge. Er hilft der Gruppe durch eine Interpretationen lediglich zu sehen, was vor sich geht. Innerhalb eines solchen Settings können sich zum einen Übertragungsbeziehungen in optimaler Weise einstellen (vgl. oben Abschn. I), in der Gruppe inszeniert, gesehen werden, zum anderen fördert der weitgehend unzensierte Kommunikationsfluß nach und nach das Bewußtwerden verdrängter oder sonstwie abgewehrter Bestandteile von ursprünglich vollständigen Kommunikationen. Gestörte Kommunikation wird als solche in der

---

6 Dieser Gruppenwiderstand läßt sich nach Foulkes nicht allein als Widerstand gegenüber der Übertragungsfigur Therapeut verstehen, wie dies verschiedene Interpreten aus der Schule von Bion annehmen, z. B. Argelander (1972)

7 Dabei sind 2 Fragen von Foulkes bisher nicht hinreichend geklärt, nämlich 1. auf welche konkrete Weise die anfängliche Gruppenmatrix in Selbsterfahrungs- oder Therapiegruppen entsteht und 2. wie sich dieses Netzwerk von Beziehungen ändert in Richtung auf realitätsgerechtere Kommunikationen. Hier könnten die Konzepte von Bennis u. Shephard (1956a, b) und das Konzept der Gruppenkultur von Whitaker u. Lieberman (1964) weiterhelfen. Diese Autoren betonten, daß jeweils diejenigen Gruppenmitglieder die Gruppenkultur ändern bzw. Widerstand gegen Änderung am ehesten abbauen können, welche vom gerade dominanten Gruppenkonflikt am wenigsten erfaßt werden, weil sie ihn individuell bereits hinreichend bearbeitet haben

Gruppe deutlich und kann in der repressionsfreien Atmosphäre nach und nach korrigiert werden.

Hier und Jetzt

Im Gegensatz zu den meisten anderen Gruppenanalytikern betont Foulkes, daß es weniger darauf ankommt, in der Gruppe die lebensgeschichtlichen bzw. genetischen Hintergründe, der in der Gruppe auftauchenden Konflikte der Mitglieder aufzuhellen, als konkret zu betrachten, wie sich der jeweilige Teilnehmer im Kontext der Gruppe verhält. Welche Aktionen und Reaktionen sind ihm möglich, was kann er wahrnehmen und was muß er abwehren. In den konkreten Interaktionen, den geglückten und mißglückten Kommunikationen wird den anderen Gruppenmitgliedern und dem Gruppenleiter deutlich, welche Kommunikationsstörungen die einzelnen Gruppenmitglieder im psychischen Kraftfeld der konkreten Gruppe haben, welche bestimmte Kommunikationen zuläßt und andere hemmt. Dabei sind im Hier und Jetzt der Gruppe sowohl die spezifischen Schwierigkeiten als auch das gesamte Interaktionssystem der Gruppe beobachtbar, in dem ganz bestimmte Dinge abgewehrt und andere gefördert werden, je nach der Konstellation, die durch die Grundproblematik der einzelnen Teilnehmer und durch die ständigen Kommunikationen dieser Teilnehmer in der Gruppe entsteht und die Matrix, das Netzwerk der Kommunikation darstellt.[8]

Resonanz

Foulkes ist der Auffassung, daß die Teilnehmer einer jeden Gruppe untereinander weniger in einer diffusen, sondern vielmehr in einer recht spezifischen Weise kommunizieren. Auf die spezifische Kommunikation des Teilnehmers A reagieren die anderen Teilnehmer mit für sie im Gruppenzusammenhang spezifischen Kommunikationen.

Foulkes schreibt:

> Die Idee hinter dem Konzept der Resonanz liegt darin, daß ein Individuum, das einem anderen und seinen Kommunikationen im Verhalten und Worten ausgesetzt ist, unbewußt und instinktiv aus derselben Richtung heraus zu antworten scheint. Es mag wohl sein, daß die Antwort, etwa die spezifische Reaktion oder Abwehr gegen einen verborgenen instinktiven Impuls des anderen gerichtet ist, obwohl dieser Impuls weder begriffen noch manifest artikuliert wurde. Es ist, als ob durch das Anschlagen einer Saite eines ganz bestimmten Tons eine spezifische Resonanz im aufnehmenden Individuum, dem Rezipienten, ausgelöst wurde (S. 31).

Spiegelreaktion

Ein wichtiges verändertes Element stellen die sog. Spiegelreaktionen der Mitglieder einer Gruppe dar. Durch eine Reihe von Mechanismen wie Identifikation und Projektion sieht

---

8 Vgl. hierzu auch den Ansatz von Heigl-Evers (1972, S. 66–78)

der Patient ... sich selbst oder einen Teil seiner selbst, insbesondere einen unterdrückten Teil seiner selbst, in den anderen Mitgliedern. Er kann von außen beobachten, wie ein anderes Mitglied in derselben Weise reagiert wie er selbst, kann z. B. sehen, wie Konflikte und Probleme in neurotisches Verhalten transferiert werden (S. 111).

Figur/Hintergrund; Gestalt; Lokation

Für das Verständnis der Prozesse in Gruppen ist es nach Foulkes außerordentlich wichtig zu erfassen, was gerade das entsprechende Gruppenproblem ist, auf dessen Hintergrund oder als dessen Repräsentant der gerade handelnde Teilnehmer auftritt.

Foulkes schreibt:

Die selektiven Interpretationen des Leiters betreffen Aktionen, Verhalten, Abwehr, Prozesse, Inhalte (soweit sie mitgeteilt werden), alles im Kontext der Gruppe.
   Eine Bemerkung, die hier wohl nicht fehl am Platze ist: eine Interpretation wird nicht deshalb eine Gruppeninterpretation, weil sie in Formulierungen wie „wir", „alle von uns", „diese Gruppe" oder „jene Gruppe" gegeben wird. Sie wird auch keine individuelle Interpretation, weil sie sich an einen einzelnen richtet und sich mit ihm befaßt. Wirklich entscheidend ist, daß z. B. im rechten Augenblick erkannt wird, wenn die Konfiguration – die Gestalt – sich abzeichnet und entfaltet.
   Damit stellen wir als weitere Arbeitshypothese auf, daß sich der Figur-Grund-Prozeß der Gestalttheorie in der Gruppe nachweisen läßt. Jedes Ereignis bezieht die ganze Gruppe ein, sogar wenn nur ein oder zwei Personen manifest davon betroffen sind. Sie repräsentieren den Vordergrund, die Figur, der Rest den Hintergrund des ablaufenden Gesamtprozesses (S. 193).

Die Gruppennorm

In jeder analytischen Gruppe, auch mit relativ stark gestörten oder kriminellen Teilnehmern, sind nach Foulkes letztlich de Normen der sog. Normalen vorhanden. Letztlich spielt sich in jeder Gruppe nach und nach ein Normensystem ein, welches recht genau die Normen enthält, vor deren Verletzung die Patienten alle Angst haben und welche sie auch mehr oder weniger verletzen, solange sie noch starke psychische Schwierigkeiten haben. Jede Gruppe findet bei sorgfältiger Ermöglichung von freier Kommunikation nach und nach realistische Weisen der Kommunikation und Kooperation.

Foulkes betont:

Der eigentliche Grund, weshalb Patienten in der therapeutischen Gruppe ihre normalen Reaktionen erstarken lassen und ihre neurotischen Reaktionen korrigieren können, liegt darin, daß sie kollektiv die eigentliche Norm, von der sie abweichen, konstituieren (S. 39).

Betrachtungsebenen des Gruppenprozesses

Der Kommunikationsprozeß in Gruppen kann nach Foulkes auf verschiedenen Ebenen betrachtet und vom Gruppenleiter interpretiert werden bzw. sich schwerpunktmäßig auf ihnen bewegen (vgl. Foulkes 1970, S. 79f.).

Tabelle 1. Ebenen der Kommunikation in (analytischen) Gruppen

Ebenen	Sie äußern sich als	Die Gruppe bedeutet
Aktuelle Ebene tr-Ebene (= Übertragung im erweiterten Sinn)	Erfahrungen innerhalb und außerhalb der Gruppe Interrelationen	Gemeinschaft Gesellschaft Öffentliche Meinung Forum
Übertragungsebene TR-Ebene (TR = Übertragung im klassischen Sinn)	Übertragungsreaktionen Wiederholungszwang	Ursprüngliche Familie Gegenwärtige Familie Intimes „Netzwerk"
Projektionsebene (Spiegelreaktionen)	Primitive Phantasien u. Objektbeziehungen Das „Intrapsychische", an dem alle in der „Matrix" Anteil haben	Innere Objekte Teilobjekte
Körperebene	Physische Äußerungen Krankheitserscheinungen	Körperschema
Primordiale Ebene (Jungs kollektives Unbewußtes)	Universelle Symbole	Archetypen (z. B. Mutter)

III

Funktionen und Aufgaben des Leiters[9]

Die wichtigste Funktion des Leiters in einer analytischen Gruppe besteht nach Foulkes darin, daß er die oben genannte T-Situation erzeugt und ständig aufrechterhält. Das heißt, er sorgt dafür, daß sich eine bestimmte Anzahl von Menschen zu ganz bestimmten Zeiten trifft und dort möglichst frei kommuniziert. Er ermöglicht dies, indem er einerseits Grenzen setzt (keine Kommunikation außerhalb, zeitlicher Rahmen der Gruppe, Häufigkeit der Sitzungen etc.), andererseits innerhalb dieser Grenzen aktiv keinerlei Struktur schafft, sondern lediglich der Gruppe behilflich ist bei der Klärung der Prozesse, die durch die Interaktionen der Teilnehmer untereinander in Gang kommen.

Auf der manifesten Seite des Verhaltens wird der Gruppenleiter also nach Foulkes so wenig wie möglich aktiv, auf der Ebene der latenten Prozesse, die in der Gruppe ablaufen, ist er aktiv, indem er der Gruppe hilft, diese Prozesse zu verstehen. Er agiert nicht mit, er analysiert, was vor sich geht. Er läßt sich in der Gruppe in alle von dieser unbewußt gewünschten Positionen drängen, wobei er nicht reagieren bzw. mitagieren sollte, sondern ausdrücken, was geschieht. Er übersetzt quasi die unbewußten Vorgänge in der Gruppe in Sprache bzw. bewußtseinsfähige Kommunikationen. Foulkes nennt diesen Prozeß „Translation". Auf der Ebene der latenten

---

[9] Vgl. hierzu besonders S. 25–28; S. 82ff.; S. 189ff.

Prozesse stellt er für die Gruppe auch eine gewisse Sicherheit dar, eine Figur, in deren vermeintlichem Schutz die Mitglieder frei kommunizieren können.

Mit dieser skizzenhaften Charakterisierung der Funktionen und Aufgaben des Leiters ist zugleich schon die gesamte Problematik des Leiterverhaltens angesprochen, die Foulkes sehr deutlich sieht: in dem Maße nämlich, in dem der Leiter selbst bestimmte Aspekte, Tendenzen, Konflikte bei sich selber übermäßig abwehrt, wird er in der analytischen Gruppe nicht mehr eine hilfreiche, analysierende Figur sein, ein geduldiger Reflektor der Ansprüche der Gruppe an ihn. Er wird vielmehr in der analytischen Gruppe mit der Partei mitagieren, die ein Bewußtwerden abgewehrter Inhalte verhindern möchte, er wird sich selber in der Gruppe in Szene setzen, seinen Konflikt in der Gruppe und mit der Gruppe neu inszenieren (vgl. S. 190ff.).

Wenn ich Foulkes richtig verstehe, so meint er, was diesen Punkt des Leiterverhaltens angeht, daß es ideale Leiter nicht gibt, und es vielmehr darum gehen muß, jeweils genau zu analysieren, was in einer Gruppe vor sich geht, und wie dies mit der Persönlichkeit des Leiters zusammenhängen könnte. In diesem Zusammenhang weist er auf die große Bedeutung hin, die Kontrollgruppen haben, in denen sich der Gruppenleiter im Kreise von Kollegen kontrollieren läßt (vgl. S. 215–225).

Um nicht in der Vielzahl der vor sich gehenden Kommunikationen in einer analytischen Gruppe völlig den Überblick zu verlieren oder positiv ausgedrückt, sich einigermaßen orientieren zu können, sollte der Leiter immer die Gruppe als Ganzes oder vielmehr den Schwerpunkt im Netzwerk der Gruppe in den Blick nehmen.

Foulkes sagt:

Wir betrachten alle Mitteilungen, von welcher Einzelperson sie auch kommen mögen, als bedeutungsvolle Assoziationen im Kontext der Gruppe (1970, S. 78).

Und weiter unten betont er:

Für seine Interpretation orientiert er sich in einer sonst verwirrenden Situation, indem er den Gruppenkontext wach verfolgt. Um zu einer präziseren Interpretation der relevanten Bedeutung jedes einzelnen Beitrags zu gelangen, arbeitet der Gruppenanalytiker mit den Konzepten der Gruppenassoziation und der Gruppenmatrix. Verbale wie nicht verbale Beiträge werden als Antwort auf das betrachtet, was vorher ablief; sie haben die Natur von
a) Bestätigung
b) Gegenreaktionen
c) unbewußten Interpretationen (1970, S. 79).

Innerhalb dieser Wahrnehmungseinstellung, die sich auf die Gruppe als Ganzes bezieht, oder vielmehr auf die Gruppe als Matrix, als Gestalt, auf deren Hintergrund alle Einzelaktivitäten ablaufen, wird die Arbeit des Gruppenanalytikers wiederum erleichtert durch die verschiedenen Betrachtungsebenen des Gruppenprozesses, die ich oben geschildert habe.

IV

Der Ansatz von Foulkes läßt sich mit Hilfe von 3 Konzepten zusammenfassen (vgl. Foulkes u. Anthony 1965, S. 247): des Konzepts der

1. *Gruppenmatrix,* des dynamischen Netzwerks von Beziehungen (Rollenkonfiguration), welches als Konstellation durch die Interaktionen der Mitglieder einer Gruppe entsteht,
2. *„Lokation",* d. h. des Stellenwerts, den die Äußerungen eines oder mehrerer Mitglieder im Kontext der Gruppe haben, welcher Sinn sich ihnen in diesem Kontext abgewinnen läßt und
3. *Kommunikation* im Sinne einer Bewegung von relativ unverständlichen Manifestationen von Vorgängen in der Gruppe hin zu einer zunehmend verständlicheren Form der Kommunikation. Fortschritt oder Rückschritt in einer Selbsterfahrungsgruppe hängt nach Foulkes eng zusammen mit dem Ge- oder Mißlingen eines sukzessiven Prozesses der Kommunizierbarkeit vorher nicht kommunizierbarer Inhalte.[10]

Interessanterweise scheinen es gerade diese 3 Konzepte zu sein, die K. Lewin im Auge gehabt hat, als er versucht hat, theoretische Grundbegriffe für eine Theorie der sozialpsychologischen Gruppendynamik zu entwickeln (vgl. 1947a, b). Er spricht dabei

1. von der *Gruppe als Kraftfeld,* das sich aus den Interaktionen der Teilnehmer ergibt, aber mehr ist als die Aufsummierung der Psychodynamik der Individuen, die in einer Gruppe sind;
2. von der Bedeutung, welche der *Position der Mitglieder im Kraftfeld der Gruppe* zukommt für das Verständnis sowohl der Einzelnen wie auch der Gesamtkonstellation;
3. von den außerordentlichen Möglichkeiten, welche die Entdeckung des *Feedback,* des Rückmeldens der Effekte, welche die eigenen Handlungen bei den Adressaten erzeugen, in die Hand gibt für das Erkennen und die Veränderung psychischer Spannungen auf der intra- und interpsychischen Ebene der Mitglieder einer Gruppe. Nur so ist es nach Lewin möglich, die Verhaltensmuster zu korrigieren, die auf einer nicht realitätsgerechten Einschätzung der eigenen und fremden Wirklichkeit beruhen und ohne Realitätsprüfung ständig von neuem wie automatisch ablaufen.

Diese verblüffende Übereinstimmung zwischen Lewin und Foulkes hinsichtlich der theoretischen Erfassung und Erklärung von Gruppenprozessen[11] müßte natürlich eingehend untersucht und sauberer herauspräpariert werden, als es in dem mehr skizzenhaften Versuch dieses Aufsatzes geschehen kann.

---

10 Vgl. hierzu auch das seltsamerweise in der Literatur nicht weiter aufgegriffene Konzept von Bennis u. Shephard (1956a): Ausgehend von K. Lewin und H. S. Sullivan entwickeln sie eine Theorie der „interperson" in Gruppen, deren Bestandteile „interself" und „hidden interself" sind. Unter „interperson" verstehen die Autoren das gesamte bewußte und unbewußte Beziehungsgeflecht, das sich zwischen den Mitgliedern einer Gruppe bildet. „Interself" bezeichnet das gemeinsam zugelassene Bild der Beziehungen, „hidden interself" die von der Gruppe als solcher nicht zugelassenen Aspekte des Beziehungsgeflechts. Im Verlauf des Gruppenprozesses geht es nach diesen Autoren darum, das abgewehrte, aber wirksame „hidden interself" durch eine Änderung des „interself" nach und nach in das Bewußtsein zuzulassen und so die vorher desintegrierte „interperson" zu integrieren
11 Fußnotentext s. S. 34

Ebenso wichtig für das theoretische Verständnis der Prozesse in gruppendynamischen oder Selbsterfahrungsgruppen dürften aber die *Unterschiede* sein, die zwischen Foulkes und Lewin bestehen:

1. Foulkes verfügt sowohl über einen Erklärungsansatz für die unmittelbar in einer Gruppe ablaufenden Prozesse als auch über einen genetischen Ansatz, den er von der psychoanalytischen Entwicklungspsychologie bezieht; er versteht im Hier und Jetzt ablaufende Prozesse besser, weil er sie genetisch einordnen kann (Geschichte der Objektbeziehungen).
2. Foulkes erfaßt den Gruppenprozeß sowohl auf der bewußten als auch auf der unbewußten Ebene; dem kommen allerdings bestimmte Konzepte von manifestem Verhalten und latentem Sinn im sozialpsychologischen Verständnis nahe.
3. Foulkes betont wie kaum ein sozialpsychologischer Gruppentheoretiker den engen Zusammenhang zwischen Leiterverhalten und Gruppenprozeß *auf der unbewußten Ebene*.

Wenn ich richtig sehe, so geht der Ansatz von Foulkes in wesentlichen Punkten über den von Lewin hinaus, beinhaltet aber alle wichtigen Gesichtspunkte von Lewin. Foulkes versucht, Konzepte zu entwickeln, die es ermöglichen, bisher von der sozialpsychologischen Seite unzureichend theoretisch erfaßte, praktisch aber gesehene Phänomene, auch theoretisch in den Griff zu kriegen. Das mögen folgende Überlegungen verdeutlichen:

Was bewußt in Selbsterfahrungsgruppen wahrgenommen werden kann als einsehbares oder unverständliches Verhalten, läßt sich stark vereinfacht theoretisch und genetisch 3 Ebenen des Verhaltens zuordnen (vgl. Heigl-Evers u. Heigl 1973; Sandner 1975):

– der interaktionellen Ebene (Hier und Jetzt)
– der ödipalen Ebene (Familienkonstellation)
– und der präödipalen Ebene (frühe Mutter-Kind-Beziehungen).

Dabei stehen die Vorgänge auf der interaktionellen Ebene die realen Auseinandersetzungen zwischen den Mitgliedern einer Selbsterfahrungsgruppe dar, die in der Gruppensituation direkt aus der unterschiedlichen Interessenlage der Teilnehmer entstehen. Die Vorgänge auf der sog. ödipalen Ebene sind Wiederholungen, Reaktivierungen, Übertragungen der jeweiligen Familienkonstellation der Teilnehmer, die von diesen in die Gruppe sozusagen hineingesehen werden. Auf der präödipalen Ebene schließlich werden Konstellationen in den einzelnen Teilnehmern und zwischen ihnen wiederbelebt, die genetisch der sehr frühen Mutter-Kind-Beziehung zugerechnet werden müssen (vgl. Bion 1971; Klein 1972).

---

11 Zum Beispiel folgende Aussage von Foulkes, die dem Denken von Lewin sehr nahe kommt: „Wir konnten einen Blick in den geheimen Mechanismus werfen, durch den die Teilnehmer, ohne sich dessen bewußt zu sein, zu ihrem Tun gedrängt wurden, wie von einem zentralen Schaltbrett aus kontrolliert. Wenn wir das beobachten wollen, müssen wir jedoch nicht an Individuen denken, sondern an die Prozesse, die dafür in der gezeigten Weise innerhalb der gemeinsamen psychischen Matrix in Interaktion treten. Wenn wir unser Interesse nicht ganz diesen Knotenpunkten wechselnder Interaktionen – der *Prozesse, nicht der Personen* – zuwenden, können wir weder pathogene Mechanismen verstehen noch therapeutische Operationen dirigieren" (S. 199 f.)

Auf allen 3 Ebenen des Verhaltens laufen in gruppendynamischen Gruppen Prozesse ab. Theoretisch erfassen läßt sich mit den bisherigen sozialpsychologischen Konzepten lediglich der interaktionelle Bereich. Die anderen beiden Bereiche treten lediglich in einer mehr oder weniger paradoxen oder unverständlichen Weise als Kommunikationsstörungen ins Bewußtsein des sozialpsychologisch arbeitenden Gruppendynamikers. Trotzdem läßt sich praktisch mit diesen Phänomenen arbeiten. Es wird auch damit gearbeitet, allerdings eben mehr intuitiv ohne eine theoretisch zureichende Verständnisbasis für die Prozesse.

Die in gruppendynamischen Gruppen übliche Konfrontation mit dem eigenen Verhalten auf der interaktionellen Ebene ermöglicht natürlich Verhaltensänderungen, ebenso wie sich die psychoanalytische Methode der interaktionellen Methode bedienen muß, um letztlich Verhaltensänderungen herbeizuführen. Der Vorteil einer gruppenanalytischen Betrachtung nach Foulkes ist der, daß unbewußte Prozesse, die sich als Verhaltensparadoxien auf der bewußten Ebene äußern, *als solche* vom analytisch ausgebildeten Trainer erkannt werden können, während der nur sozialpsychologisch ausgebildete Trainer die Teilnehmer einer Gruppe auf der interaktionellen Ebene lediglich mit ihrem Verhalten und den Reaktionen der anderen Mitglieder konfrontieren kann, ohne zu verstehen, was vor sich geht.

Durch die psychoanalytischen Überlegungen von Autoren wie Foulkes wird das, was in Selbsterfahrungsgruppen immer schon ablief, theoretisch und genetisch verständlicher und steuerbarer.[12]

Wie aus den bisherigen Ausführungen ersichtlich wird, hat Foulkes ein Konzept entwickelt, das sich auf alle 3 Ebenen der Arbeit mit Gruppen bzw. der Phänomene in Gruppen bezieht (vgl. das Schema im Abschn. II). Bion, der sich besonders mit dem Bereich der präödipalen Phänomene beschäftigt hat (vgl. Sandner 1975), ließe sich ohne allzugroße Schwierigkeiten in dieses Konzept integrieren, ebenso wie der Ansatz von Lewin, der sich auf dem interaktionellen Niveau der Betrachtung bewegt. Hierfür wäre es aber erforderlich, die vielfältigen Ideen von Foulkes, die sich um seine Konzepte der Gruppenmatrix und der Kommunikation lose gruppieren, in einen systematischen Zusammenhang zu bringen und weiter auszuarbeiten.[13]

Eine Betrachtung des Gruppenprozesses in Selbsterfahrungsgruppen auf den genannten 3 Ebenen würde m. E. auch wichtige Hinweise geben auf die Abgrenzung der Gruppendynamik von der Gruppenpsychotherapie. Zwei wichtige Fragen dürften dabei sein:

1. Auf welcher der 3 Ebenen wird interpretiert (vgl. oben)?
2. Reicht es, ein bestimmtes Verhalten durch Feedback zurückzuspiegeln bzw. inwieweit ist intensive Arbeit an der Abwehrstruktur von einzelnen oder der gesamten Gruppe auf den verschiedenen Ebenen angestrebt, erforderlich oder zu vermeiden?

Diese Fragen drängen sich dem praktisch arbeitenden Gruppendynamiker auf. Der Ansatz von Foulkes ist von den mir bekannten psychoanalytischen Konzepten, die

---

12 Ein tieferes *Verständnis* dieser Prozesse würde allerdings eine entsprechende Einzel- und Gruppenanalyse beim Trainer voraussetzen
13 Foulkes beabsichtigte selbst eine zusammenfassende Darstellung seines Ansatzes herauszubringen (pers. Mitteilung an den Verfasser), verstarb aber 1976 völlig unerwartet

sich mit Gruppenfragen beschäftigen, für ihre Klärung am ehesten geeignet. Eine psychoanalytisch fundierte Gruppendynamik, die eine Integration des sozialpsychologischen und des psychoanalytischen Ansatzes in der Arbeit mit Selbsterfahrungsgruppen anstrebt, müßte daher m. E. ihren Ausgangspunkt bei den Überlegungen von Foulkes nehmen.

Ziel dieses Aufsatzes ist es, Kollegen zu diesem Studium anzuregen.[14]

Zusammenfassung

Es gibt eine Reihe von sozialpsychologischen Ansätzen zur Erklärung der Prozesse in gruppendynamischen Gruppen, von psychoanalytischer Seite aber ist dieses Feld bislang wenig bearbeitet worden.

Von den 3 Grundansätzen der psychoanalytischen Arbeit mit Gruppen: „Einzelpsychoanalyse in Gruppen" (Wolf und Schwartz), „Psychoanalyse der Gruppe als Ganzes" (Bion) und „Gruppenanalyse" (Foulkes) scheint letzterer am ehesten geeignet, *gruppendynamische Prozesse psychoanalytisch zu erfassen.*

Das Konzept von Foulkes wird unter 3 Gesichtspunkten dargestellt:

1. dem Zentralbegriff der Gruppenmatrix,
2. den wichtigsten weiteren Begriffen, die für die psychoanalytische Betrachtung der Gruppenprozesse nach Foulkes von besonderer Bedeutung sind (T-Situation, Hier und Jetzt, Resonanz, Spiegelreaktion, Figur/Hintergrund, Gestalt, Lokation, Gruppennorm, Betrachtungsebenen des Gruppenprozesses),
3. den Funktionen und Aufgaben des Leiters.

Beim Vergleich dieses Konzepts mit dem des Begründers der sozialpsychologischen Gruppendynamik, K. Lewin, ergeben sich weitgehende Übereinstimmungen: Den 3 Grundbegriffen von Lewin „Gruppe als Kraftfeld", „Position der Mitglieder im Kraftfeld der Gruppe" und „Feedback" korrespondieren die Begriffe „Gruppenmatrix", „Lokation" und „Kommunikation" von Foulkes.

Als besonders bedeutsam wird darüber hinaus festgehalten, daß Foulkes neben dem bewußten Bereich, den Lewin im Auge hat, auch den unbewußten Bereich begrifflich zu erfassen versucht.

Abschließend wird für eine vertiefte gruppenanalytische Ausbildung (i. S. von Foulkes) von gruppendynamischen Trainern plädiert und dafür, die Theorie von Foulkes als Ausgangspunkt für die Integration psychoanalytischer und sozialpsychologischer Ansätze in der Gruppendynamik zu übernehmen.

---

14 Besonders geeignet ist hierfür die auf deutsch vorliegende Aufsatzsammlung „Gruppenanalytische Psychotherapie" (Foulkes 1974), in der Aufsätze von 1944–1964 enthalten sind

Literatur

Ammon G, Moldenhauer P (1973) Warum analytische Gruppendynamik? Gruppendynamik 4:448–453
Argelander H (1972) Gruppenprozesse – Wege zur Anwendung der Psychoanalyse in Behandlung, Lehre und Forschung. Rowohlt, Hamburg
Bennis WG, Shephard HA (1956a) A theory of training by group methods. Hum Relations 9:403–414
Bennis WG, Shephard HA (1956b) A theory of group development. Hum Relations 9:415–437
Bion WR (1971, engl. 1961) Erfahrungen in Gruppen und andere Schriften. Klett, Stuttgart
Bradford LP, Gibb JR, Benne KD (1972, engl. 1964) Gruppentraining, T-Gruppentheorie und Laboratoriumsmethode. Klett, Stuttgart
Brocher T (1967) Gruppendynamik und Erwachsenenbildung. Westermann, Braunschweig
Brocher T (1973) Sind wir verrückt?, Kap.: Anpassung und Aggression in Gruppen. Kreuz-Verlag, Stuttgart, S 84–128
Cartwright D, Zander A (1968) Group Dynamics (Research and Theory), 3rd. edn. Harper & Row, New York
Däumling AM et al. (1974) Angewandte Gruppendynamik. Klett, Stuttgart
Foulkes SH (1970) Dynamische Prozesse in der gruppenanalytischen Situation. Gruppenpsychother Gruppendynamik 4:70–81
Foulkes SH (1974, engl. 1964) Gruppenanalytische Psychotherapie. Kindler, München
Foulkes SH, Anthony EJ (1965) Group Psychotherapy. Penguin Books, London
Freud S (1967) Massenpsychologie und Ich-Analyse. Fischer, Frankfurt
Heigl-Evers A (1972) Konzepte der analytischen Gruppentherapie. Vandenhoeck & Ruprecht, Göttingen
Heigl-Evers A (1974) Die Gruppe als Medium im Unterricht und in der Psychotherapie. Gruppenpsychother Gruppendynamik 8:277–243
Heigl-Evers A, Heigl F (1973) Gruppentherapie: interaktionell-tiefenpsychologisch fundiert (analytisch orientiert) – psychoanalytisch. Gruppenpsychother Gruppendynamik 7:132–157
Klein M (1972) Das Seelenleben des Kleinkindes und andere Beiträge zur Psychoanalyse. Kindler, München
Kunkel MT (1975) Gesichtspunkte psychoanalytischer Interventionen in Gruppen. Unveröffentlicht, München
Lewin K (1947a) Frontiers in group dynamics I – concept, method and theory in social science; social equilibrium. Hum Relations 1:5–40
Lewin K (1947b) Frontiers in group dynamics II – channels of group life social planning and action research. Hum Relations 1:143–153
Lieberman MA, Lakin M, Stock Whitaker D (1972) Probleme und Perspektiven psychoanalytischer und gruppendynamischer Theorien für die Gruppenpsychotherapie. In: Horn K (Hrsg) Gruppendynamik. Suhrkamp, Frankfurt, S 281–294
Pohlen M (1972) Versuch einer systemkritischen Analyse der Gruppenkonzepte. Gruppenpsychother Gruppendynamik 5:135–151
Sandner D (1975) Die analytische Theorie der Gruppe von W. R. Bion. Gruppenpsychother Gruppendynamik 9:1–17
Schmidbauer W (1973) Sensitivitätstraining und analytische Gruppendynamik. Piper, München
Whitaker DS, Lieberman MA (1964) Psychotherapy through the Group Process. Atherton, New York
Wolf A (1971) Psychoanalyse in Gruppen. In: de Schill S (Hrsg) Psychoanalytische Therapie in Gruppen. Klett, Stuttgart, S 145–199

3. Walter Schindlers Beitrag zur gruppenanalytischen Theorie und Technik

Bei näherer Betrachtung der klassischen Grundansätze in der analytischen Gruppentherapie (Bion, Foulkes, Wolf und Schwartz) fällt auf, daß diese eine Verknüpfung mit *inhaltlichen Annahmen der psychoanalytischen Entwicklungspsychologie* vermissen lassen: Bei allen 3 Konzepten handelt es sich im wesentlichen um die Beschreibung einer bestimmten *Wahrnehmungseinstellung* der Gruppe als ganzer den einzelnen Teilnehmern oder aber den einzelnen auf dem Hintergrund der Gruppe gegenüber. Es geht keinem der Autoren um die *systematische* Herausarbeitung inhaltlicher, thematisch präzisierter Probleme, z.B. der frühen Mutter-Kinder-Beziehung, der Beziehung Mutter-Kind-Vater, der Beziehungen zwischen den Eltern und Geschwistern usw., *wie sie sich* in der kindlichen Entwicklung im Rahmen der Familie sukzessive ergeben und *in analytischer Gruppen* mit großer Wahrscheinlichkeit *wiederholen*.

Angesichts des Fehlens solcher systematischen Überlegungen zum *inhaltlichen* Geschehen in analytischen Gruppen verdienen die Arbeiten von Schindler besonderes Interesse: Dieser Autor hat ein *explizit inhaltliches auf die interpersonellen Gegebenheiten in einer Familie bezogenes Konzept* für die analytische Gruppenarbeit entwickelt. Er vertrat schon 1951 die Auffassung, daß in analytischen Gruppen die Gruppe insgesamt starke Mutterübertragungen auslöse, der Gruppenleiter Vaterübertragungen und die einzelnen Gruppenteilnehmer Geschwisterübertragungen. Er hat damit als erster in einer expliziten und systematisch entfaltbaren Weise *die Familie* als psychologisches Bezugssystem für die analytische Gruppentherapie herausgearbeitet. Es überrascht, daß dieser Ansatz im Rahmen der analytischen Gruppenarbeit nicht auf stärkere Resonanz gestoßen ist, vor allem, weil von dieser Konzeption eine *systematische* Untersuchung der Wiederholung familiärer Konstellationen im Hier und Jetzt der analytischen Gruppe ihren Ausgang hätte nehmen können.

Schindler selbst hat im Laufe der letzten 3 Jahrzehnte seine Konzeption in mehrfacher Hinsicht weiter ausgearbeitet und präzisiert. Ich greife nur einige Gesichtspunkte heraus: 1955 erschien sein Aufsatz über „Spezifische Übertragungs- und Gegenübertragungsphänomene" unter dem Gesichtspunkt des Konzepts „Gruppe als Familie"; 1966 hat er in einer Arbeit weiter ausgeführt, warum und inwiefern er der Auffassung ist, die Gruppe *insgesamt* lege Mutterübertragungen nahe, eine Annahme, die durchaus ungewöhnlich ist. 1971 setzte er sich eingehend mit der Frage auseinander, weshalb er annimmt, der Gruppenleiter werde als Vater erlebt und welche spezifischen Aufgaben bzw. Funktionen dieser Vater-Gruppenleiter erfüllen solle oder müsse – für die Gruppe insgesamt und für die einzelnen

Teilnehmer. Dabei betont er, der Gruppenleiter solle eine für alle Teilnehmer gedeihliche Gruppenatmosphäre schaffen und vergleicht ihn mit einem Gärtner, dem es darum geht, die Pflanzen zu hegen und zu pflegen, und *nicht nur passiv und zurückspiegelnd* der Gruppe insgesamt und den einzelnen Teilnehmern gegenüber zu sitzen. Er spricht davon, daß der Gruppenleiter eine Autorität im positiven Sinne sein solle, der in das Gruppengeschehen aktiv eingreift, wenn es erforderlich ist, als Hüter des Realitätsprinzips. Hierbei wird der Einfluß der aktiven Psychoanalyse von W. Stekel (1980a) deutlich (1959), der Schindlers Lehranalytiker war. In den letzten Jahren hat Schindler eine ganze Reihe weiterer Aufsätze zu Einzelaspekten der gruppenanalytischen Theorie publiziert (vgl. den Sammelband 1980), z.B. 1975 über den Zusammenhang zwischen der Entwicklung des *Selbst* bei den einzelnen Patienten und dem Geschehen in der analytischen Gruppe und 1980 darüber, wie die Entwicklung von *Ich-Funktionen* in der Gruppe gefördert werden könnte.

Schindler hat nicht nur zur konzeptionellen Erfassung und technischen Handhabung des Geschehens in einer analytischen Therapiegruppe Gedanken entwickelt, er hat darüber hinaus in mehreren Arbeiten (1932, 1949, 1949a, 1964, 1966) den Bezug hergestellt zwischen Phänomenen in der Gruppe und übergreifenden gesellschaftlichen Phänomenen: Besonders in seinem Aufsatz „Das Borderland-Syndrom – ein Zeichen unserer Zeit" (1979) weitet er die Sicht vom Geschehen in der analytischen Gruppe aus auf die aktuelle gesamtgesellschaftliche Situaion. Dabei knüpft er an typische Probleme in analytischen Gruppen, die häufig auftreten und die mit der Zunahme der sog. Borderlinepersönlichkeitsstörungen bei den Teilnehmern zusammenhängen, an. Schindler meint, daß die Gesellschaft insgesamt bei den Patienten eine Mutterübertragung auslöse, die gesellschaftlichen Ordnungsmächte, wie z.B. der Staat und die Schule, eher Vaterübertragungen. Während die Gesellschaft viele fast unbegrenzte Möglichkeiten zu bieten scheine, würden die herkömmlichen ordnenden Institutionen wie Schule, Familie, Berufsleben, Kirche durch die rasche gesellschaftliche Veränderung sehr in Frage gestellt. Viele Eltern könnten es sich leisten, ihre Kinder zu verwöhnen. Sie scheuten sich, den Kindern Grenzen zu setzen und Forderungen an sie zu stellen. Die Kinder entwickelten deshalb häufig eine starke Anspruchshaltung, d.h. die Erwartung, ohne eigene Leistung gut von der Gesellschaft versorgt zu werden. Spätestens nach Ablauf der Schule und nach dem Verlassen der Familie werde aber vielen jungen Menschen deutlich, daß die gesellschaftlichen Möglichkeiten doch sehr beschränkt seien und sich nur behaupten könne, wer leistungsfähig und diszipliniert sei. Da viele Jugendliche nicht gelernt hätten, direkte Befriedigungen zurückzustellen und durch aktive Auseinandersetzung mit der Umwelt an Ich-Stärke zu gewinnen, komme es zu den in den letzten Jahren gehäuft auftretenden Borderlinepersönlichkeitsstörungen. In analytischen Gruppen zeige sich häufig, daß Patienten mit solchen Persönlichkeitsstörungen sehr anspruchsvoll seien, Belastungen kaum ertragen könnten, stark agierten, zu aggressiven Ausbrüchen neigten und wenig Möglichkeiten hätten, ihre Probleme gemeinsam mit anderen verbal zu klären. Selbstverständlich müssen diese Überlegungen weiter präzisiert und überprüft werden. Mir scheint aber bedeutsam, daß dieser Autor *überhaupt* versucht hat, Zusammenhänge zwischen gesamtgesellschaftlichen Vorgängen und dem Geschehen in analytischen Gruppen zu thematisieren und hierzu Hypothesen zu bilden.

Was die *Technik* der analytischen Gruppentherapie im engeren Sinne angeht, so hat Schindler immer wieder dazu Stellung genommen, daß es unterschiedliche Vorgehensweisen in der analytischen Gruppenarbeit gebe, und herausgearbeitet, welche Vor- und Nachteile die divergierenden Arbeitsweisen mit sich bringen. So grenzt er sich in seinem Aufsatz „Gefahrenmomente in gruppenanalytischer Theorie und Technik" (1972) ausdrücklich von Bion und Foulkes ab, sofern diese Autoren durch ihre Technik die Gruppe als Ganzes ansprechen und auf diese Weise starke Regressionen der Gruppenteilnehmer in ihrer Gesamtheit hervorrufen. Er betrachtet die so entstehenden „Massenreaktionen" in analytischen Gruppen als therapeutisch schwer zu handhaben und als nicht sonderlich hilfreich.

Auch wenn diese Position m. E. einseitig ist und Schindler zu wenig die in der Gruppe als Ganzes vorhandenen Möglichkeiten des *gemeinsamen* Wiederbelebens spezifischer Konstellationen der kindlichen Entwicklung sieht, hat er mit seiner deutlichen Abgrenzung von der Arbeitsweise von Foulkes die zentrale Frage einer *umfassenden übergreifenden Theorie und Technik* der analytischen Gruppentherapie thematisiert: die Notwendigkeit, die einzelnen Ansätze innerhalb der analytischen Gruppentherapie zu verstehen als jeweils *spezifische Arbeitsweisen,* die für *bestimmte Teilnehmer* zu *bestimmten Zeiten* der Gruppenarbeit zur Erreichung *bestimmter Ziele* sinnvoll sind. Erst in einer solchen kontroversen Diskussion, die z. B. weder Foulkes noch Bion mit den Vertretern anderer Positionen geführt haben, wird deutlich, daß es unterschiedliche und jeweils in anderer Weise nützliche Zugänge zum Geschehen in einer analytischen Gruppe gibt. Die kritische Auseinandersetzung zwischen unterschiedlichen Ansätzen läßt die Notwendigkeit der Entwicklung einer übergreifenden Theorie erst in den Blick gelangen und treibt eine solche Theoriebildung voran.

Ich möchte meine Gedanken zu den Arbeiten von Schindler abschließen mit der Bemerkung, daß er es v. a. war, der immer wieder Fragen aufgegriffen hat, die in der gruppenanalytischen Diskussion eher ausgeklammert wurden:

- Ich denke dabei z. B. an die pointierte Aussage, wonach wir in analytischen Gruppen in erster Linie eine Verringerung der neurotischen Symptome erreichen sollten und nur in relativ wenigen Fällen umfassende strukturelle Änderungen uns zum Ziel setzen können (1980a),
- oder die Frage, die Schindler auf dem VII. Internationalen Kongreß für Gruppentherapie in Kopenhagen diskutieren wollte, inwieweit in analytischen Gruppen „Informationen" des Gruppenleiters über realistisches Verhalten in der Gruppe oder im Leben angebracht oder gar erforderlich sind (1981),
- oder, inwiefern wir Patienten vergewaltigen, wenn wir sie ausgesprochen gruppenanalytisch behandeln, d. h. mit dem Akzent auf Gruppendeutungen.

Alle diese Fragen sollten von Gruppenanalytikern vermehrt diskutiert werden, auch wenn es schwierig oder narzißtisch kränkend ist, die eigene Arbeitsweise und Arbeitsrichtung in Frage zu stellen. Wir benötigen eine kritische Untersuchung der Vor- und Nachteile unterschiedlicher Formen der analytischen Gruppentherapie ebenso wie eine *kollektive* Diskussion unter Gruppentherapeuten zum Problem der Entwicklung einer *übergreifenden gruppenanalytischen Theorie und Technik.* Es ist das Verdienst Schindlers, daß er zu diesen Problemen und Fragen immer wieder in kämpferischer Weise Stellung bezogen hat.

Ausgewählte Arbeiten W. Schindlers

Zur Psychologie des Massenhasses. K. C. Blätter, 1932
The Problem of Masochism in Individuals and Nations. Int. J. Sexol. 2, February 1949
The Sexual Aspects of Antisemitism. Int. J. Sexol. 2, May 1949
Family Pattern in Group Formation and Therapy. Int. J. Group Psychother. 1: 100–105 (1951) (deutsch: Schindler 1980, S. 17–22)
Übertragung und Gegenübertragung in der Familien-Gruppenpsychotherapie. Z. Psychosom. Med. 1:101–105 (1955) (abgedruckt in: Schindler 1980*, S. 23–34)
Stekels aktive Psychoanalyse in der Familien-Gruppentherapie. Z. Psychosom. Med. 5:119–122 (1959) (abgedruckt in: Schindler 1980*, S. 64–68)
Life in Isolation and Problems of Group Psychotherapy. Int. J. Soc. Psychiatry, Congress Issue 1964 (deutsch: Schindler 1980*, S. 151–161)
Die „Beatle-Manie", ein Ausdruck unserer Zeit. Prax. Kinderpsychol. 15 (1966)
Das Autoritätsproblem in der Gruppennpsychotherapie. Proceedings of the 3rd Int. Congress of Social Psychiatry, Zagreb 1971, 304–310 (abgedruckt in: Schindler 1980*, S. 39–45)
Gefahrenmomente in gruppenanalytischer Theorie und Technik. Gruppenpsychother. Gruppendynamik 5:237–244 (1972) (abgedruckt in: Schindler 1980*, S. 78–85)
Gruppenanalytische Psychotherapie und das Selbst. Gruppenpsychother. 9:3 (1975) (abgedruckt in: Schindler 1980*, S. 46–55)
Das Borderland-Syndrom – ein Zeichen unserer Zeit. Z. Psychosom. Med. Psychoanal. 25:363–375 (1979)
Über einige unterschiedliche Standpunkte hinsichtlich psychoanalytisch orientierter Gruppentherapie. Gruppenpsychother. Gruppendynamik 14:16–30 (1979) (abgedruckt in: Schindler 1980*, S. 139–150)
Analytische Gruppentherapie und Ich-Funktionen. In: Schindler 1980*, S. 56–63
Symptomorientierte Gruppenpsychotherapie nach dem Familienmodell. In: Schindler 1980*, S. 113–118
Some Reflections on the Informative Element in the „Working Through" of Analytical Group Therapy (unveröffentlicht). London 1981
Stekel, W.: Aktive Psychoanalyse – eklektisch gesehen. Ein Lesebuch, zusammengestellt, kommentiert und mit eigenen Fällen ergänzt von Walter Schindler. Huber, Bern, Stuttgart, Wien 1980a.

---

* W. Schindler: Die analytische Gruppentherapie nach dem Familienmodell. Ausgewählte Beiträge. Reinhardt, München 1980. Herausgegeben und eingeleitet von D. Sandner

4. Modellüberlegung zur psychischen Dynamik in analytischen Gruppen

Zum Problem der Einheit und Vielfalt der psychischen Phänomene in Gruppen

Inzwischen gewinnt v. a. innerhalb psychoanalytischer Überlegungen, aber auch im Bereich der arbeitsbezogenen Trainingsgruppen, zunehmend die Überlegung an Boden, *daß es vielleicht ein einheitliches Phänomen Kleingruppe, das immer und überall ähnlich funktioniert, nicht gibt* (vgl. Singer et al. 1975). Unter der Bezeichnung „boundary management" wird in den letzten Jahren zunehmend die Problematik diskutiert, die dem Praktiker sich stellt, wenn er innerhalb ein und derselben Gruppe unterschiedliche Trainings- bzw. Therapieziele erreichen möchte. Er muß dann durch die Planung des ganzen Gruppensettings und durch seine Intervention entscheiden, was er als innerhalb der Gruppe zu Bearbeitendes und zu Klärendes betrachten will und was er außerhalb belassen bzw. in den Hintergrund treten lassen möchte (vgl. Astrachan 1970; Kernberg 1975 sowie Singer et al. 1975).

Wenn es so ist, daß Kleingruppen auf unterschiedlichen Niveaus mit unterschiedlichen Problemen sich bewegen können, so würde sich möglicherweise ein Teil der Schwierigkeiten bei der Herstellung von Querverbindungen zwischen verschiedenen Konzepten über die psychische Dynamik in Gruppen klären und bereinigen lassen. Voraussetzung hierfür wäre allerdings, daß es gelingt, wichtige Ebenen des Geschehens in Gruppen zu identifizieren und voneinander abzugrenzen (vgl. Heigl-Evers u. Heigl 1973, besonders S. 138). Dabei wird von vornherein davon ausgegangen werden können, daß es sich um verschiedene Grundmöglichkeiten handelt, die in jeder Gruppe angelegt sind, zunächst nur theoretisch-abstrahierend aus der Gesamtdynamik herausgelöst werden können und im realen Leben von Gruppen *als solche* nur unter bestimmten – noch zu spezifizierenden Bedingungen – phänomenologisch einigermaßen rein in Erscheinung treten.

Wenn man diese unterschiedlichen Konzeptionalisierungen der praktischen Arbeit mit (Therapie-)Gruppen nicht einfach als rigides Festhalten an fiktiven Positionen betrachten will, sondern vielmehr als in der Sache, d. h. den realen Gruppenprozessen begründet, wird man notwendigerweise zu der Überlegung geführt, daß es sich um *verschiedene Einstiege in die Gesamtdynamik einer Gruppe bzw. um spezifische Strukturierungen dieser Dynamik* handeln könnte und nicht um Hirngespinste der verschiedenen Theoretiker. Aus einer Betrachtung der Arbeitsweise dieser Praktiker und Erforscher der Gruppenarbeit drängt sich dann auch der Gedanke auf, daß sie durch ihre spezifische Arbeitsweise möglicherweise gerade die genannten unterschiedlichen Strukturierungen der psychischen Dynamik einer Gruppe fördern (vgl.

Turquet 1974), die sie dann nachträglich als solche in ihren Gruppen phänomenal vorfinden und in Begriffe fassen (vgl. Pohlen 1972; Heigl-Evers 1972; Sandner 1975).

Modellüberlegung

Wir gehen davon aus, daß jeder Mensch im Laufe seiner individuellen Entwicklung in der Auseinandersetzung mit den für ihn wichtigen Einzelnen und Gruppen bestimmte *interpersonale oder psychosoziale Verhaltenskompetenzen* erwerben muß, um als Erwachsener sich in Gruppen als Person von anderen abgrenzen zu können und in einen fruchtbaren und für alle Beteiligten möglichst befriedigenden sozialen Austauschprozeß eintreten zu können. Unter psychosozialer Kompetenz in Gruppen verstehen wir die Fähigkeit,

1. sich in einer unbekannten (diffusen) Gruppensituation als Person zu bewahren und abzugrenzen, ohne übermäßige Angst und Abwehrmaßnahmen (der Erwerb dieser psychosozialen Kompetenz ist das „Lernziel" der präödipalen Phase der kindlichen Entwicklung);
2. sich in einer Kleingruppe mit dem Problem der Autorität, der Rivalität und der Sexualität auseinanderzusetzen, ohne diese Probleme verleugnen, verdrängen, projizieren etc. zu müssen (diese psychosoziale Kompetenz wird unserer Auffassung nach mit der positiven Bewältigung der ödipalen Konstellation erworben);
3. sich mit den realen Möglichkeiten des emotionalen und arbeitsmäßigen Austauschs in einer Kleingruppe auseinanderzusetzen (diese psychosoziale Kompetenz entspricht der erwachsenen Form der Auseinandersetzung in kleinen Gruppen, die wir reflexiv-interaktionell nennen).

Wir nehmen an, daß jedes Individuum im Laufe seiner Entwicklung die für ihn in interpersonellen Situationen erforderlichen Verhaltenskompetenzen in recht unterschiedlicher Weise erworben hat, und meinen, daß gerade die individuellen Defizite im Bereich interpersoneller Verhaltenskompetenzen bzw. bestimmter Grundmodi der Auseinandersetzung mit bedeutsamen Anderen sich in Gruppensituationen besonders deutlich zeigen.

Der Grundgedanke unseres Modells ist deshalb folgender:

Je nachdem, welchen Grad der sozialen Kompetenz, die in einer psychoanalytischen Gruppe zusammengekommenen Individuen in ihrer Gesamtheit repräsentieren, und je nachdem, in welche gemeinsame Situation sie durch das vom Gruppenleiter geschaffene Setting und seine Interventionen gebracht werden, pendelt sich die jeweilige Gruppe auf einem der 3 genannten Niveaus ein: dem präödipalen, dem ödipalen oder dem reflexiv-interaktionellen.

Neben der vom einzelnen Gruppenteilnehmer verkörperten konkreten Konfiguration von Verhaltenstendenzen spielt in dieser Modellüberlegung die *Situation*, in welche die Teilnehmer durch den Gruppenleiter gemeinsam gebracht werden, also eine besondere Rolle. Das bedeutet zweierlei: einmal wird die Gruppe auch dann nicht lange auf dem präödipalen Niveau der Gruppe verbleiben, welches der Gruppenleiter z. B. hervorzurufen versucht, wenn die meisten Gruppenmitglieder in diesem Bereich weniger Probleme haben. Zum anderen aber werden dabei Teilnehmer, die oberflächlich recht gut sozial angepaßt sind, aber ausgesprochen präödipale Schwierigkeiten haben, u. U. psychotisch reagieren.

Das Modell impliziert somit eine Abfolge von aufeinander aufbauenden Entwicklungsstadien von präödipal bis reflexiv-interaktionell, die positiv durchlaufen sein müssen, um in dem nächst höheren Stadium stabil bleiben und „funktionieren" zu können.

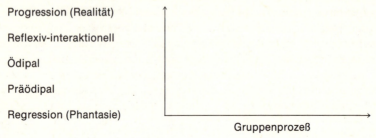

Abb. 1. Ein hypothetisches Modell des „Funktionierens" von analytischen Gruppen auf 3 verschiedenen Niveaus

Im einzelnen liegen unserem Modell folgende Annahmen zugrunde:

1. Wir nehmen 3 unterscheidbare Niveaus des Funktionierens von analytischen Gruppen an: ein präödipales, ein ödipales und ein reflexiv-interaktionelles.
   Was wir darunter verstehen wollen, werden wir im nächsten Abschnitt ausführlich und systematisch darstellen bzw. entwickeln.
2. Innerhalb jedes Niveaus entsteht unserer Auffassung nach eine spezifische psychische Dynamik, die aus der jeweils spezifischen Beziehung der Gruppenmitglieder zum Gruppenleiter, zu den anderen Mitgliedern und der Gesamtgruppe sich ergibt bzw. aus der spezifischen psychischen Situation, in welche Gruppenteilnehmer durch diese Beziehungen gelangen.
   Wie diese psychische Dynamik auf dem Hintergrund der 3 von uns angenommenen Niveaus des Funktionierens von Gruppen aufgrund psychologischer Überlegungen sich darstellen dürfte, werden wir ebenfalls im nächsten Abschnitt entwickeln.
3. Auf welches Niveau sich eine analytische Gruppe einpendelt, hängt ab
   a) von der Persönlichkeitsstruktur der Gruppenteilnehmer bzw. ihrer spezifischen psychosozialen Kompetenzen (vgl. oben),
   b) von der Situation, in die die Gruppenteilnehmer vom Gruppenleiter gebracht werden durch das von ihm erzeugte Setting (Anzahl der Teilnehmer, Häufigkeit der Treffen, Regeln, unter denen gearbeitet werden soll, institutioneller Rahmen usw.),
   c) von der spezifischen Interventionsstrategie bzw. -weise, die der Gruppenleiter zeigt bzw. verfolgt.

Was den Faktor Persönlichkeitsstruktur der Gruppenteilnehmer angeht, so verstehen wir darunter – wie in der Einleitung zu diesem Abschnitt schon angedeutet – den Grad, in dem diese Teilnehmer in ihrer Entwicklung die für jeden Menschen erforderliche Bewältigung der frühkindlichen Ablösungsproblematik von der Mutter (Zweierbeziehung) und die kindliche Problematik der Gewinnung eines Orts in seiner Familie (Dreierbeziehung) bewältigt hat, und aus diesem Grunde fähig ist, sich als Person in einer Mehrpersonensituation zurechtfinden. Anders ausgedrückt: inwieweit die Teilnehmer die präödipale und die ödipale Problematik bewältigt haben, daß sie sich der interaktionellen Realität in der Hier- und Jetzt-Situation der analytischen Gruppe überhaupt stellen können. Der Faktor „Situation, in welche die Teilnehmer gebracht werden", ist deshalb von Bedeutung, weil wir annehmen, daß bei den Teilnehmern dadurch in jedem Fall unterschiedliche „Bereiche" ihrer Persönlichkeit angesprochen werden bzw. sie sich eben mit einer Situation konfrontiert sehen, welche präödipale, ödipale oder reflexiv-interaktionelle Probleme *provoziert* bzw. nahelegt.

Für die Regulation der für die Teilnehmer entstehenden Situation ist – mindestens im Anfangsstadium von analytischen Gruppen – das Verhalten des Gruppenleiters außerordentlich wichtig, da er objektiv und subjektiv von den Teilnehmern her gesehen die strategisch wichtigste Position innehat. Wir können annehmen, daß, je nachdem, wie er interveniert, d.h., wieviel und welche Art Struktur er der diffusen, völlig unklaren Situation in der Gruppe zu geben versucht, die Gruppenmitglieder als einzelne und in ihrer Gesamtheit dazu tendieren, präödipale bzw. ödipale Probleme zu reaktivieren.

4. Wir nehmen weiter an, daß das jeweils in einer Gruppe sich einpendelnde Problemniveau eine Art Fließgewicht darstellt, d.h. sich mehr oder weniger rasch ändern kann. Dies ergibt sich schon allein aus der einfachen Überlegung, wonach die Gruppenmitglieder mit dem jeweils schwerpunktmäßig vorhandenen Problemniveau unterschiedlich „zufrieden" und sowie aus der Tatsache, daß jedes der 3 Niveaus eine Kompromißbildung aus den unterschiedlichen Tendenzen der Gruppenmitglieder darstellt.

5. Es spricht vieles dafür, daß die Bewältigung der Probleme, die sich auf dem reflexiv-interaktionellen Niveau des Funktionierens von Gruppen stellen, eine hinreichende Klärung und psychische Verarbeitung der Probleme auf den beiden anderen Ebenen voraussetzt ebenso wie die Bearbeitung der ödipalen Problematik die Bewältigung der präödipalen erfordert. Ist dies nicht der Fall, so wird jede Gruppe, wenn sie auf der reflexiv-interaktionellen Ebene arbeiten möchte auf ödipale oder präödipale Probleme *regredieren,* d.h. in den für diese Phase der menschlichen Entwicklung charakteristischen Problemen sich bewegen. Sofern die präödipalen Probleme einigermaßen bearbeitet werden können, pendelt sich in der jeweiligen Gruppe dann eine ödipale Problematik ein; die Gruppe erfährt eine *Progression* auf diese „höhere" bzw. mehr psychosoziale Kompetenzen erfordernde Ebene des Verhaltens.

6. Die Bearbeitung der psychischen Probleme eines bestimmten Verhaltensniveaus geschieht innerhalb der unter (2) geschilderten 3 Beziehungspolaritäten: Mitglied – Mitglied, Mitglied – Leiter, Mitglied – Gesamtgruppe.
Dabei dominieren auf der präödipalen Ebene die *privaten Phantasien* der Teilnehmer, die wie wir zu zeigen versuchen werden – sich zu unausgesprochenen, nichtsdestoweniger aber das Verhalten der Gruppenmitglieder regulierenden, ihnen allen gemeinsamen Phantasien über die Gruppe „konfluieren".
Je weiter eine Gruppe fortschreitet und ihre Mitglieder nach und nach ihre privaten Phantasien in der Gruppe äußern und somit einer gemeinsamen Betrach-

tung zugängig machen können, um so mehr tritt die *Klärung der psychischen Realität* innerhalb der Gruppe in den Vordergrund. Es kommt zu einer konsensuellen Validierung der gemeinsamen Phantasien, oder aber es stellt sich heraus, daß ihnen lediglich individuelle Bedeutung zukommt, die in die Gruppenteilnehmer oder in den Gruppenprozeß insgesamt hineingesehen wird (vgl. die Theorie von Shepard u. Bennis 1956).
7. Trotz der geschilderten grundsätzlichen Regressions- bzw. Progressionsabfolge der 3 angenommenen Verhaltensniveaus ist es denkbar, daß aus Angst- und Abwehrgründen Scheinprogressionen bzw. Regressionen in bereits bewältigte Verhaltensbereiche erfolgen.

Herleitung und Abgrenzung der 3 angenommenen Ebenen des Geschehens in analytischen Gruppen

Charakterisierung der angenommenen 3 Ebenen interpersonellen Verhaltens

Präödipale interpersonelle Phänomene

Der Begriff präödipal stammt aus der psychoanalytischen Theorietradition und bezeichnet die vor dem Ödipuskomplex gelegene Periode der psychosexuellen Entwicklung" (Laplanche u. Pontalis 1972, S. 395). Im Unterschied zu der häufig verwendeten Bezeichnung „prägenital" für eben diese Periode bezieht sich der Terminus präödipal „auf die interpersonale Situation" (Fehlen des ödipalen Dreiecks, d. h. auf die frühe Zweierbeziehung zwischen Mutter und Kind (ibid.).

Innerhalb der psychoanalytischen Denktradition gibt es eine Vielzahl von Autoren, die sich mit der präödipalen Phase der kindlichen Entwicklung befaßt haben (Balint 1973; Erikson 1971; Fairbairn 1952; A. Freud 1968; Hartmann 1972; Jacobson 1973; Guntrip 1961, 1974; Klein 1972, 1973; Kohut 1974; Mahler 1972; Spitz 1972; Winnicott 1974, 1976). Allerdings bestehen bislang zwischen diesen vielfältigen Ansätzen relativ wenige Querverbindungen; es zeichnet sich keinerlei umfassendere Konzeption des psychodynamischen Geschehens in der frühen Kindheit ab. In dieser Situation wollen wir deshalb zur Charakterisierung präödipaler Phänomene auf eine Autorin zurückgreifen, deren Überlegungen aus mehreren Gründen sich für die Klärung von Phänomenen in Gruppen anbieten, auf M. Klein:

1. Klein ist die bedeutendste Vertreterin innerhalb der britischen Schule der Psychoanalyse, der – stark auf *interpersonelle Beziehungen* abhebenden – sog. Objektbeziehungstheorie.
2. Sie hat mit ihrem Denken stark auf Bion eingewirkt (vgl. Bion 1971, S. 102), dessen gruppenanalytische Überlegungen in der gruppenpsychologischen Diskussion außerordentlich große Resonanz gefunden haben bzw. häufig zur Klärung von Gruppenphänomenen herangezogen werden.
3. Schließlich zeichnen sich die Überlegungen von Klein dadurch aus, daß sie sich deutlich innerhalb des theoretischen Grundansatzes von S. Freud bewegen (vgl. Segal 1974, S. 12; Winnicott 1974, S. 228f.), zugleich aber auf ganz frühkindliche, eben präödipale Phänomene sich beziehen, mit denen Freud selbst wenig sich befaßt hat.

Aus den gerade genannten 3 Gründen werden wir die Gedanken von Klein hier zum Ausgangspunkt unserer Überlegungen über präödipale Phänomene der kindlichen Entwicklung nehmen (vgl. Klein 1972, besonders S. 144–173, sowie 1973, S. 157–186):

Nach Klein hat das Neugeborene von Anfang an eine positive Beziehung zu einem ganz bestimmten Teil seiner Mutter, und zwar zu ihrer Brust, die seine wichtigsten Bedürfnisse befriedigt (= gute Mutterbrust). Zugleich aber besteht aus inneren und äußeren Ursachen ständig die Gefahr, daß die Bedürfnisse des Säuglings unzureichend befriedigt werden, was das Kind als böse Mutterbrust empfindet und mit Aggressivität beantwortet. Da der Säugling nicht zwischen sich und der Brust der Mutter unterscheiden kann, ist diese innere Aggression für ihn selber gefährlich; er weiß nicht, ob er zerstört oder zerstört wird. Deshalb spaltet er seine Aggressivität ab, sie gehört nicht mehr zu ihm und projiziert sie als böse Mutterbrust nach außen. Dieses Verhalten des Kindes bezeichnet Klein als paranoid-schizoid bzw. als *paranoid-schizoide Position.* Zeitlich setzt sie diese Periode der kindlichen Entwicklung in etwa von der Geburt bis zum 4. Lebensmonat an.

Um sich vor diesem nunmehr gefährlichen Objekt bzw. Verfolger zu wehren, identifiziert sich das Kind mit der guten Mutterbrust, introjiziert diese und fühlt sich in der Lage, gegen die böse Brust potent, allmächtig anzutreten.

Der Säugling versucht somit, alles Gute zu introjizieren und alles Schlechte nach außen zu projizieren. Da das Kind aber nicht zwischen innen und außen hinreichend unterscheiden kann, besteht ständig die Gefahr, daß die gute Mutterbrust verlorengeht und die böse die Überhand gewinnt und das Kind zerstört. Erst nach und nach, unter der Bedingung, daß die positiven Erlebnisse des Kindes (= gute Mutterbrust) überwiegen, kann das Kind wahrnehmen und zulassen, daß das geliebte Objekt Mutterbrust auch negative Aspekte hat, d.h. es kann die böse und die gute Mutterbrust als *nebeneinander bestehend* erleben. Da jetzt das Böse nicht mehr allein außen und das Gute nicht mehr allein innen ist, entsteht für das Kleinkind aber eine neue, sehr bedrohliche Situation: es besteht die Gefahr, daß es mit seiner Aggressivität gegen die böse Mutterbrust die gute Mutterbrust zerstört und damit verliert, was als Selbstzerstörung erlebt würde. Aus diesem Grunde entwickelt das Kleinkind das ständige Bedürfnis, das durch die eigene Aggressivität beschädigte und möglicherweise zerstörte Objekt wieder herzustellen.

Das Kind kann diese sog. *depressive Position* (= Schuldgefühl dem beschädigten Objekt gegenüber und Tendenz, es wieder herzustellen) nur überwinden, wenn es nach und nach erlebt, daß das geliebte Objekt trotz der eigenen Aggressionen unversehrt bleibt, die eigenen Versuche der Wiedergutmachung erfolgreich sind und das Objekt als heiles Objekt, als Quelle weiterer Befriedigungen introjiziert werden kann. Damit hat das Kleinkind sich in gewisser Weise als selbständiges psychisches Wesen mit einer vorläufigen *Grenze* zur Mutterfigur von dieser „gelöst". Es kann sozusagen als jemand mit positiven und negativen Tendenzen einer Umwelt mit eben diesen Tendenzen gegenübertreten. Es ist nicht mehr so wie in der paranoid-schizoiden Position, in der alles Böse außen und alles Gute innen ist oder wie in der depressiven Position, wo es schwerpunktmäßig umgekehrt ist, wenngleich beides bereits nebeneinander bestehen darf.

Schon während der geschilderten Entwicklung in der 2. Hälfte des 1. Lebensjahrs, also während der depressiven Phase, bahnt sich nach Klein für das Kleinkind die

Auseinandersetzung mit einem 2. Objekt an, das zunächst recht diffus im Hintergrund ist und erst nach und nach sich differenziert: der Vater. Das Kind erlebt dunkel, daß die böse Brust etwas mit dem Vater (bzw. dessen Penis) zu tun haben könnte, der die gute Brust sozusagen für sich beansprucht und somit dem Kind wegnimmt. Es kann aber zu wenig zwischen sich und diesen beiden Objekten unterscheiden und erlebt beide als eine *diffuse Gestalt,* die manchmal gut und manchmal böse ist.

Der Prozeß der Trennung und Identifizierung der Eltern als eigenständige getrennte Figuren hängt nach Klein eng mit der Problematik der depressiven Position zusammen bzw. stellt eine Verarbeitung derselben dar:

„Die Angst vor dem Verlust der Mutter, des primären geliebten Objekts – d. h. depressive Angst –, trägt bei beiden Geschlechtern zu dem Bedürfnis nach Ersatzobjekten bei; das Kind wendet sich nun dem Vater zu, der in diesem Stadium auch als ganze Person introjiziert ist, um diese Bedürfnisse zu erfüllen."

Das Kind kann sich eher von der Mutter lösen, kann ihren zeitweiligen Verlust eher ertragen, wenn es über ein 2. Objekt verfügt. Einerseits fällt es dem Kind jetzt leichter, sich von der Mutter zu lösen, da es, wenn es aggressiv ist, nicht mehr befürchten muß, völlig verlassen zu sein, und den den als mächtig erlebten Penis des Vaters als Schutz gegen die böse, verfolgende Mutter auf seiner Seite hat. Andererseits aber sieht sich das Kind jetzt 2 voneinander getrennten Objekten gegenüber, die beide geliebt und gehaßt werden: der Mutter, die der Prototyp oraler Befriedigung ist (gute Mutter) und zugleich das Kind verfolgt, sofern es böse ist (böse Mutter), und der Vater, der zwar das Kind vor der Mutter beschützen kann, zugleich aber wegen seiner intimen Beziehung zur Mutter diese dem Kind vorenthält und deshalb als Rivale empfunden wird, der seine Macht auch gegen das Kind richten kann (vgl. Klein 1973, S. 166ff.).

In dieser Situation der doppelten Bedrohung durch beide Eltern ist es für das Kind sehr wichtig, die Eltern als „glücklich vereint", als ideales und in gar keiner Weise aggressives Paar zu phantasieren (vgl. Klein 1972, S. 63 Fußnote). Wenn das Kind auf diese Weise etwa seine Angst vor den zerstörerisch phantasierten Eltern beschwichtigt hat und auch real erlebt, daß die Eltern sich nicht wechselseitig zerstören und auch von ihm und seinen zerstörerischen Tendenzen nicht vernichtet werden, kann es dazu übergehen, mit dem als mächtig erlebten Vater um den Besitz der versorgenden Mutter zu *rivalisieren.*

Erst an dieser Stelle seiner Entwicklung kann das Kind eine echte Auseinandersetzung mit 2 Personen beginnen. Damit tritt es in eine Konstellation ein, die Freud als ödipal charakterisiert hat und deren Bewältigung seiner Auffassung nach grundlegend alle späteren Beziehungen des Kinds zu anderen Menschen bestimmt.

Die ödipale interpersonelle Konstellation

Im Gegensatz zur gerade geschilderten Situation des Kleinkinds, die in erster Linie durch die Problematik der Abgrenzung und Ablösung des Kinds im Rahmen einer zunächst symbiotischen Zweierbeziehung gekennzeichnet ist und zu einer ersten Ausdifferenzierung des Kinds als eigenständigem Wesen führt, haben wir es bei der sog. ödipalen Konstellation zum erstenmal mit einer Dreierbeziehung zwischen dem Kind und den beiden Eltern zu tun. Diese Konstellation hat zum erstenmal eingehend S. Freud beschrieben und herausgearbeitet (Freud, GW XI, S. 342ff.).

Die ödipale Situation ist nach Freud grundlegend dadurch gekennzeichnet, daß das Kind eine enge intime Beziehung zum jeweiligen andersgeschlechtlichen Elternteil aufnehmen will und dabei der gleichgeschlechtliche Elternteil das zentrale Hindernis darstellt. Allgemeiner ausgedrückt: es geht um eine gewünschte Zweierbeziehung, die aber nur zustande kommt, wenn eine bereits bestehende zerstört wird. Sofern das Kind ohne Geschwister ist, finden wir die ödipale Konstellation idealtypisch vor. Wenn es Geschwister hat, vermehren sich die Rivalen um die begehrte Elternperson: die Dreieckstruktur bleibt aber grundsätzlich erhalten. Es finden nun vermehrte Kämpfe zwischen den Geschwistern um den 1. Platz bei dem begehrten Elternteil statt bzw. auch u. U. Verschiebungen des auf die Eltern gerichteten Interesses auf einzelne Geschwister, d. h. auf eine ähnlich intime und alle anderen ausschließende Beziehung zu diesen (vgl. Freud, GW XI, S. 344–346).

Die gerade geschilderte Konstellation wird von Freud als positiver Ödipuskomplex bezeichnet. Daneben gibt es – wiederum nur bezogen auf das männliche Kind – auch einen negativen Ödipuskomplex, der darin besteht, daß der kleine Junge – aus Gründen, die wir hier nicht weiter erörtern können – mit der Mutter um die Zuwendung des Vaters rivalisiert; er identifiziert sich mit seiner Mutter und möchte von seinem Vater so behandelt werden, wie dieser sich gegenüber der Mutter verhält (vgl. Freud, GW XIII, S. 116).

Für die Auflösung des Ödipuskomplexes gibt Freud 2 Grundmöglichkeiten an:

1. In seinen Vorlesungen zur Einführung in die Psychoanalyse betont er, daß die Unmöglichkeit des realen und alleinigen Besitzes des jeweiligen gegengeschlechtlichen Elternteils schließlich und endlich dazu führt, daß der Junge sich mit dem Vater und das Mädchen sich mit der Mutter identifiziert. Damit sind sie selber Vater und Mutter und können – wie diese bereits Partner haben – später einen entsprechenden Partner gewinnen (vgl. Freud, GW XV, S. 70 ff., 128 f., sowie GW XIII, S. 393 ff.).
2. In seinen Abhandlungen „Totem und Tabu" (GW IX) sowie „Massenpsychologie und Ich-Analyse" (GW XIII, S. 71–161) entwickelt Freud ein weiteres Modell der Lösung der ödipalen Problematik:
Darin rotten sich die männlichen Geschwister zusammen, die einzeln zu schwach sind, den Vater zu entmachten, der alle Frauen der Familie für sich beansprucht, und bringen dem Vater um bzw. entmachten ihn. Da jedem der Brüder, der sich an die Stelle des Vaters setzen würde, dasselbe Schicksal beschieden wäre, werden alle Frauen der eigenen Familie für tabu erklärt. Die Brüder brauchen sich dann untereinander nicht mehr zu bekriegen, können in Eintracht zusammenleben und sich anderen Frauen außerhalb ihrer Familie zuwenden.

Letztlich laufen beide Möglichkeiten auf dasselbe hinaus: der Unterschied besteht lediglich darin, daß im 1. Fall eine Unterwerfung durch Identifikation, im 2. eine Identifikation mit dem Vater nach dessen Unterwerfung stattfindet. Im einen Fall ist der Vater zu stark, im anderen sind die Brüder zu gefährlich.

Wir wollen an dieser Stelle nicht auf die Varianten des Verhaltens eingehen, die beim Kind entstehen, wenn keiner der beiden geschilderten Wege begangen werden kann. Sie führen allesamt dazu, daß der spätere Erwachsene ständig die nicht bewältigte konkrete ödipale Konstellation seiner Familie in der Auseinandersetzung mit den Menschen seiner Umwelt wiederholt.

Da die wenigsten Menschen die ödipale Konstellation in ihrer Familie hinreichend bewältigen konnten, finden wir in analytischen Gruppen vielfach diese Konstellation wieder, d. h., den – wie Freud sagt – „zum Familienkomplex erweiterten Ödipuskomplex".

Die reflexiv-interaktionelle Ebene des interpersonellen Verhaltens

In Anlehnung an die „Interaktionsprozeßanalyse" von Bales (1950) verstehen wir unter der reflexiv-interaktionellen Ebene des Verhaltens folgendes: alle Aktionen, Reaktionen der Gruppenteilnehmer und die daraus entstehenden und auf diese zurückwirkenden Gruppenstrukturen, *sofern sie sich aus den unmittelbar wahrnehmbaren Verhaltensweisen der Gruppenteilnehmer ergeben* mit dem Ziel, wechselseitig sich so zu organisieren, daß die Pluralität der Gruppenteilnehmer zu einer gemeinsamen Verhaltensregulierung führt, welche diese Pluralität überhaupt erst zu einer Gruppe werden bzw. als solche bestehen läßt.

Wir knüpfen dabei an die große Mehrheit der sozialpsychologischen Gruppenuntersuchungen an sowie besonders an die Tradition der T-Gruppenbewegung (vgl. Sandner 1978, S. 16–28), innerhalb derer in erster Linie versucht wurde zu klären, was unmittelbar in Kleingruppen vor sich geht aufgrund der realen Interaktionen einander völlig fremder Gruppenteilnehmer. Darüber hinaus weist die von uns hier angezielte Ebene des Verhaltens große Ähnlichkeiten mit den von Bion (1971) herausgearbeiteten Phänomenen in Gruppen auf, die er unter dem Terminus Arbeitsgruppe zusammenfaßt (Sandner 1975).

Auf eine Kurzformel gebracht geht es auf dieser Ebene des Verhaltens um das Insgesamt der psychischen Phänomene, die sich aus den unmittelbaren Interaktionen der Gruppenteilnehmer ergeben im Gegensatz zu den Phänomenen, die sich aus den Befürchtungen, Hoffnungen oder allgemeiner, den Phantasien der Teilnehmer entwickeln, d.h. was sie in das Verhalten der anderen hineinsehen bzw. hineinprojizieren, hineinphantasieren (wodurch dann die geschilderten präödipalen bzw. die ödipalen Probleme entstehen).

Explizit bewegt sich z. B. eine Gruppe auf diesem Niveau des Verhaltens, wenn ihre Mitglieder versuchen, die Aktionen, Reaktionen, Konstellationen, Wünsche der Gruppenteilnehmer in der Öffentlichkeit der Gruppe wechselseitig zu klären.

Natürlich gibt es praktisch keine „reinen" reflexiv-interaktionellen Phänomene. In die Interaktionen und die damit verbundene psychische Dynamik der Beteiligten gehen immer schon Phantasien ein, die mit der augenblicklichen interpersonellen Situation wenig zu tun haben; wenn es aber darum geht, die realen Interaktionen in ihrer Bedeutung für das Verhalten der Mitglieder einer Gruppe als solche ernstzunehmen, so ist es für die Untersuchung der daraus sich ergebenden Phänomene sinnvoll und methodisch angebracht, eine eigene reflexiv-interaktionelle Ebene des Verhaltens abzugrenzen.

Erscheinungsbild der 3 abgegrenzten Ebenen des Verhaltens im Gruppenzusammenhang

Nach der Schilderung der 3 Ebenen interpersonellen Verhaltens, die wir in dieser Arbeit als Basis unserer Überlegungen über das Geschehen in analytischen Gruppen ansetzen, können wir jetzt formulieren, wann wir annehmen wollen, daß eine analytische Gruppe sich auf einem der 3 geschilderten Niveaus des Verhaltens bewegt:

Das präödipale Verhaltensniveau in Gruppen

Charakteristisch für das Verhalten einer Gruppe auf dem sog. präödipalen Niveau ist, daß die einzelnen Gruppenteilnehmer Schwierigkeiten haben, sich als eigenständige Individuen voneinander abzugrenzen und sich in ihrer Gesamtheit so verhalten, als ob sie ein Säugling wären mit den entsprechenden Problemen eines ebensolchen, der sich erst nach und nach von seiner Mutter abgrenzen kann (vgl. oben die Theorie von Klein):

In klassischer Weise hat Bion dieses Verhalten in seinen Ausführungen über „Grundannahmen in Gruppen" beschrieben (Bion 1971; Sherwood 1964; Sandner 1975).

In analytischen Gruppen zeigt sich gerade in der Anfangsphase vielfach ein Verhalten der Teilnehmer, das stark an die überstarke orale Bedürftigkeit von Säuglingen, an ihren Wunsch nach ständiger und ausschließlicher Befriedigung durch die Mutterbrust erinnert. Der Gruppenleiter wird erlebt als gute Mutterbrust, die in jeder Hinsicht für die Gruppenmitglieder sorgen soll (Grundannahme der Abhängigkeit nach Bion). Die Gruppenmitglieder verhalten sich so, als ob sie allesamt völlig unfähig wären, von sich aus etwas zu tun. Wenn einer die Initiative ergreift, stößt er auf taube Ohren, sein Versuch versickert wie Wasser im Sand.

Werden die Ansprüche nach umfassender Versorgung durch den Gruppenleiter nicht erfüllt, entstehen regelmäßig heftige Aggressionen, die sich aber in den seltensten Fällen direkt gegen den frustrierenden Leiter richten. Es hat dann den Anschein, als dürfte der Bestand der Gruppe, der zunächst lediglich durch das Vorhandensein des Leiters garantiert scheint, nicht gefährdet werden. Deshalb wird die entstehende Aggression vielfach auf ein Mitglied innerhalb der Gruppe verschoben, z.B. einen Teilnehmer, der aktiv etwas zur Klärung der Gruppensituation beitragen will, oder es entsteht eine allgemeine gereizte Stimmung. Dabei sieht es so aus, als ob alle Gruppenmitglieder inklusive Gruppenleiter guten Willen hätten, lediglich der Abweichler oder Sündenbock das gute Einvernehmen störe oder überhaupt ganz diffus „irgend etwas" die Arbeit behindere, was sich nicht so recht greifen läßt und eine zunehmend aggressive Atmosphäre schafft. Vielfach versuchen die Mitglieder, dieses diffuse Etwas an irgendwelchen Äußerlichkeiten, wie fehlende Thematik, Größe der Gruppe, Häßlichkeit des Raumes etc. festzumachen. Deutlich erkennbar ist in diesem Verhalten die Verleugnung der realen Ursachen der Aggressionen innerhalb der Gruppe und die Projektion der Binnenursachen auf einen Sündenbock bzw. äußere Gründe oder Verfolger. Ein Verhalten, an dem alle Gruppenteilnehmer sich beteiligen und was stark an die sog. paranoid-schizoide Position von Klein erinnert. Innen ist alles gut, das Böse kommt von außen. Gegen dieses Böse muß man sich gemeinsam zur Wehr setzen bzw. davor fliehen oder sich totstellen (Grundannahme des Kampfes bzw. der Flucht nach Bion).

Ein weiterer Aspekt kommt hinzu: die Aggressionen innerhalb der Gruppe werden als Angriff auf die gute Mutterbrust erlebt, wodurch die Befürchtung entsteht, daß sich die Mutter rächt bzw. daß sie zerstört wird. In dieser Situation gibt es dann nur die Möglichkeit, einen starken Verbündeten zu haben gegen das Böse, d. h. einen starken Gruppenleiter und zugleich Versuche, die Aggressionen ungeschehen zu machen, alles wieder gutzumachen.

Es entsteht die paradoxe Situation, daß der Gruppenleiter sowohl gute als auch böse Mutterbrust oder beschützender Vater in der Phantasie der Gruppe wird und die Gruppe insgesamt ebenfalls als gut oder böse betrachtet werden kann. Dies wird nur verständlich, wenn wir annehmen, daß in analytischen Gruppen starke Regressionen auf solche frühkindlichen Verhaltensweisen stattfinden, auf ein Verhaltensniveau, bei dem erst nach und nach innen und außen durch introjektive und projektive Vorgänge geschieden werden: indem die Gruppenmitglieder erfahren, daß durch ihre Aggressionen weder die Gruppe auseinanderfällt noch der Leiter zerstört wird bzw. sich abwendet, gelingt es ihnen nach und nach, die Projektion aggressiver Tendenzen zurückzunehmen, d. h. als real in der Gruppe befindlich anzuerkennen und die unversehrten, heilen Objekte, vor allen den Gruppenleiter, zu introjizieren. Es findet im Idealfall eine Durcharbeitung der sog. depressiven Position nach Klein statt, die allerdings praktisch selten vollständig gelingt.

Ein sehr magischer Versuch der Bearbeitung, der in Gruppen mit solchermaßen regredierten Teilnehmern häufig auftaucht, ist schließlich folgender: die unwirtliche, frustrierende Situation in der Gruppe wird durch eine phantasierte ideale Beziehung zu ersetzen versucht: alle Gruppenmitglieder verfolgen andächtig, wie 2 ihrer Mitglieder versuchen, eine ausgesprochen harmonische, verständnisvolle, kurz ideale Beziehung einzugehen (Grundannahme der Paarbildung nach Bion).

Für alle 3 geschilderten Phänomene gilt, daß die Gruppenmitglieder wie gleichgerichtet oder wie unter einem unsichtbaren Bann sich in ihrer Mehrzahl so verhalten, als ob sie völlig unfähig wären, etwas zu tun, als ob sie sich ständig wehren müßten oder auf keinen Fall etwas unternehmen, als ob sie allein durch ihren guten Willen ideale Verhältnisse herstellen könnten. Die Mitglieder einer solchen Gruppe verhalten sich nicht wie eigenständige Personen, sondern wie Teile einer „Gesamtperson Mutter-Kind", in der sie verbleiben wollen (Symbiosewunsch) und aus der sie sich als eigenständige Personen zugleich nach und nach herauslösen wollen (Identitätswunsch), mit den entsprechenden Problemen, wie wir sie bei der Schilderung der Theorie von Klein skizziert haben. In diese „Gesamtperson" wird auch der Gruppenleiter einbezogen. Es verwundert daher nicht, wenn die Gruppenteilnehmer sich abwechselnd selbst als einen Teil der Mutter empfinden, dann wieder die Gruppe als Ganzes oder aber den Gruppenleiter als Mutter.

Ödipales Verhaltensniveau in Gruppen

Nach klassischer psychoanalytischer Auffassung würde sich eine Gruppe auf ödipalem Niveau bewegen, wenn sich die Gruppenmitglieder so verhalten, als ob sie Kinder im Alter von 3–5 Jahren wären, denen es um eine ausschließliche und intime Beziehung zum jeweiligen gegengeschlechtlichen Elternteil ginge, mit entsprechender Rivalität zum gleichgeschlechtlichen Elternteil und den noch vorhandenen Geschwistern. In diesem Paradigma sind folgende Phänomene zu erwarten: die Gruppenmitglieder versuchen, ihre jeweils spezifische Problematik hinsichtlich der eigenen mehr oder weniger bewältigten ödipalen Konstellationen ihrer Kindheit in der Gruppe wieder zu konstellieren. Sie erleben die Gruppe als Familie mit Eltern (Gruppenleiter), Geschwistern (Gruppenmitglieder) und bemühen sich in ihr um einen möglichst günstigen Platz nahe am begehrten Elternteil (vgl. Schindler 1980).

Die Dynamik einer solchen Gruppe wird also in erster Linie bestimmt von der Rivalität der Gruppenmitglieder untereinander und mit dem jeweils gleichgeschlechtlichen Elternteil (Gruppenleiter) um die Gunst des begehrten andersgeschlechtlichen Gruppenleiters. Dabei entstehen dann alle Varianten des geschilderten positiven und negativen Ödipuskomplexes und entsprechenden Möglichkeiten seiner Auflösung. Einige Beispiele aus einer Gruppe mit einem Leiterpaar:

Männliche Teilnehmer bemühen sich um die Gunst der Gruppenleiterin und entwickeln starke Haßgefühle dem Gruppenleiter gegenüber, zugleich haben sie große Angst vor den möglichen gefährlichen – im Extremfall als Kastration phantasierten – Reaktionen des Gruppenleiters. Den anderen männlichen Gruppenteilnehmern ist nicht zu trauen, allenfalls gehen sie mit ihnen eine Koalition gegen den Gruppenleiter ein.

Die weiblichen Gruppenteilnehmer bemühen sich um den ersten Platz beim Gruppenleiter, verehren und unterstützen ihn und versuchen, wo immer dies möglich ist, die Gruppenleiterin herabzusetzen. Untereinander zeigen sie wenig Solidarität, männliche Gruppenteilnehmer nehmen sie als solche nicht für voll, sofern diese um sie werben.

Im Falle des negativen Ödipuskomplexes benehmen sich die männlichen Gruppenteilnehmer ähnlich wie die weiblichen.

Wie aus dieser Skizze zweier möglicher Varianten der ödipalen Konstellation schon hervorgeht, kommt dabei dem Gruppenleiter sowohl die Rolle der gefährlichen als auch der geliebten und verehrten Person zu, während die Gruppenleiterin in der Regel nur die begehrte Person darstellt. Das hat bedeutsame Konsequenzen für die Bearbeitung der ödipalen Problematik:

1. Der Gruppenleiter muß als gefährlicher Clanvater, der unter anderem alle Frauen für sich beansprucht, entmachtet werden, wenn die Gruppenteilnehmer voranschreiten sollen in der Äußerung und Klärung ihrer emotionalen, besonders sexuell-erotischen Beziehungen zueinander und zu den Leitern. Erst wenn in der Gruppe die wiederbelebten, verinnerlichten, versagenden Eltern in einer Art kollektiven Auflehnung (der sog. Gruppenrevolte) einer Realitätsprüfung unterzogen wurden, wenn geprüft wurde, was nach dem Versuch der Entmachtung in der Gruppe geschieht, ist es den Teilnehmern möglich, sich reflexiv-*interaktionell* miteinander und mit dem Gruppenleiter auseinanderzusetzen (vgl. Slater 1970).

2. Neben dieser Autoritätsproblematik stellt sich in Gruppen, die sich auf ödipalem Niveau bewegen, aber auch die Problematik der zärtlichen Strebungen zum Gruppenleiter. Für die männlichen Teilnehmer werden damit homosexuelle Tendenzen reaktiviert und bei den weiblichen entsteht der ausgesprochene Wunsch, den Gruppenleiter als gegengeschlechtlichen Sexualpartner zu erlangen.

Beides führt in Gruppen nicht selten zu einer ausgesprochenen Aggressionshemmung dem Gruppenleiter gegenüber, d. h. zu einer Vermeidung revoltierenden Verhaltens bzw. des symbolischen Leitersturzes.
3. Hinsichtlich der Gruppenleiterin scheint die Situation einfacher zu sein, weil sie weniger Autoritätsprobleme auslöst. Hier entstehend für alle Gruppenteilnehmer zunächst lediglich liebevoll, zärtliche Wünsche, die allerdings mindestens bei den männlichen Teilnehmern stark tabuisiert sind. Zugleich zeigen sich in Gruppen häufig Ängste der Teilnehmer, was den befürchteten liebevoll einengenden bzw. einwickelnden, verschlingenden Aspekt der frühen Mutter-Kinder-Beziehung angeht. Während der Gruppenleiter als verbietend phantasiert wird, wird die Gruppenleiterin oft als verschlingend, nicht loslassend und damit die Verselbständigung der Gruppenmitglieder behindernd phantasiert. Der Gruppenleiter wird deshalb oft als jemand empfunden, der die Gruppe vor dem verschlingenden Zugriff des mütterlichen Ungeheuers beschützen soll, was natürlich die Auseinandersetzung mit ihm als vermeintlich unterdrückender bzw. verbietender Person hemmt.
4. Ein weiterer Aspekt ergibt sich aus der Situation der Gruppenteilnehmer, *ein Anwärter unter vielen* zu sein auf die Gunst der „Eltern": sie schrecken vielfach vor dem Ausbruch offener Rivalität untereinander zurück, ja versuchen diese auf jeden Fall zu verhindern, indem sie den Gruppenleiter in eine „ordnende" Funktion drängen. Die Orientierung an *seinen Normen* bzw. die Identifizierung mit seinem Normsystem, wobei jeder sich seine reellen Chancen für Zuwendung ausrechnen kann und alle Gruppenteilnehmer grundsätzlich gleich sind, wird vielfach als immer noch besser phantasiert als die rivalisierende Auseinandersetzung mit den Geschwistern. Allerdings können die Gruppenteilnehmer einen ähnlichen Effekt erzielen, wenn sie durch solidarisches Handeln die gefürchtete Autorität stürzen und sich anschließend mit deren Forderungen identifizieren: sie sind dann kollektiv diese Autorität, allerdings darf sich auch dann keiner mehr herausnehmen als die anderen, sonst blüht ihnen das gleiche Schicksal wie dem entmachteten „Vater".

Das reflexiv-interaktionelle Verhaltensniveau in Gruppen

Auf der reflexiv-interaktionellen Ebene bewegt sich eine Gruppe schließlich, wenn ihre Mitglieder versuchen, die unterschiedlichen Bedürfnisse, Wünsche und Ziele, die sie veranlaßt haben, in die Gruppe zu gehen, wechselseitig zu klären und gemeinsam einen Modus zu finden, wie sie möglichst viele dieser Bedürfnisse in der Gruppe befriedigen können. Dabei stellen sich all die Probleme, die immer auftauchen, wenn vielfältige aktuelle Bedürfnisse auf einen Handlungsnenner gebracht werden müssen: Es gibt Teilnehmer, die sich Vorteile verschaffen können, was andere zu passivem oder aktivem Widerstand veranlaßt. Es entstehen Autoritäts-, Kommunikations-, Beliebtheits- und Arbeitsstrukturen, mit denen die Gruppenteilnehmer mehr oder weniger zufrieden sind. Es werden Koalitionen eingegangen, Kompromisse geschlossen. Wesentlich dabei ist, daß die Gruppenmitglieder als eigenständige Personen handeln mit einer Vielzahl von unterschiedlichen Bedürfnissen, deren Befriedigung sie nicht allein von den Gruppenleitern erwarten bzw. dessen Gegenstand nicht allein die Leiter sind. Vielmehr sind alle

Mitglieder gleichermaßen an der Artikulation, Klärung und Befriedigung ihrer unterschiedlichen Bedürfnisse beteiligt und sie tun dies auch im Rahmen der Öffentlichkeit der Gruppe.

Der Gruppenleiter wird auf dieser Ebene des Verhaltens zu einem Gruppenmitglied, das über besondere Kenntnisse verfügt und eine besondere (Macht-)Position innerhalb der Gruppe besitzt. Mit diesen *realen,* in der konkreten Gruppensituation feststellbaren und gegebenen Aspekten des Gruppenleiters setzen sich die Teilnehmer auf der reflexiv-interaktionellen Verhaltensebene auseinander, nicht aber mit in den Gruppenleiter hineinphantasierten Elternbildern.

Literatur

Astrachan BM (1970) Towards a social system model of therapeutic groups. Soc Psychiatry 5:110–119
Bales RF (1950) Interaction process analysis. A method for the study of small groups. Addison-Wesley, Cambridge/Mass
Balint M (1973) Therapeutische Aspekte der Regression. Rowohlt, Hamburg
Bion WR (1971) Erfahrungen in Gruppen und andere Schriften. Klett, Stuttgart
Erikson EH (1971) Kindheit und Gesellschaft. Klett, Stuttgart
Fairbairn WRD (1952) Psychoanalytic studies of the personality. Routledge & Kegan, London
Freud A (1968) Wege und Irrwege in der Kindesentwicklung. Klett, Stuttgart
Freud S (1912/13) Totem und Tabu (Einige Übereinstimmungen im Seelenleben der Wilden und der Neurotiker). Ges Werke, Bd IX. Fischer, Frankfurt
Freud S (1916/17) Vorlesungen zur Einführung in die Psychoanalyse. Ges Werke, Bd XI. Fischer, Frankfurt
Freud S (1924) Der Untergang des Ödipuskomplexes. Ges Werke, Bd VIII, S 393–402. Fischer, Frankfurt
Freud S (1933) Neue Folge der Vorlesungen zur Einführung in de Psychoanalyse. Ges Werke, Bd XV. Fischer, Frankfurt
Guntrip H (1961) Personality structure and human interaction. The developing synthesis of psychodynamic theory. Tavistock, London
Guntrip H (1974) Schizoid phenomena object-relations and the self. Hogarth, London
Hartmann H (1972) Ich-Psychologie. Studien zur psychoanalytischen Theorie. Klett, Stuttgart
Heigl-Evers A (1972) Konzepte der analytischen Gruppentherapie. Vandenhoeck & Ruprecht, Göttingen
Heigl-Evers A, Heigl F (1973) Gruppentherapie: interaktionell-tiefenpsychologisch fundiert (analytisch orientiert) – psychoanalytisch. Gruppenpsychother Gruppendynamik 7:132–157
Jacobson E (1973) Das Selbst und die Welt der Objekte. Suhrkamp, Frankfurt
Kernberg OF (1975) A systems approach to priority setting of interventions in groups. Int J Group Psychother 25:251–275
Klein M (1972) Das Seelenleben des Kleinkindes und andere Beiträge zur Psychoanalyse. Rowohlt, Hamburg
Klein M (1973) Die Psychoanalyse des Kindes. Kindler, München
Kohut H (1974) Narzißmus. Eine Theorie der psychoanalytischen Behandlung narzißtischer Persönlichkeitsstörungen. Suhrkamp, Frankfurt
Laplanche J, Pontalis J-B (1973) Das Vokabular der Psychoanalyse. Bd I u. II. Suhrkamp, Frankfurt
Mahler M (1972) Symbiose und Individuation. Klett, Stuttgart
Pohlen M (1972) Versuch einer systemkritischen Analyse der Gruppenkonzepte. Gruppenpsychother Gruppendynamik 5:135–151
Sandner D (1975) Die analytische Theorie der Gruppe von W. R. Bion. Gruppenpsychother Gruppendynamik 9:1–17
Sandner D (1978) Psychodynamik in Kleingruppen. Theorie des affektiven Geschehens in Selbsterfahrungs- und Therapiegruppen. Reinhardt, München

Schindler W (1980) Die analytische Gruppentherapie nach dem Familienmodell. Ausgewählte Beiträge. Herausgegeben und eingeleitet von D. Sandner. Reinhardt, München
Segal H (1974) Melanie Klein. Eine Einführung in ihr Werk. Kindler, München
Shepard HA, Bennis WG (1956) A theory of training by group methods. Hum Relations 9:403–414
Sherwood M (1964) Bion's experiences in groups. A critical evaluation. Hum Relations 17:113–130
Singer DL, Astrachan BM, Gould LJ, Klein EB (1975) Boundary management in psychological work with groups. J Appl Behav Sci 11:137–176
Slater PE (1970) Mikrokosmos. Eine Studie über Gruppendynamik. Fischer, Stuttgart
Spitz R (1972) Vom Säugling zum Kleinkind. Naturgeschichte der Mutter-Kind-Beziehungen im ersten Lebensjahr. Klett, Stuttgart
Winnicott DW (1974) Reifungsprozesse und fördernde Umwelt. Kindler, München
Winnicott DW (1976) Von der Kinderheilkunde zur Psychoanalyse. Kindler, München

5. Theoriebildung in der Gruppenanalyse. Gegenwärtiger Stand und Perspektiven*

Die Theoriebildung im Bereich der analytischen Gruppentheorie scheint an einem toten Punkt angelangt zu sein: Nachdem im englischen Sprachraum v. a. in den 60er Jahren eine Fülle von theoretischen Ansätzen bzw. Modellüberlegungen publiziert worden waren, sind in den letzten 10 Jahren praktisch keine nennenswerten englischsprachigen Ansätze mehr vorgestellt worden. Im deutschen Sprachraum ist mit einer gewissen Verzögerung – nach der Rezeption der englischen Literatur Anfang der 70er Jahre – ebenfalls eine ganze Reihe von theoretischen Modellüberlegungen publiziert worden. Aber auch hier zeichnet sich in den letzten Jahren eine Stagnation ab. Deutlich wurde dieser Stillstand im Bereich der Theoriebildung besonders auf dem VII. Internationalen Kongreß für Gruppentherapie in Kopenhagen im August 1980, auf dem jeder Vertreter einer bestimmten Konzeption diese lediglich wiederholte. Es fand keine Infragestellung der jeweiligen Konzeption und auch kein nennenswerter Dialog zwischen den unterschiedlichen Ansätzen statt. Dieser Zustand der Theoriediskussion in der analytischen Gruppentherapie wurde zwar allseits beklagt, es waren aber weder deutliche Bemühungen festzustellen, eine kontinuierliche gemeinsame Diskussion von unterschiedlichen Standpunkten aus zu beginnen, noch eine übergreifende Konzeption anzustreben, in der unterschiedliche Ansätze integriert werden könnten.

Es ist bislang wenig klar, warum es unter Gruppentherapeuten so schwierig ist, miteinander ins Gespräch zu kommen, sofern die Gesprächspartner einer anderen „Schule" oder Arbeitsrichtung angehören. Dies zu klären ist auch nicht das Ziel dieser Arbeit. In jedem Fall aber scheint es wichtig, für den Beginn eines solchen Dialogs zunächst eine Bestandsaufnahme vorzunehmen zum Stand der Theoriebildung in der analytischen Gruppentherapie. Auf der Grundlage einer solchen Bestandsaufnahme dürfte es eher möglich sein, Ursachen der genannten Stagnation und Möglichkeiten ihrer Überwindung anzugeben. Ich möchte in diesem Beitrag deshalb zunächst einige Thesen zum Stand der Theoriebildung in der Gruppenanalyse aufstellen, davon ausgehend dann einige ungeklärte zentrale Probleme der Gruppenanalyse darlegen und schließlich einige Thesen formulieren für die weitere Erforschung der Grundprobleme in diesem Bereich.

---

* Aus der Forschungsstelle für Psychopathologie und Psychotherapie in der Max-Planck-Gesellschaft, München (Leiter: Prof. Dr. Dr. Paul Matussek).
Überarbeitete und erweiterte Fassung eines Vortrags in englischer Sprache auf dem VII. Internationalen Kongreß für Gruppentherapie vom 4.–8. August 1980 in Kopenhagen

Ich verwende hier bewußt den Ausdruck „Gruppenanalyse", weil ich mich bei meinen Ausführungen beschränken möchte auf diejenigen Konzepte innerhalb der analytischen Gruppentherapie, bei denen in der gruppentherapeutischen Arbeit die Klärung der spezifischen Psychodynamik im Mittelpunkt steht, die für die Teilnehmer in der *Gruppensituation* entsteht und sich als je unterschiedliche Beziehungsproblematik zwischen den einzelnen Gruppenteilnehmern untereinander, den einzelnen Teilnehmern und der\Gesamtgruppe sowie dem Gruppenleiter entwickelt; einer Psychodynamik bei der intrapsychische, *verinnerlichte* frühere Beziehungen sowie interpersonelle, *aktuelle* Beziehungen und Interaktionen in der Gruppe sich wechselseitig beeinflussen. Ansätze, bei denen es *vorwiegend* um Psychoanalyse von einzelnen in einer Therapiegruppe geht – ich denke hierbei v. a. an die Konzeption von Wolf u. Schwartz (1962) sowie Slavon (1977) –, klammere ich hier aus.

I. Thesen zum Stand der Theoriebildung in der Gruppenanalyse

1. Es gibt in der Gruppenanalyse nebeneinander eine große Anzahl von Ansätzen, zwischen denen kaum Querverbindungen bestehen. Ich denke hierbei im englischen Sprachraum v. a. an die Konzepte von Bion (1961), Foulkes (1948, 1964, 1975), Ezriel (1960/61, 1973), Schindler (1951, 1966, 1980), Durkin (1964) sowie Whitaker u. Lieberman (1965). Im deutschsprachigen Raum ist die Situation etwas günstiger: Hier stehen zwar die Ansätze von Argelander (1972), Finger (1977), Heigl-Evers u. Heigl (1973, 1975, 1976) sowie von Ohlmeier (1975, 1976, 1979) relativ beziehungslos einander gegenüber. Immerhin gibt es aber in den letzten Jahren 3 Versuche einer ersten Integration unterschiedlicher *analytischer* Ansätze in eine übergreifende Modellüberlegung: Ich denke hierbei an die Arbeiten von Kutter (1976), König (1976) sowie meinen eigenen Ansatz (Sandner 1978).
   Es mag verwundern, daß ich die Konzeption von Heigl-Evers u. Heigl hier nicht unter die Integrationsversuche einordne. Der Grund ist, daß ich diese Modellüberlegung als einen Ansatz verstehe, 3 unterschiedliche Ebenen der Arbeit in Therapiegruppen zu unterscheiden (interaktionell, tiefenpsychologisch fundiert, psychoanalytisch) und 3 davon hergeleitete gruppentherapeutische Vorgehensweisen herauszuarbeiten, nicht aber als eine Integration unterschiedlicher analytischer Ansätze in eine gruppenanalytische Gesamtkonzeption.
2. Die Vertreter der einzelnen Modellüberlegungen diskutieren praktisch nicht mit Vertretern anderer Vorstellungen über die Grundlagen des eigenen Ansatzes. Es werden vielfach lediglich bestimmte Theorieelemente – relativ oberflächlich – übernommen, die in die eigene Konzeption passen.
3. Die vorliegenden Modellvorstellungen sind aus der klinischen Praxis gewonnene Ad-hoc-Konstruktionen. Sie werden meist mehr essayistisch und unter praktisch-behandlungstechnischen Gesichtspunkten dargestellt, nicht aber unter systematisch-theoretischen Überlegungen. Darüber hinaus sind fast alle vorhandenen Modelle seit ihrer ersten Formulierung kaum weiterentwickelt worden.
4. Es gibt kaum Versuche, *übergreifende Modelle* zu entwickeln, in denen unterschiedliche theoretische Ansätze integriert werden. Wir finden vielmehr in der

Literatur eine gewisse Tendenz zur Bildung von „Schulrichtungen": Autoren, die dem Ansatz von Foulkes nahestehen, sammeln sich um die Zeitschrift „Group Analysis", eine Reihe von Autoren orientieren sich stark an Bion, wie z. B. Grinberg, Langer u. Rodrigue in Südamerika sowie Argelander und Ohlmeier in der Bundesrepublik Deutschland.

5. Die vorliegenden theoretischen Ansätze lassen sich wissenschaftstheoretisch als Behauptungen oder Hypothesengeflechte charakterisieren, deren Bestandteile mehr oder weniger logisch-stringent miteinander verknüpft sind. Diese Hypothesengeflechte sind in der Regel weder einer sorgfältigen klinischen noch einer empirischen Überprüfung unterzogen worden. Die theoretischen Annahmen werden meist nur durch klinische Vignetten oder kurze Ausschnitte aus Gruppensitzungen veranschaulicht. Darüber hinaus handelt es sich bei den Belegen, die zur Untermauerung der Modellüberlegungen herangezogen werden, meist darum, *einzelne Aspekte* der jeweiligen Modellüberlegung zu *exemplifizieren,* nicht aber die Modellüberlegung *in ihrer Gesamtheit.*

Ich möchte gerne meine bisherigen Behauptungen an dem Ansatz von Foulkes exemplifizieren. Dieser Ansatz wird sicherlich allgemein in der Gruppenanalyse als derjenige angesehen, der am differenziertesten ist:

1. Foulkes hat bis hin zu seinen letzten Schriften (1975, 1975 a) sich an keiner Stelle *eingehender* mit den Ansätzen anderer klassischer Autoren, wie z. B. Bion, Schindler oder Whitaker u. Lieberman auseinandergesetzt. Darüber hinaus hat dieser Autor seine theoretische Konzeption seit der ersten Formulierung (Foulkes u. Anthony 1957) kaum weiterentwickelt.

2. Foulkes verfügt über keine *ausgearbeitete* Modellvorstellung über das psychodynamische Geschehen in Therapiegruppen. Sein Konzept besteht vielmehr in einer *spezifischen Betrachtungsweise des Gruppengeschehens.* Er ist der Auffassung, daß sich zwischen den Teilnehmern einer Gruppe immer ein gemeinsames Beziehungsgeflecht entwickelt, eine gemeinsame Matrix, wobei die Teilnehmer im Hier und Jetzt der Gruppe für sie charakteristische Beiträge zur jeweiligen Gruppenkonstellation leisten. Diese Beiträge stellen eine Wiederinszenierung ihres Verhaltens in ihrer Herkunftsfamilie dar. Foulkes gibt in seinen Schriften eine Fülle von Hinweisen, wie dieses jeweilig sich konstellierende Gruppengeschehen therapeutisch anzugehen sei, er hat sich aber bis in seine letzten Schriften geweigert, eine Modellüberlegung zu entwickeln, um welche *typischen Szenen* es sich in Therapiegruppen handelt, welche *spezifischen psychodynamischen Prozesse in unterschiedlichen Konstellationen auftreten,* welche Rolle der Gruppenleiter dabei spielt usw. (vgl. Foulkes 1975 a).
Vor allem hat dieser Autor – was für einen Psychoanalytiker ungewöhnlich ist – *keinen systematischen Versuch unternommen, seine gruppenanalytischen Überlegungen mit der psychoanalytischen Entwicklungstheorie in Verbindung zu bringen.* Mindestens von der theoretischen Ausformulierung her betrachtet, ist der Ansatz von Foulkes eine ahistorische Konzeption; in ihr sind keine typischen Konstellationen der Auseinandersetzung des Kinds mit der es umgebenden Mutter und Familie herausgearbeitet.

3. Das Fehlen einer ausgearbeiteten Theorie der Rekapitulation der kindlichen Entwicklung im familiären Kontext und deren Wiederinszenierung in der analytischen Gruppe in dem Ansatz von Foulkes wird besonders deutlich bei der zentralen Frage jeglicher analytischer Gruppentherapie: Welcher Zusammenhang besteht zwischen einem *spezifischen Leiterverhalten, der spezifischen Problematik der einzelnen Gruppenteilnehmer* und der *Gesamtkonstellation,* die in einer solchen Gruppe durch *alle* Mitglieder entsteht? Gibt es unterschiedliche Konstellationen zwischen den Teilnehmern in Gruppen, die als *unterschiedliche Regressionsniveaus* qualitativ unterschiedliche Beziehungen zwischen dem Gruppenleiter, den einzelnen Teilnehmern und der Gruppe in ihrer Gesamtheit entstehen lassen? Ich denke dabei z. B. an „präödipale" Konstellationen, wie sie von Bion in seinem Konzept der Grundannahmen in Gruppen begrifflich erfaßt wurden, oder aber an „ödipale" Konstellationen, die Schindler vor allem beschreibt, schließlich auch an reifere Konstellationen, wie sie beispielsweise von Slater (1966) nach erfolgter Gruppenrevolte herausgearbeitet wurden.
4. Foulkes hat an keiner Stelle seines umfangreichen Werks anhand von Tonbandausschnitten aus Gruppensitzungen und einer methodisch strengen Vorgehensweise gezeigt, wieso und warum seine Betrachtungsweise *das konkrete Gruppengeschehen insgesamt stimmig erklärt.* Er hat lediglich versucht, bestimmte Hypothesen, wie etwa „Resonanz", „Lokation" oder „Gruppenmatrix" an Beispielen zu *veranschaulichen.*

Die Unzulänglichkeit und unzureichende Ausarbeitung gruppenanalytischer Ansätze wird deutlich, wenn wir uns eine Reihe von Problemen ansehen, die in der theoretischen Diskussion und in der therapeutisch-praktischen Arbeit immer wieder auftauchen, aber ausgesprochen kontrovers und ungeklärt sind.

II. Ungeklärte zentrale Probleme der Gruppenanalyse

1. Die Grundannahme der gruppenanalytischen Arbeit, wonach sich in Therapiegruppen *gemeinsame Phantasien,* eine gemeinsame Matrix oder eine gemeinsame Szene spontan einstellt, wird weithin von Gruppentherapeuten akzeptiert und hat sich als therapeutisch fruchtbar erwiesen. Es ist aber nach wie vor wissenschaftlich ungeklärt, ob sich solche Szenen immer oder nur manchmal konstellieren. Es ist auch offen, wie wir methodisch sauber zeigen können, daß eine bestimmte Gruppenphantasie in einer bestimmten Sitzung allen Teilnehmern gemeinsam ist. Die Herausforderung von Wolf u. Schwartz, in gewisser Weise auch von Slavson, welche das gemeinsame psychodynamische Geschehen in einer Gruppe schlichtweg in Abrede stellen oder irrelevant finden, steht nach wie vor zur Diskussion.
2. Der *Einfluß des Gruppenleiters* auf das Gruppengeschehen ist ebenfalls wenig geklärt. Greift der Gruppenleiter lediglich von einer bestimmten Seite aus in ein Geschehen ein, das sich ohne sein Zutun, sozusagen spontan, „naturwüchsig" einstellt? Oder erzeugt der Gruppenleiter durch die Gruppenzusammensetzung, das spezifische Setting, das er schafft und eine spezifische Interventionstechnik ganz unterschiedlicher Phänomene in analytischen Gruppen? Ich denke dabei v. a. an unterschiedliche Regressionsniveaus der Teilnehmer in ihrer Gesamtheit.

3. In der Gruppenanalyse gehen wir von der Annahme aus, daß sich jeweils ein *spezifisches gemeinsames Geschehen* in der Therapiegruppe konstelliert, ganz gleich, welche Probleme die Patienten gerade aktuell außerhalb der Gruppe bewegen. Das ist aber lediglich eine Annahme. Stellt diese Annahme einen therapeutisch zu begründenden Kunstgriff des Gruppenleiters dar, um bestimmte Probleme zwischen den Teilnehmern als besonders bedeutsam hervortreten zu lassen und sie hervorzuheben? Oder entsteht ganz spontan in einer Therapiegruppe ein gemeinsamer Prozeß, eine gemeinsame Phantasie, an der auch der Gruppenleiter teilhat, eine Problematik, die im Hier und Jetzt der Gruppe für alle Beteiligten bedeutsam ist? Handelt es sich hierbei um eine Konstellation, die sich spontan entwickelt und zentrale therapeutische Bedeutung hat in der Weise, daß alle Teilnehmer einschließlich des Gruppenleiters die jeweilige Problematik durcharbeiten können oder aber auch abwehren müssen?
Dies führt ganz unmittelbar zu einer weiteren ungeklärten Frage, ob nämlich durch die Einstellung des Therapeuten auf die gemeinsame vermutete Gruppenphantasie die individuellen Bedürfnisse der Teilnehmer hinreichend berücksichtigt werden. Das ist ein in der Literatur über analytische Gruppentherapie sehr kontrovers diskutiertes Problem. Hinzu kommt die Frage, ob es sinnvoll und erlaubt ist, das Verhalten einzelner Gruppenteilnehmer konsequent auf das Geschehen in der Gruppe zu beziehen. Es könnte ja auch sein, daß drängende Konflikte der Patienten von außerhalb wenig mit der Gruppensituation hier und jetzt zu tun haben.

4. In der Literatur über analytische Gruppentherapie werden ganz unterschiedliche Konstellationen in Gruppen beschrieben, die sich offensichtlich qualitativ voneinander unterscheiden, z. B. wenn Bion Phänomene beschreibt, die an eine frühe Mutter-Kind-Beziehung erinnern, oder Schindler die Therapiegruppe als Familiengruppe charakterisiert, oder wenn Spanjaard meint, das Verhalten von Teilnehmern in Therapiegruppen bewege sich auf dem Verhaltensniveau Pubertierender usw.
Diesen unterschiedlichen Konzeptualisierungen des Gruppengeschehens liegen möglicherweise unterschiedliche Phänomene zugrunde, welche die einzelnen Theoretiker begrifflich zu erfassen versucht haben. Bisher war es schwierig, eine übergreifende gruppenanalytische Theorie aus diesen einzelnen Betrachtungsweisen zu bilden, weil die meisten Autoren der Auffassung sind, daß ihre Modellüberlegung das Geschehen in analytischen Gruppen *schlechthin* abbilde und nicht bestimmte Aspekte oder Konstellationen. Die unterschiedlichen Modellvorstellungen „drängen" bei näherer Betrachtung den Gruppenforscher richtiggehend zu einer weiteren klinischen und empirischen Klärung und zur Erarbeitung eines übergreifenden Modells, in dem auch die *Entwicklung* von Therapiegruppen berücksichtigt werden müßte.
Damit sind wir bei einem weiteren zentralen Problem der Gruppenanalyse, mit dem ich meine Auflistung wichtiger Forschungsfragestellungen abschließen möchte:

5. In vielen Berichten und theoretischen Arbeiten über analytische Gruppentherapie klingt an, *daß in Gruppen die epigenetische Entwicklung des Kinds im familiären Kontext* von der undifferenzierten Mutter-Kind-Symbiose bis hin zum voll ausdifferenzierten Beziehungsgefüge zwischen gleichberechtigten Erwachsenen *rekapi-*

tuliert wird (vgl. z. B. Kutter 1976). Es wurden und werden aber bislang kaum Versuche unternommen, *differenziert* zu untersuchen und zu formulieren, inwieweit diese Annahme anhand unterschiedlicher Konstellationen und Entwicklungsverläufe in Therapiegruppen bestätigt werden kann. Die meisten Theoretiker und Praktiker der Gruppenanalyse beschränken sich auf die intuitive Analyse des Geschehens in der Gruppe. Dabei ziehen sie relativ willkürlich einzelne psychoanalytische oder gruppenanalytische Annahmen zur Erklärung des Geschehens heran, ohne sich auf eine *ausgearbeitete* psychoanalytische und gruppenanalytische Theorie der epigenetischen Entwicklung des Kinds im familiären Kontext zu beziehen.

Angesichts des unter I. geschilderten Stands der Forschung und der unter II. skizzierten Forschungsprobleme der Gruppenanalyse stellen sich für die weitere Forschung folgende Fragen:

Wie können wir zu einer Klärung der genannten Probleme kommen unter

a) Einbeziehung unterschiedlicher theoretischer Ansätze,
b) mit dem Ziel, ein integriertes Modell zu entwickeln,
c) welches die Praktiker in ihrer unmittelbaren Arbeit verwenden können und
d) welches die Überprüfung dieses Modells ermöglicht unter dem Aspekt der theoretisch-logischen Stimmigkeit?

Zur Beantwortung dieser Fragen möchte ich in Teil III dieser Arbeit einige Vorschläge machen. Dabei werde ich zunächst grundsätzliche Überlegungen wissenschaftstheoretischer Art zur Forschung in der Gruppenanalyse in 6 Thesen zusammenfassen. Im Anschluß daran werde ich schildern, wie ich selber in meiner wissenschaftlichen gruppenanalytischen Arbeit den in den Thesen enthaltenen Kriterien der Forschungsarbeit genüge. In einer abschließenden Bemerkung werde ich schließlich noch versuchen anzudeuten, warum es Gruppentherapeuten so schwerfällt, untereinander über theoretische Fragen ins Gespräch zu kommen und ihre Theorien der Überprüfung durch andere auszusetzen.

III. Vorschläge für die weitere Erforschung der zentralen Probleme der Gruppenanalyse (Thesen)

Grundsätzliche Überlegungen

1. Kein Gruppentherapeut oder Gruppenforscher geht voraussetzungslos an die Analyse des Geschehens in analytischen Gruppen. Jeder hat implizite Vorstellungen, Vermutungen, Hypothesen, Annahmen. Diese gilt es zu explizieren.
2. Es ist wenig sinnvoll, *Einzelaspekte* einer Theorie oder Modellvorstellung zu überprüfen, sofern nicht deutlich herausgearbeitet wird, welchen Stellenwert der Einzelaspekt innerhalb der Gesamtkonzeption hat. Es ist erforderlich, *Gesamtkonzepte* zu überprüfen und anzugeben, unter welchen Bedingungen welche Phänomene beobachtet und erwartet werden.
3. Beim derzeitigen Stand der Theoriebildung innerhalb der Gruppenanalyse ist es wenig sinnvoll, umfangreiche und breit angelegte statistisch-empirische Untersu-

chung zur Widerlegung oder Erhärtung einer Behauptung anzustellen, d. h. „Bestätigungsforschung" zu betreiben (Ganzarain 1960). Ich halte es vielmehr für erfolgversprechender, mit Hilfe *hermeneutischer Verfahren* den Sinn bzw. das szenische Geschehen in einigen wenigen Sitzungen oder Gruppenverläufen herauszuarbeiten, d. h. „Erkundungsforschung" zu betreiben (Ganzarain 1960). Die vorliegenden Modellvorstellungen sollen in solchen Erkundungsuntersuchungen einer ersten Überprüfung unterzogen werden.

4. Für die Überprüfung und Weiterentwicklung der vorliegenden Ansätze in der Gruppenanalyse ist es ganz wesentlich, daß unterschiedliche Forscher sich auf *ein und dasselbe Forschungsobjekt* beziehen: Ich meine, das sollten ein oder mehrere *Transkripte von Tonbandprotokollen* sein, d. h. eine *Textbasis, die für alle Untersucher identisch ist.*

5. Zur Überprüfung der Modellüberlegung eines bestimmten Autors anhand eines bestimmten Tonbandprotokolls benötigen wir eine spezifische *Methodologie:* In dieser muß konkret ausformuliert werden, wie wir im einzelnen zeigen und wann wir annehmen wollen, daß ein bestimmtes in einer Theorie behauptetes Phänomen im Tonbandprotokoll oder Transkript einer Gruppensitzung als vorhanden identifiziert werden kann und wann nicht.

Die Erarbeitung einer solchen *Methode* und *Methodologie* der Analyse eines Tonbandprotokolls auf dem Hintergrund einer bestimmten Theorie ist sicherlich ein ganz zentrales Problem der weiteren Forschung in der Gruppenanalyse.

6. Für die wissenschaftliche Klärung ein und desselben Gruppenprotokolls durch unterschiedliche Gruppenforscher ist es bedeutsam, die verschiedenen Ansätze zu verstehen als unterschiedliche Perspektiven bzw. wechselseitige Ergänzungen hinsichtlich eines komplexen Sachverhalts. Hier erscheinen mir 2 Gesichtspunkte wesentlich:
   - Es hat den Anschein, als ob unterschiedliche Autoren versuchen, mit ihrer Begrifflichkeit *ähnliche Phänomene in Gruppen von verschiedenen Seiten her* zu erfassen bzw. sprachlich abzubilden.
   - Andererseits wird bei der Analyse unterschiedlicher Konzepte deutlich, daß verschiedene Autoren sehr wahrscheinlich *qualitativ unterschiedliche Konstellationen* in Gruppen begrifflich zu erfassen versucht haben. Diese unterschiedlichen Konstellationen sollten als *qualitativ* unterscheidbare Phänomene in Gruppen verstanden werden, die in eine Gesamttheorie des Geschehens in analytischen Gruppen integriert werden müssen.

Nach diesen grundsätzlichen Überlegungen zur weiteren Forschungsarbeit in der Gruppenanalyse möchte ich zum Schluß meiner Ausführungen schildern, wie ich diese Überlegungen bei meiner Forschungsarbeit berücksichtige (vgl. auch Sandner 1980).

Meine Forschungsstrategie bei der Analyse von konkreten Gruppensitzungen

1. Ich nehme an, daß das Geschehen in einer (analytischen) Therapiegruppe charakterisiert werden kann als Wiederholung bzw. *Wiederinszenierung spezifischer Phasen der Entwicklung des Kinds in seinem sozialen Kontext.* Hierbei

konstellieren sich jeweils für die Gruppe als Ganzes bzw. die Gruppenteilnehmer in ihrer Gesamtheit im Hier und Jetzt der Gruppe wenigstens 3 qualitativ unterscheidbare Niveaus der kindlichen Entwicklung
- die frühe Mutter-Kind-Beziehung (präödipales Niveau)
- die Beziehung Mutter-Kind-Vater-Geschwister (ödipales Niveau)
- die Beziehungen unter gleichrangigen Kindern, Pubertierenden oder Erwachsenen (reflex-interaktionelles Niveau).

Welche Psychodynamik auf diesen unterschiedlichen Niveaus sich zeigt und wie diese Phasen der Entwicklung in Gruppen auseinander hervorgehen, habe ich in einer eigenen Monographie (1978) eingehend herausgearbeitet.

2. Innerhalb jeder einzelnen Phase der Gruppenentwicklung haben wir es mit einer Interdependenz und einem spezifischen Gefüge wenigstens folgender *5 Gruppen von Variablen bzw. Faktoren* zu tun (vgl. Sandner 1978):

a) der *psychosozialen Kompetenz der einzelnen Teilnehmer,* bezogen auf die Bewältigung präödipaler, ödipaler oder reflexiv-interaktioneller Gruppenkonstellationen (vgl. Ohlmeier u. Sandner 1979);

b) der *spezifischen Situation, die vom Gruppenleiter durch das Setting erzeugt wird* (Größe der Gruppe, Frequenz und Dauer der Sitzungen, Strukturvorgabe durch den Gruppenleiter usw.);

c) der spezifischen *Interventionstechnik,* dem *Interventionsverhalten* und der *psychosozialen Kompetenz des Gruppenleiters,* bezogen auf die Bewältigung präödipaler, ödipaler und reflexiv-interaktioneller Konstellationen;

d) der spezifischen *Gruppenkonstellation* eben *präödipaler, ödipaler und reflexiv-interaktioneller Art,* welche durch die Faktoren a–c erzeugt wird. Diese Gruppenkonstellation wirkt auf die einzelnen Teilnehmer, den Gruppenleiter und das Setting zurück;

e) schließlich noch der *Grad der Regression bzw. Progression,* dem die Gruppenteilnehmer in ihrer Gesamtheit als Gruppe unterliegen, was zu sehr unterschiedlichen kleinkindlichen oder aber auch reifen Verhaltensweisen aller Gruppenteilnehmer führt.

3. Mein Verfahren zur ganzheitlichen Erfassung des Geschehens in analytischen Gruppen basiert auf der Annahme, *daß die Teilnehmer in ihrer Gesamtheit* zu jeder Zeit versuchen, *ein gemeinsames affektives Problem zu klären oder aber auch abzuwehren.* Welches Problem das ist, läßt sich über eine *hermeneutische Erfassung* des Gesamtgeschehens identifizieren, indem ich versuche, die unterschiedlichen Beiträge der einzelnen Teilnehmer auf einen gemeinsamen Sinnenner zu bringen. Hierbei gehe ich von bestimmten Grundkonstellationen (präödipal, ödipal, reflexiv-interaktionell) in Gruppen aus, die quasi wie *Szenen in einem Theaterstück* von den Patienten und dem Gruppenleiter konstelliert bzw. „aufgeführt" werden. Das „Drehbuch" ist dem Beobachter zunächst nicht bekannt.

4. Mit dem unter 1–3 geschilderten theoretischen und methodischen Instrumentarium gehe ich an die Analyse konkreter Tonbandtranskripte, wobei ich die Gesamtdauer einer Gruppensitzung von 90 min in kleinere Einheiten (15 bzw. 30 min) unterteile. In Anlehnung an Stock u. Lieberman (1962) gehe ich dann mit folgender *Methode der Analyse* an das Protokoll heran: Die einzelnen Beiträge werden als aufeinanderfolgende Assoziationen zu einer zu identifizierenden Szene verstanden. Darüber hinaus versuche ich während der Betrachtung der sukzessi-

ven Beiträge der Teilnehmer, meine Aufmerksamkeit auf das Geschehen insgesamt auszuweiten, um so einen ganzheitlichen Eindruck des Geschehens zu gewinnen. Sobald ich die vermeintliche Szene provisorisch identifiziert zu haben glaube, überprüfe ich in einem 2. Durchgang durch das Gruppenprotokoll, inwiefern die einzelnen Beiträge der Patienten durch die Annahme der vermuteten Szene ein sinnvolles Ganzes ergeben oder aber nicht integrierbar sind. Die Szene, die in einer Gruppensitzung „gespielt" wird, gilt dann als identifiziert, wenn die einzelnen Beiträge der Teilnehmer als Teile eines sinnvollen gemeinsamen Prozesses, einer gemeinsamen Szene sich zusammenfügen. Eine besondere Bedeutung für die weitere Differenzierung der vermuteten Szene stellen deshalb Beiträge dar, die zunächst aus der vermeintlichen Szene *herausfallen,* unverständlich wirken, sich nicht in einen bestimmten Sinnzusammenhang einfügen.

5. Nachdem ich provisorisch versucht habe, das Geschehen in einer Gruppensitzung als spezifische Szene der Auseinandersetzung des Kinds mit seiner sozialen Umwelt zu identifizieren und zu *benennen,* frage ich mich, inwiefern die herausgearbeitete Szene eine Bestätigung oder weitere Differenzierung des von mir relativ global angenommenen Niveaus des Geschehens (präödipal, ödipal, reflexiv-interaktionell) darstellt. Darüber hinaus frage ich mich, ob in dieser Szene Variablen auftauchen, die ich bislang nicht oder zu wenig berücksichtigt habe in meiner Modellüberlegung.

Bei der konkreten hermeneutischen Analyse eines Tonbandprotokolls wird rasch deutlich, daß unterschiedliche Beobachter unterschiedliche Szenen oder vielleicht auch gar keine Szenen identifizieren können. Ich bin nicht der Auffassung, daß es sich hierbei lediglich um theoretische oder methodische Differenzen zwischen den unterschiedlichen Beobachtern handelt. Ich meine vielmehr, daß bei der von mir vorgeschlagenen hermeneutischen Analyse des Geschehens in analytischen Gruppen auch bei sorgfältiger theoretischer oder methodischer Vorbereitung die *affektive Einstellung* des jeweiligen Beobachters einem ihn berührenden oder vielleicht gar aufwühlenden Gruppenprozeß gegenüber von zentraler Bedeutung ist. Diese affektive Problematik und weniger theoretische oder methodische Differenzen sind m. E. der Grund dafür, daß unterschiedliche Gruppenforscher oder Gruppenanalytiker selten miteinander ins Gespräch kommen, um ganz bestimmte Gruppenkonstellationen gemeinsam und von unterschiedlichen Standpunkten aus zu analysieren. Ich meine, daß dieses Problem der *affektiven Einstellung des Gruppenforschers* konkreten Gruppenvorgängen gegenüber sich am ehesten über einen *gemeinsamen Diskurs* zwischen unterschiedlichen Beobachtern, bezogen auf *ein und dasselbe Gruppenprotokoll* einer Lösung näherbringen läßt. Das Problem der affektiven Einstellung des Gruppenforschers ist nicht auf die hermeneutische Methode beschränkt, sondern stellt sich immer, wenn komplexe zwischenmenschliche Konstellationen psychologisch-wissenschaftlich untersucht werden. In der streng experimentalpsychologischen Gruppenpsychologie ist dieses Problem nur verdeckt: relativ irrelevante Variablen lassen sich ohne besondere affektive Beteiligung untersuchen.

Schlußbemerkung

Abschließend möchte ich noch bemerken, daß die hier von mir vorgeschlagene Methode der gruppenanalytischen Forschung eine *empirische* Erforschung des Gruppengeschehens mit statistischen Methoden keinesfalls ausschließt. Ich meine allerdings, daß die statistisch-empirische Erforschung der Vorgänge in Gruppen in jedem Fall eine differenzierte Modellüberlegung zur Psychodynamik und zum Verlauf von Therapiegruppen voraussetzt. Hierbei sollten wenigstens die Beziehungen zwischen den einzelnen Gruppenteilnehmern, den Einzelnen und der Gesamtgruppe sowie zwischen den Einzelnen, dem Gruppenleiter und der Gesamtgruppe berücksichtigt werden. Darüber hinaus müßte eine solche Modellüberlegung Hypothesen über die *qualitative* Geartetheit der Beziehung zwischen den genannten Variablen (Teilnehmer – Gesamtgruppe – Gruppenleiter) im Rahmen einer spezifischen Vorstellung von der Entwicklung einer Therapiegruppe enthalten. Ich bin der Auffassung, daß eine solche Modellüberlegung von der psychoanalytischen bzw. der gruppenanalytischen Theorietradition her entwickelt werden sollte mit dem Ziel, auf hermeneutischem Wege eine möglichst alle wesentlichen vorliegenden theoretischen Konzepte der gruppenanalytischen Tradition integrierendes Modell zu erstellen. Erst wenn ein solches Modell vorliegt und sich in hermeneutischen Analysen unterschiedlicher Gruppensitzungen bewährt hat, würde ich darangehen, diese Modellüberlegung zu operationalisieren und einer statistisch-empirischen Überprüfung zu unterziehen.

Ich habe mich aber gerade durch die Arbeiten aus der Schule von K. Höck überzeugen lassen, daß es ebenso ergiebig sein kann, über die Erfassung der subjektiven Stellungnahmen der Gruppenteilnehmer und des Gruppenleiters die Annahmen eines spezifischen Modells – der sog. intendierten dynamischen Gruppentherapie nach Höck (1975, 1976, 1980) – empirisch zu überprüfen. Höck et al. konnten dabei ganz spezifische Konstellationen innerhalb der Bezugspunkte Gruppenmitglied – Gesamtgruppe – Gruppenleiter empirisch herausfinden, die Rückschlüsse auf das qualitative Geschehen in Gruppen zulassen (Höck u. Hess 1979; Hess 1980, 1980a; Hess u. Kneschke 1981), und – wie ich meine – auch eine Verknüpfung mit hermeneutisch gefundenen Konstellationen der gruppenanalytischen Theorietradition. Dies ist auch nicht weiter verwunderlich, da Höck in seiner Modellüberlegung sowohl gruppendynamisch-sozialpsychologische (T-Gruppenbewegung, vgl. Sandner 1978, S. 16–27) als auch gruppenanalytische Ansätze berücksichtigt.

Zusammenfassung

In diesem Beitrag wird der Versuch unternommen, die Theoriebildung in der analytischen Gruppentherapie einer kritischen Bestandsaufnahme unter wissenschaftstheoretischem und methodologischem Blickwinkel zu unterziehen. Die Arbeit ist in folgende 3 Abschnitte untergliedert:

I. Zur Situation im Bereich der analytischen Gruppentherapie (Gruppenanalyse)

1. Es gibt nebeneinander eine große Anzahl von Ansätzen, zwischen denen kaum Querverbindungen bestehen.
2. Von den einzelnen Theoretikern findet praktisch keine Diskussion über die Grundlagen des eigenen Ansatzes mit anderen Theoretikern statt.
3. Die vorliegenden Modelle stellen aus der klinischen Praxis gewonnene Ad-hoc-Konstruktionen dar, die mehr essayistisch und von praktisch-behandlungstechnischen Überlegungen her dargestellt werden, nicht aber unter systematisch-theoretischen Gesichtspunkten.
4. Es gib kaum Versuche, übergreifende Modelle zu entwickeln, in denen unterschiedliche theoretische Ansätze integriert werden.
5. Alle Einzelkonzepte bzw. theoretischen Ansätze bewegen sich wissenschaftstheoretisch auf dem Niveau von Behauptungen, wobei das jeweils zugrundeliegende Modell weder einer sorgfältigen klinischen noch empirischen Prüfung unterzogen worden ist.

Diese Thesen werden anhand des bisher anerkanntesten Modells der Gruppenanalyse dem von Foulkes exemplifiziert.

II. Zentrale ungeklärte theoretische Probleme der Gruppenanalyse

1. Gibt es überhaupt gemeinsame Phantasien in Gruppen?
2. Welcher Zusammenhang besteht zwischen dem Leitverhalten und dem Gruppenprozeß?
3. Gibt es *immer* ein gemeinsames Geschehen in der Gruppe?
4. Welche Beziehungen bestehen zwischen den Problemen, die die Teilnehmer außerhalb der Gruppe haben, und den Vorgängen bzw. ihrem Verhalten in der Gruppe?
5. Werden durch die Annahme eines gemeinsamen Geschehens in der Gruppe manche Gruppenteilnehmer in ihrer Problematik vergewaltigt?
6. Gibt es unterschiedliche Niveaus des Geschehens in Therapiegruppen (z. B. Gruppe als Mutter, Gruppe als Familie, Gruppe als Peer-group usw.)?
7. Gibt es eine epigenetische Entwicklung in Gruppen? usw.

III. Thesen und Vorschläge für die weitere Erforschung der zentralen Probleme der Gruppenanalyse

1. Die Prüfung der einzelnen theoretischen Ansätze sollte in der Weise versucht werden, daß anhand von Tonbandprotokollen der Gruppensitzungen von der jeweiligen Konzeption her dargelegt wird, was die zentralen Annahmen der jeweiligen Theorie besagen und inwiefern sie geeignet sind, die psychodynamischen Prozesse in der Gruppe stimmig zu erklären.
2. Auf der Basis eines solchen Verfahrens wird es möglich, alternative Erklärungsansätze auf *ein und dasselbe* Protokoll anzuwenden, und zu überprüfen, welche theoretischen Annahmen sich zur Erklärung des Geschehens als triftiger erweisen.

3. Für die Klärung der Vorgänge in Therapiegruppen scheint der hermeneutische Ansatz mit dem Ziel des Verstehens des jeweiligen szenischen Geschehens in der Gruppe die Methode der Wahl.
4. Es wird erläutert, in welcher Weise die unter 1–3 genannten Vorschläge bei der eigenen Forschungsarbeit Berücksichtigung finden. Hierbei wird die Modellüberlegung zur Psychodynamik in Kleingruppen von Sandner (1978) als Bezugssystem verwendet.
5. Auf die Bedeutung affektiver Schwierigkeiten bei Gruppentherapeuten wird hingewiesen, wenn die eigene gruppenanalytische Konzeption einer kritischen Überprüfung durch Kollegen unterzogen werden soll, die andere theoretische Positionen vertreten.
6. Der Verfasser plädiert für die Erarbeitung einer auf hermeneutischem Wege entwickelten integrierten Theorie der Gruppenanalyse. Er weist aber auch auf die Fruchtbarkeit der Überprüfung einer bereits ausgearbeiteten gruppentherapeutischen Modellvorstellung durch differenzierte statistisch-empirische Verlaufsuntersuchungen am Beispiel der Forschungsgruppe um K. Höck hin.

Literatur

Argelander H (1972) Gruppenprozesse – Wege zur Anwendung der Psychoanalyse in Behandlung, Lehre und Forschung. Rowohlt, Hamburg
Bion WR (1961) Experiences in Groups and Other Papers. Tavistock, London (deutsch: Erfahrungen in Gruppen und andere Schriften. Klett, Stuttgart 1971)
Durkin H (1964) The Group in Depth. Int Univ Press. New York
Ezriel H (1960/61) Übertragung und psychoanalytische Deutung in der Einzel- und Gruppensituation. Psyche 16:496–523
Ezriel H (1973) Bemerkungen zur psychoanalytischen Gruppentherapie II. – Interpretation und Forschung. In: Ammon G (Hrsg) Gruppenpsychotherapie. Hoffmann & Campe, Hamburg
Finger U (1977) Narzißmus und Gruppe. Fachbuchhdlg f Psychologie, Frankfurt
Foulkes SH (1948) Introduction to Group-Analytic Psychotherapy. Heinemann, London
Foulkes SH (1964) Therapeutic Group Analysis. Allen & Unwin, London (deutsch: Gruppenanalytische Psychotherapie. Kindler, München 1974)
Foulkes SH (1975) Group Analytic Psychotherapy. Method and Principles. Gordon & Breach, London (deutsch: Praxis der gruppenanalytischen Psychotherapie. Kindler, München)
Foulkes SH (1975a) The Leader in the Group. In: Liff ZA (Hrsg) The Leader in the Group. Aronson, New York
Foulkes SH, Anthony EI (1957) Group Psychotherapy: The Psychoanalytic Approach. Penguin Books, London
Ganzarain CR (1960) Die Forschungsarbeit in der Gruppentherapie. Ihre Probleme, Methoden und Aufgaben. Psyche 14:524–537
Grinberg L, Langer M, Rodrigue E (1972) Psychoanalytische Gruppentherapie. Kindler, München
Heigl-Evers A (1978) Konzepte der analytischen Gruppentherapie. Verlag f Med Psychologie im Verlag Vandenhoeck & Ruprecht, Göttingen
Heigl-Evers A, Heigl F (1973) Gruppentherapie: Interaktionell – tiefenpsychologisch fundiert (analytisch orientiert) – psychoanalytisch. Gruppenpsychother Gruppendynamik 7:132–157
Heigl-Evers A, Heigl F (1975) Zur tiefenpsychologisch fundierten oder analytisch orientierten Gruppenpsychotherapie des Göttinger Modells. Gruppenpsychother Gruppendynamik 9:237–266
Heigl-Evers A, Heigl F (1976) Zum Konzept der unbewußten Phantasie in der psychoanalytischen Gruppentherapie des Göttinger Modells. Gruppenpsychother Gruppendynamik 11:6–22
Hess H (1980) Zur Objektivierung des Gruppenprozesses intendiert dynamischer Gruppen. Vortrag auf dem VII. Int Kongreß für Gruppentherapie, Kopenhagen

Hess H (1980 a) Intendierte dynamische Gruppenpsychotherapie als Behandlungsform psychischer Fehlentwicklungen – psychologische Gesichtspunkte und empirische Untersuchungen. In: Hess H, König W, Ott J (Hrsg) Psychotherapie – Integration und Spezialisierung. VEB G. Thieme, Leipzig

Hess H, Kneschke M (1981) Untersuchungen mit Polaritätsprofilen zum Verlauf intendierter dynmischer Gruppentherapie. In: Höck K, Ott J, Vorwerg M (Hrsg) Psychotherapie und Grenzgebiete, Bd II. Barth, Leipzig

Höck K (1975) Intendierte dynamische Gruppenpsychotherapie. In: Uchtenhagen A, Battegay R, Friedemann A (Hrsg) Gruppentherapie und soziale Umwelt. Huber, Bern, Stuttgart, Wien

Höck K (Hrsg) (1976) Gruppenpsychotherapie. Deutscher Verlag d Wissenschaften, Berlin

Höck K (1980) Zur Theorie und Praxis der intendierten dynamischen Gruppenpsychotherapie. Vortrag auf dem VII. Int Kongreß für Gruppentherapie, Kopenhagen

Höck K, Hess H (1979) Probleme und Perspektiven der Gruppenpsychotherapieforschung. Psychiatr Neurol Med Psychol 31:627–637

König K (1976) Übertragungsauslöser – Übertragung – Regression in der analytischen Gruppe. Gruppenpsychother Gruppendynamik 10:220–232

Kutter P (1976) Elemente der Gruppentherapie. Verlag f Med Psychologie im Verlag Vandenhoeck & Ruprecht, Göttingen

Ohlmeier D (1975) Gruppentherapie und psychoanalytische Theorie. In: Uchtenhagen A, Battegay R, Friedemann A (Hrsg) Gruppenpsychotherapie und soziale Umwelt. Huber, Bern, Stuttgart, Wien

Ohlmeier D (1976) Gruppeneigenschaften des psychischen Apparates. In: Eicke D (Hrsg) Die Psychologie des 20. Jahrhunderts. Bd II. Kindler, Zürich

Ohlmeier D (1979) Bemerkungen zur gruppentherapeutischen Anwendung der Psychoanalyse. In: Fischle-Carl H (Hrsg) Theorie und Praxis der Psychoanalyse. Bonz, Stuttgart

Ohlmeier D, Sandner D (1979) Selbsterfahrung und Schulung psychosozialer Kompetenz in psychoanalytischen Gruppen. In: Heigl-Evers A (Hrsg) Lewin und die Folgen. Die Psychologie des 20. Jahrhunderts, Bd VIII. Kindler, Zürich

Sandner D (1978) Psychodynamik in Kleingruppen. Theorie des affektiven Geschehens in Selbsterfahrungs- und Therapiegruppen (selbstanalytischen Gruppen). Reinhardt, München

Sandner D (1980) Methodische und theoretische Überlegungen zur Erfassung der Psychodynamik in Selbsterfahrungs- und Therapiegruppen. Vortrag auf dem XXII. Int Kongreß für Psychologie, Leipzig

Sandner D (1980 a) Considerations Regarding the State of Theory in Group Analysis. Paper presented at the VII. Int Congress of Group Psychotherapy. Copenhagen

Schindler W (1951) Family Pattern in Group Formation and Therapy. Int J Group Psychother 1:100–105 (deutsch: Schindler W: Die analytische Gruppentherapie nach dem Familienmodell. Ausgewählte Beiträge, herausgegeben und eingeleitet von D Sandner. Reinhardt, München 1980)

Schindler W (1966) The Role of the Mother in Group Psychotherapy. Int J Group Psychother 16:198–202 (deutsch: Schindler W: Die analytische Gruppentherapie nach dem Familienmodell. Ausgewählte Beiträge, herausgegeben und eingeleitet von D Sandner. Reinhardt, München 1980)

Schindler W (1980) Die analytische Gruppentherapie nach dem Familienmodell. Ausgewählte Beiträge, herausgegeben und eingeleitet von D Sandner. Reinhardt, München

Slater PE (1966) Microcosm: Structural Psychological and Religious Evolution in Groups. Wiley, New York (deutsch: Mikrokosmos. Eine Studie über Gruppendynamik. Fischer, Frankfurt 1970)

Slavson SR (1977) Analytische Gruppentherapie. Fischer, Frankfurt

Spanjaard J (1959) Transference Neurosis and Psychoanalytic Group Psychotherapy. Int J Group Psychother 9:31–42

Stock D, Lieberman MA (1962) Methodological Issues in the Assessment of Total-Group Phenomena in Group Therapy. Int J Group Psychother 12:312–325

Whitaker DS, Lieberman MA (1965) Psychotherapy through the Group Process. Aldine, Chicago

Wolf A, Schwartz KE (1962) Psychoanalysis in Groups. Grune & Stratton, New York

6. Analyse der Gruppe als Ganzes – eine umstrittene Perspektive

Die Theoriebildung in der analytischen Gruppentherapie ist mittlerweile an einem Punkt angelangt, an dem es nicht mehr sinnvoll ist, einzelne „klassische" Konzepte wie z. B. die Ansätze von Bion, Foulkes oder W. Schindler einfach darzustellen. Ganz offensichtlich handelt es sich bei diesen und anderen Konzepten jeweils um eine ganz bestimmte spezifische *Sichtweise* des Gruppengeschehens. Bei der Lektüre dieser Autoren überrascht immer wieder, wie wenig sie die Vor- und Nachteile der jeweiligen Sicht diskutieren. Es wird wenig deutlich, welche therapeutischen Effekte die eine oder andere Weise der analytischen Gruppenarbeit für die Patienten haben könnte und welche Aspekte des Gruppengeschehens durch die jeweilige Arbeitsweise besonders hervortreten. Vielfach hat es auch den Anschein, als ob die Vertreter einer bestimmten Richtung oder Schule lediglich *ihre* Begrifflichkeit gleichsam wie ein Netz den Vorgängen in Gruppen „überwerfen" und wenig Mühe darauf verwenden, zu *belegen,* inwiefern dies dem Geschehen in der Gruppe angemessen ist (vgl. Sandner 1981a).

Besonders augenfällig ist dies bei einer Therapietradition, die unter psychoanalytisch orientierten Gruppentherapeuten große Bedeutung hat: der Konzeption, „die Gruppe als Ganzes" zu betrachten. Gemäß diesem Ansatz „überträgt" die Gruppe als Ganze auf den Gruppenleiter, „leistet Widerstand", „regrediert" usw. Ich möchte deshalb im Rahmen dieses Beitrags dieses Konzept „Gruppe als Ganzes", dessen Ursprünge auf Bion zurückgehen, einer kritischen Würdigung unterziehen.

Dabei werde ich in einem ersten Abschnitt eingehend die Entstehung und Ausarbeitung dieses Ansatzes bei Bion schildern, der bei uns auch unter der Bezeichnung *Tavistock-Modell* bekanntgeworden ist (s. auch den ersten Beitrag in diesem Sammelband).

In einem 2. Abschnitt werde ich die Modifikationen darlegen, die dieses Konzept schon früh (1952) durch Ezriel u. Sutherland erfahren hat, die eng mit Bion zusammengearbeitet haben, sowie die spezielle Variante, die 1957 in Südamerika von Grinberg et al. entwickelt wurde. Daran anschließend werde ich im Rahmen meiner Überlegungen zur Entwicklungsgeschichte dieses Konzepts auf die spezifische Rezeption eingehen, welche die gerade genannten Autoren im deutschen Sprachraum gefunden haben u. z. anhand der beiden wichtigsten Vertreter Argelander sowie Ohlmeier.

Im 3. Abschnitt werde ich mich eingehend mit der Frage auseinandersetzen, wie das Konzept „Gruppe als Ganzes" in heutiger Sicht einzuschätzen ist. Speziell wird es darum gehen, welche Phänomene in Gruppen aufgrund welcher Interventionstechnik besonders hervortreten und welche nicht in den Blick kommen. Dabei wird deutlich werden, daß dieser Ansatz, der bei Bion in erster Linie noch der Klärung unverständlicher Spannungen in Gruppen diente, bei einigen Autoren eine gewisse „Verdinglichung" erfährt, wie wenn dem Gruppenleiter in der Tat eine „Quasi-Person" gegenüber sich befinden würde.

Da ich es nicht sinnvoll finde, den hier zu untersuchenden Ansatz lediglich kritisch zu hinterfragen, möchte ich am Ende dieses Beitrags noch einen Ansatz vorstellen, der es gestattet, die Vorzüge des Konzepts „Gruppe als Ganzes" zu verknüpfen mit den Befunden anderer Autoren. Hierbei handelt es sich um eine Modellüberlegung von mir über die Entwicklung von analytischen Gruppen unter dem Blickwinkel einer für Vorgänge in Gruppen modifizierten psychoanalytischen Entwicklungspsychologie (vgl. Sandner 1978).

I. Die analytische Theorie der Gruppe von W. R. Bion

Charakteristisch für die frühen Formulierungen der Annahmen von Bion über das Geschehen in analytischen Gruppen ist die Nähe zu seinen Erfahrungen im Umgang mit solchen Gruppen, insbesondere sein Versuch zu verstehen, wie es zu Spannungen in Gruppen komme (vgl. zum folgenden auch Sandner 1975):

Bion hat in Selbsterfahrungsgruppen die Erfahrung gemacht, daß nur bestimmte Beiträge – sei es von einzelnen oder vom Gruppenleiter – aufgegriffen wurden bzw. Anklang fanden. Andere Beiträge, so treffend und differenziert sie auch sein mochten, stießen auf stillschweigende Ablehnung, sie wurden einfach übergangen. Bion (1971) schreibt:

M. a. W., einem einzelnen Mitglied ist es nicht ohne weiteres möglich gewesen, der Gruppe Auffassungen mitzuteilen, die nicht mit denen übereinstimmen, die sie gerne hegen möchte (S. 25).

Und weiter unten:

Wir stehen also vor der Tatsache, daß die Gruppe höchstwahrscheinlich alle Deutungen, die von mir oder einem anderen ausgehen mögen, so umdeuten wird, daß sie ihren eigenen Wünschen entsprechen (S. 27).

Wie kommt es zu einer solchen unbewußten „Übereinkunft" in Gruppen? Bion meint,

... das jeder, der irgendwie Kontakt mit der Realität hat, ständig die Einstellung seiner Gruppe zu ihm selbst bewußt oder unbewußt abschätzt (S. 31).

Wenn ich Bion richtig verstanden habe, so bedeutet dies, daß jedes Gruppenmitglied unbewußte Wünsche und Erwartungen hegt, die es an die Gruppe heranträgt. Der einzelne sieht die Gruppe durch die Brille seiner eigenen unbewußten Wünsche, nimmt deshalb nur ganz bestimmte Dinge wahr, hält dieses für möglich, jenes für unmöglich. Er interpretiert die Gruppe und die Vorgänge in ihr spontan im Lichte seiner unbewußten Übertragungen als für ihn positiv oder negativ.

Diese Übertragungsvorgänge finden in jeder Beziehung zwischen Menschen statt. *Das Neue und Bedeutsame an Bions Konzept für das Verständnis von Gruppenprozessen ist, daß sich die Wünsche und Erwartungen der einzelnen durch projektive und identifikatorische Prozesse zu gemeinsamen Gruppenwünschen und -erwartungen spontan vereinigen.* Sie bilden fortan eine Art Gruppennorm, an der sich alle Gruppenmitglieder unbewußt emotional orientieren.

Die Psychodynamik dieser sich spontan und unbewußt einspielenden „Übereinkünfte" in Gruppen versucht Bion zunächst mit folgenden – recht paradox klingenden – Aussagen verständlich zu machen:

Wenn die Gruppe eine Möglichkeit zu anonymen Äußerungen bieten kann, ist der Grund zu einem funktionsfähigen System der Ausflüchte und Verleugnungen gelegt (S. 36).

Und weiter:

... ich werde eine Gruppenmentalität als das Sammelbecken voraussetzen, in das die anonymen Beiträge einfließen und durch das die Impulse und Wünsche, die in diesen Beiträgen liegen, befriedigt werden (S. 36).

Und schließlich,

... daß der einzelne in der Gruppenmentalität ein Ausdrucksmittel für Beiträge findet, die er anonym vorbringen möchte, während sie gleichzeitig das größte Hindernis auf dem Wege zu den Zielen bildet, die er durch seine Zugehörigkeit zu der Gruppe erreichen möchte (S. 38).

Hier ist die Rede von

- anonymen Beiträgen, deren
- zugrundeliegende Impulse und Wünsche befriedigt werden
- durch ein System von Ausflüchten und Verleugnungen,
- wobei die Äußerungen (Beiträge) zugleich das größte Hindernis zu den Zielen darstellen, die der einzelne erreichen möchte.

Im Klartext heißt das: Einerseits befriedigen die Gruppenteilnehmer z. B. durch abhängiges, passives Verhalten ein Stück weit ihre Bedürfnisse nach Zuwendung und Geborgenheit, insofern sie durch ein solches Verhalten Fürsorge provozieren und erwarten, andererseits aber verhindert gerade diese zur Gruppennorm erhobene Passivität eine aktive Prüfung der Umwelt und der realen Möglichkeiten, Zuwendung und Geborgenheit zu erlangen. Die Gruppenmitglieder leugnen durch ihr Verhalten, daß sie überhaupt etwas tun müssen oder können, sie erwarten alles vom Gruppenleiter und machen ihn für ihre hilflose Situation verantwortlich.

Anders ausgedrückt: Die unbewußte Gier nach oraler Befriedigung darf als solche gar nicht ins Bewußtsein treten, weil sie mit zu vieler frühkindlicher Angst assoziiert wird. Deshalb tritt sie im Gewande der Passivität auf. Die Aussperrung des eigentlichen Bedürfnisses vom Bewußtsein verunmöglicht aber gerade eine realitätsgerechte Auseinandersetzung zwischen den einzelnen und der Gruppe mit dem Ziel einer echten Befriedigung der Bedürfnisse.

Als Konsequenz der – sozusagen hinter ihrem Rücken vor sich gehenden Bedürfnisartikulation werden die Gruppenteilnehmer dann ständig dazu getrieben, diese Bedürfnisse unbewußt als Anforderungen an den Leiter heranzutragen, ohne daß sie selbst etwas für ihre Realisierung tun.

Wichtig ist, daß *wie durch einen geheimnisvollen Zwang,* alle Mitglieder einer Gruppe auf das geschilderte abhängige Verhalten festgelegt werden, die unbewußte Gruppenannahme den Verhaltensspielraum der einzelnen absteckt.

Nach Bion gibt es in Gruppen folgende 3 Grundannahmen (GAn), von denen eine jeweils die Gruppenmentalität bestimmt, während die anderen in den Hintergrund treten:

1. Abhängigkeit,
2. Kampf/Flucht und
3. Paarbildung.

Bei der GA *Abhängigkeit* verhält sich die gesamte Gruppe wie ein unmündiges, hilfloses Kind, das ganz und gar auf die Versorgung durch einen Erwachsenen angewiesen ist.

Der Gruppenleiter (GL) wird als allmächtig angesehen, als jemand, der alles bestens lösen wird. Eigene Aktivität ist weder erforderlich noch erfolgversprechend, ebensowenig Kommunikation unter den Gruppenmitgliedern. Der GL weiß, was für alle gut ist und wird allen verschaffen, was sie benötigen (vgl. Sherwood 1964, S. 115f.; Rioch 1973, S. 49f.).

Die GA *Kampf/Flucht* beinhaltet die einmütige Auffassung, daß die Gruppe in jedem Fall überleben muß, weil sie allein Sicherheit gibt. Sie kann nur überleben, wenn sie gegen den Feind im inneren (= Mitglieder, die ihre Problematik vortragen wollen und damit den inneren Frieden stören, sozusagen „den Leu wecken") und gegen den vermeintlich äußeren Feind (= dem Projektionsschirm der eigenen Aggressionen) ins Feld zieht und dabei von einem starken Führer geführt wird, oder, falls der Feind zu stark ist, geordnet zurückgeführt wird (Sherwood a.a.O., S. 115; Rioch a.a.O., S. 51f.).

Die GA *Paarbildung* ist charakterisiert durch eine messianische Hoffnung der Gruppe, daß durch Interaktionen zwischen Personen in der Gruppe etwas Neues entsteht, das alle Probleme löst. Alles wird schöner und besser werden. Es ist auch kein Führer erforderlich. Man muß nur die beiden gewähren lassen. Dabei ist es den beiden nicht erlaubt, eine echte sexuell-erotische Beziehung aufzunehmen. Alles muß im erwartungsvollen Vorfeld bleiben (Sherwood a.a.O., S. 115; Rioch a.a.O., S. 52f.).

Diese GAn gehen – wie schon eingangs betont – nicht aus bewußten Interaktionen der Gruppenteilnehmer hervor bzw. aus einer bewußten Auseinandersetzung zwischen diesen, sondern aus unbewußten identifikatorischen und projektiven Prozessen.

Die Grundannahmen zeichnen sich aus durch folgende 3 Eigentümlichkeiten in den Interaktionen der Teilnehmer (vgl. Sherwood a.a.O., S. 117):

1. die Dimension der Zeit scheint zu fehlen;
2. es besteht eine Abneigung gegen jede Art von Entwicklung, d.h. des Lernens aus der Erfahrung;
3. die Gruppe ist wenig in der Lage, die verbale Kommunikation, Sprache als Mittel des Probehandelns und der Realitätsprüfung zu verwenden. Sprache wird vielmehr konkret als Mittel der unbewußten Aktion im Dienste der GAn verwendet.

Zusammenfassend können wir sagen: In der GAn-Gruppe laufen alle Prozesse weitgehend *entlang den unbewußten primärprozeßhaften Phantasien der frühen Kindheit* ab. Es findet keine Realitätsprüfung in der Gruppe statt, vielmehr sammeln sich alle Wünsche der Gruppenteilnehmer – bildlich gesprochen – *in einer Art Gruppen-Es (Gruppenmentalität),* das am liebsten gar nichts tun, alles haben und in keiner Weise vom Über-Ich geängstigt werden möchte.

*

In der relativ wenig strukturierten Situation einer therapeutischen oder gruppendynamischen Gruppe werden nach Bion eine ganze Reihe sehr früher Ängste reaktiviert. Es findet eine Regression auf frühkindliche Stadien (sog. präödipale Stadien) der Entwicklung statt.

Die geschilderten GAn, die in solchen Gruppen sich rasch unbewußt einspielen, dienen dazu, diese frühen Ängste abzuwehren (vgl. Sherwood a. a. O., S. 120f.; Sbandi 1973, S. 84; bes. Kutter 1970, S. 725f.):

1. Durch die GA der Abhängigkeit werden Gefühle von *Gier und Neid abgewehrt,* die auftauchen, sofern der GL unbewußt als spendende Mutter erlebt wird. Keiner darf sich dann aktiv betätigen, denn das würde Neid und Aggressionen der anderen hervorrufen.
2. Da der GL in der Regel den oralen Abhängigkeitswünschen der Gruppenmitglieder nicht nachkommt, entsteht sehr rasch *Haß und Wut auf den Leiter,* möglicherweise auch auf die anderen Teilnehmer der Gruppe. Diese starken Emotionen werden *abgewehrt, indem die ganze Gruppe gegen einen vermeintlichen äußeren Feind kämpft oder vor einem solchen flieht.* Die Wut ist dann sozusagen nicht in der Gruppe, sondern in einem äußeren Feind; die eigene Wut wird auf einen vermeintlich Wütenden projiziert.
An diesem Vorgang läßt sich demonstrieren, was Bion in Anlehnung an M. Klein „projektive Identifikation" nennt (1972, S. 120f.): Die eigenen Haßgefühle werden auf jemanden, eine Gruppe oder eine Idee projiziert, die dann als böse, feindlich erlebt werden. Zugleich identifizieren sich die Mitglieder der Gruppe mit diesen bösen Objekten und werden auf diese Weise die Verfolger nicht los, d. h. sie müssen sich ständig gegen diese verteidigen oder vor ihnen fliehen. Die in der Gruppe vorher vorhandene Aggression ist somit auf einen äußeren Verfolger verschoben, den die Gruppe loszuwerden versucht.
3. *Sexuelle Ängste in der Gruppe, die auf präödipale Ängste zurückgehen, werden abgewehrt, indem die Gruppe sich von einem Paar Hilfe und Rettung erwartet.* Einem Paar allerdings, welchem es nicht gestattet ist, eine wirklich sexuellerotische Beziehung aufzunehmen.

Je stärker eine Gruppe gestört ist, d. h. aus Mitgliedern besteht, die präödipale Störungen aufweisen, um so stärker treten die GAn in Erscheinung, um so stärker regrediert die Gruppe auf diese. Und je weniger gestört die Gruppe ist, desto mehr ist es ihr möglich, auf einer Basis zu arbeiten und sich fortzuentwickeln, die Bion Arbeitsgruppe nennt.

*

Analyse der Gruppe als Ganzes – eine umstrittene Perspektive

Unter *„Arbeitsgruppe"* (AG) versteht Bion eine differenzierte Gruppe, in der versucht wird, das jeweils gesteckte Gruppenziel durch fortwährende Klärung der Realität innerhalb und außerhalb der Gruppe zu erreichen. Sherwood, der 1964 eine kritische Untersuchung des Ansatzes von Bion vorgelegt hat, schreibt:

> Die AG ist ein Gebilde, das für eine bestimmte Aufgabe bewußt organisiert wird. Ein solches Gebilde muß nicht unbedingt einen Führer haben, aber in jedem Fall ist es ständig erforderlich zu kooperieren und zu planen. Insofern ist sie das Gegenteil einer GAn-Gruppe, die ein nicht (bewußt) gewolltes Gebilde darstellt, das keinerlei bewußte Anstrengung von seinen Mitgliedern erfordert. Wenn sich die AG für ihre Arbeit organisiert, so ist stets ein bestimmtes Ziel im Blick, das „Durcharbeiten" von gemeinsamen Problemen durch rationale und mitfühlende Diskussion. Ein anderes wichtiges Ziel ist eine weniger verzerrte Wahrnehmung der physischen und sozialen Umgebung. Alle diese Aufgaben erfordern, daß die AG sich an der Realität orientiert und deshalb mit Versuch und Irrtum, mit wissenschaftlicher Einstellung an ihre Probleme herangehen muß. Das bedeutet Empfänglichkeit für Erfahrung, eine Bereitschaft zu lernen und sich zu verändern. Vor allen Dingen muß die Fähigkeit vorhanden sein, die Gruppenerfahrungen auf den Begriff zu bringen und in Worte zu fassen in einer Weise, die brauchbare Regeln und Verallgemeinerungen erlaubt. Alle diese Merkmale bezeichnen gerade das Gegenteil von dem, was in GA-Gruppen vor sich geht: Abneigung gegen Entwicklung und Veränderung, die Weigerung, aus der Erfahrung zu lernen, und die Unfähigkeit, die Sprache adäquat zu verwenden (d. h. Symbole zu bilden) (Sherwood 1964, S. 117, eigene Übersetzung; vgl. auch Rioch 1973, S. 47).

Um von der anfänglich sich spontan herausbildenden GAn-Gruppe zu einer differenzierten Gruppe (Arbeitsgruppe) fortzuschreiten, ist es erforderlich, daß die Mitglieder der Gruppe aktiv werden und in einen wechselseitigen Klärungsprozeß eintreten.

Was Bion mit GAn-Gruppe bzw. AG bezeichnet, ist natürlich nie in reiner Form vorhanden. Es finden sich ständig Mischungen aus beiden – idealtypisch vereinfachten – Gruppenformen. Nichtsdestoweniger aber findet ein ständiger Kampf innerhalb der Gruppe statt, einerseits in einem infantilen (regressiven) Stadium zu verbleiben, andererseits eine differenzierte Struktur zu entwickeln, d. h. zu prüfen, was in der Gruppe real vor sich geht. Dabei ist besonders wichtig, daß die GAn flexibel gehandhabt, d. h. für den Prozeß der Kooperation bzw. bewußten Interaktion fruchtbar gemacht werden. Rioch schreibt:

> In der naiven und unbewußten Phantasie muß der Führer der Abhängigkeitsgruppe allmächtig sein. Der Kampfführer darf nicht zu schlagen und der Fluchtführer nicht zu fangen, der Führer der Paarungsgruppe (muß), gleichzeitig wunderbar und noch ungeboren sein. In der reifen Arbeitsgruppe jedoch, die von den passenden Grundannahmen einen verfeinerten Gebrauch macht, ist der Führer der Abhängigkeitsgruppe zuverlässig, der Führer der Kampf-Flucht-Gruppe mutig und der Führer der Paarungsgruppe kreativ.

Wie die kreative Verwendung der GAn für die Zwecke einer sich fortwährend differenzierenden Arbeitsgruppe konkret aussieht, habe ich bei Bion nicht ermitteln können. Er schreibt lediglich:

> Organisation und Struktur sind Waffen der Arbeitsgruppe. Sie sind Ergebnis der Kooperation zwischen den Mitgliedern, und wenn sie sich einmal in der Gruppe durchgesetzt haben, so erfordern sie immer weitere Kooperation von den Einzelpersonen (S. 99).

*

Welche Möglichkeiten hat der GL, den Übergang von der GAn-Gruppe zur AG zu fördern?

1. Indem der GL die Gruppe immer wieder eindringlich auf die GAn hinweist, die sich in ihr eingespielt haben, ermöglicht er nach und nach ein Bewußtwerden und eine Bearbeitung der Ängste, die mit den GAn verbunden sind. Bion führt dazu aus:

   > Es empfiehlt sich, die therapeutische Gruppe ständig auf die Furcht vor der Grundannahme hinzuweisen und ihr zu zeigen, daß der Gegenstand der Furcht in hohem Maße von dem Bewußtseinszustand abhängt, der in der Gruppe die Oberhand hat. Wenn also die Abhängigkeit am stärksten hervortritt – und zwar so stark, daß die Gruppe als abhängige Gruppe identifiziert zu sein scheint –, dann handelt es sich um die Furcht vor der Arbeitsgruppe (S. 72).

2. Der GL soll alle seine *Interpretationen auf die Gruppe als Ganze beziehen*. Erst auf dem Hintergrund der Bewegungen der Gruppe als ganzer werden die Interaktionen zwischen einzelnen Gruppenmitgliedern, die Aktionen und Reaktionen einzelner in ihrem Stellenwert für den Gruppenprozeß bestimmbar. Die jeweilige Gruppenmentalität bestimmt den Spielraum für Einzelaktivitäten der Gruppenmitglieder ebenso wie die des GL.

3. Wichtig ist, daß der GL aufzeigt, *wie die Gruppe oder ihre Repräsentanten mit Gruppenmitgliedern umgeben,* die sich nicht bestimmten GAn gemäß verhalten. Bion betont:

   > ... daß es nicht darum geht, individuelle Therapie vor den Augen anderer zu treiben, sondern auf die gegenwärtigen Erfahrungen der Gruppe als solcher aufmerksam zu machen – in diesem Falle darauf, wie Gruppe und Individuen mit dem Individuum umgehen (a.a.O., S. 58).

4. Nach Bion sollte der GL „skeptisch sein, wenn er das Gefühl hat, er beschäftige sich mit dem Problem, mit dem er sich nach der Meinung des Patienten oder der Gruppe beschäftigen sollte" (S. 59). Damit fällt er häufig auf die GA herein, anstatt sie als Abwehr zu interpretieren oder bewußtzumachen.

5. *Der GL ist der Anwalt der Realität.* Er verweist in seinen Interpretationen ständig auf sie, auf die Notwendigkeit, sich nicht auf die Wirksamkeit von Magie zu verlassen. Dabei ist besonders wichtig, daß er „sehr energisch auf die Realität der Anforderungen der Gruppe an ihn hinweist, ganz gleich, wie phantastisch ihre Aufhellung diese Anforderungen erscheinen läßt, und ebenso auf die Realität der Feindseligkeit, die durch seine Erklärung hervorgerufen wird" (a.a.O., S. 73).
   Der GL muß also deutlich aufzeigen, welche phantastischen Anforderungen die Gruppenmitglieder an ihn haben, nämlich:
   a) die Gruppe in jeder Hinsicht zu nähren,
   b) sie gegen den bösen Feind von innen und außen zu führen oder im geordneten Rückzug zurückzugeleiten,
   c) der Messias der Gruppe zu sein, der alles zum Guten wendet.

6. Der GL sollte Phänomene in der Gruppe dann interpretieren, *wenn sie lange genug in der Gruppe beobachtet waren,* von der Gruppe aber nicht wahrgenommen werden können.

7. Die Zeitspanne, die eine Gruppe einem Gruppenmitglied oder mehreren gewährt, um ihre Gefühle oder Gedanken vorzutragen, ist für den GL ein wichtiger Hinweis darauf, ob es sich um ein Gruppenproblem handelt oder um das Problem des einzelnen. Wenn ein Gruppenmitglied sehr lange seine Problematik vortragen kann, handelt es sich in der Regel um ein Problem der gesamten Gruppe.

Als charakteristisch für den Ansatz von Bion können wir festhalten:

1. Er bleibt ständig nah an den von ihm in Gruppen erfahrbaren Phänomenen, besonders den *kollektiven Abwehrmaßnahmen* der Gruppenteilnehmer.
2. Bion spricht *nicht* davon, daß die Gruppe quasi eine Person darstelle, die *ihm gegenüber* überträgt, Widerstand leistet, regrediert usw., wohl aber davon, daß es bedeutsam sei, das Geschehen in einer Gruppe als *Ganzheit,* etwas *Ganzheitliches,* zu betrachten, eine Gruppe, die „handelt".
3. Es ist bei Bion auch sehr deutlich, daß seine Auffassungen *hypothetischen* Charakter haben und weiter überprüft werden sollten: Er habe bestimmte Erfahrungen gemacht und versuche, sie begrifflich zu fassen, andere machten vielleicht andere Erfahrungen.
4. Bion hat immer auch das Verhalten einzelner im Auge, möchte verstehen, wieso sie sich so und nicht anders verhalten. Allerdings fragt er sich, was dieses Verhalten mit der Gruppe, den anderen Teilnehmern in ihrer Gesamtheit, zu tun habe.
5. Was Bion allerdings nicht thematisiert, ist *seine Rolle* als Gruppenleiter und die Frage, in welche Situation er die Teilnehmer durch sein Setting und seine Weise des Intervenierens bringt, obwohl er letztere in vielen Beispielen schildert.
6. Schließlich fällt auf, daß sich Bion überhaupt nicht mit den Erfahrungen und Ansätzen anderer psychoanalytisch orientierter Gruppentherapeuten, wie z. B. Foulkes, Ezriel, Wolf oder Schindler auseinandersetzt, die zum Zeitpunkt der Abfassung seines letzten Essays (1952) *ihre* Überlegungen bereits publiziert hatten. Er bleibt sozusagen ganz auf *seine* Erfahrung konzentriert, bezieht diese lediglich auf die psychoanalytischen Ansätze von Klein und S. Freud. Auffallend ist weiterhin, daß Bion sich lediglich von 1945–1952 intensiv mit Gruppen befaßt hat, von da an bis zu seinem Tode im Jahre 1979 nicht mehr.

II. Modifikationen des Ansatzes von Bion durch Ezriel, Sutherland; Grinberg; Langer u. Rodrigué sowie Argelander und Ohlmeier

Bereits 1952, d.h. zur selben Zeit, als Bion seinen letzten zusammenfassenden Aufsatz über analytische Gruppenarbeit veröffentlicht hat, haben Ezriel und Sutherland 2 Aufsätze hierüber publiziert. Sie beziehen sich darin stark auf Bion, indem sie von spezifischen *Gruppenspannungen* ausgehen, die sich in Gruppen einstellen. Dabei gehen sie aber bereits über Bion hinaus, indem sie die jeweilige Gruppenspannung als Ausdruck einer *unbewußten Phantasie* betrachten, die allen Gruppenteilnehmern gemeinsam sei. Diese Phantasie stelle eine spezifische *Objektbeziehung* zwischen der gesamten Gruppe und dem Gruppenleiter dar (Sutherland 1973).

Hier wird bereits eine spezifische *Reduktion* des Ansatzes von Bion auf eine *dyadische Beziehung* zwischen Gruppe und Gruppenleiter vorgenommen. Alle Vorgänge in der Gruppe beziehen sich auf den Leiter und *nur auf diesen*. Ezriel (1973) schlägt vor, jedwedes Gruppengeschehen analog dem Geschehen in der Einzelanalyse als eine Beziehung zwischen der Gruppe und dem Gruppenleiter zu betrachten. Er betont dabei, das und nur das sei eine *psychoanalytische* Methode der Gruppenarbeit. Was bei Bion neugieriges Interesse am Verstehen zunächst unverständlicher

Vorgänge in Gruppen war, wird hier unversehens zu einer Übertragung der in der Einzelanalyse bewährten Wahrnehmungseinstellung des Analytikers auf die Gruppe und zu einer Frage der psychoanalytischen *Orthodoxie*.

Ezriel nimmt z. B. an, in analytischen Gruppen gebe es immer 3 Tendenzen der Teilnehmer in ihrer Gesamtheit, dem Gruppenleiter gegenüber Beziehungen herzustellen: die Teilnehmer wünschen eine bestimmte Beziehung, haben aber Angst, daß hierdurch eine Katastrophe ausgelöst werden könne und gehen deshalb eine Kompromißbeziehung mit dem Gruppenleiter ein. Die Parallele zur Einzelanalyse ist deutlich: das gesamt Geschehen in einer Gruppe ist quasi auf die „gleichgerichteten" Wünsche, Ängste und Kompromisse der Gruppenteilnehmer reduziert, die Gruppe wird gleichsam zu einer *„Person"*, die dem Gruppenleiter gegenüber sich verhält. Folgerichtig meint Ezriel dann auch, es gelte, die oben geschilderte kollektive Wunsch-Angst-Kompromiß-Dynamik und *nur diese* in Gruppen zu deuten. Hierdurch werde für die Teilnehmer in ihrer Gesamtheit ein Stück Konfrontation mit der Realität der gemeinsamen unbewußten Wünsche und Ängste *in der Gruppe* möglich; diese Ängste und Wünsche werden dadurch einer Realitätsprüfung zugänglich.

Auffallend ist, daß Sutherland und Ezriel zwar von dem Erfordernis sprechen, ihre Annahmen *empirisch* zu überprüfen, beide aber nach 1952 keinerlei Befunde vorgelegt haben. Dies verwundert um so mehr, als sie der Auffassung sind, Gruppen würden ideale Bedingungen zur Überprüfung ihrer Hypothesen und für eine strenge psychoanalytische Forschung bieten.

*

Eine größere Nähe zu den klinischen Beobachtungen von Bion wird in dem 1957 zuerst erschienenen Buch der argentinischen Autoren Grinberg et al. (1972) deutlich. Im Mittelpunkt ihrer Überlegungen stehen sog. *„dynamische Kollektivkonstellationen"* in Gruppen, die aus projektiven und introjektiven Prozessen in den Gruppenteilnehmern spontan hervorgehen. Diese intrapsychischen Prozesse führen zu *gemeinsamen* Phantasien und Handlungsweisen, zu einer wahrnehmbaren „Gruppengestalt". Einzelne Teilnehmer oder auch eine Untergruppe in einer Therapiegruppe stellen hierbei Personifizierungen von allseits geteilten oder abgewehrten Anteilen dar. Was die verschiedenen Gruppenphantasien anbelangt, so verweisen sie zunächst auf die von Bion herausgearbeiteten „Kollektivkonstellationen" wie Abhängigkeit, Kampf/Flucht und Paarbildung, meinen aber, daß es darüber hinaus weitere Konstellationen gebe. Zwar sind sie der Auffassung, daß häufig eine Übertragung der Gruppenteilnehmer in ihrer Gesamtheit auf den Gruppenleiter stattfinde, betonen aber, daß diese „Gruppen-Übertragung" auch gegenüber einer Person in- oder außerhalb der Gruppe sich konstellieren könne. Damit sind sie ganz auf der Linie von Bion, auch mit ihrer starken Orientierung an dem Ansatz von Klein: Sie sind der Meinung, daß in Gruppen zunächst hauptsächlich *Spaltungsvorgänge* zu beobachten seien, wie sie für die sog. paranoid-schizoide Position nach Klein charakteristisch seien: Alles „Gute" wird als innerhalb der Gruppe befindlich und zu Bewahrendes erlebt, alles Gefährliche, Böse, Schlechte, nach außen projiziert oder projektiv in Untergruppen oder einzelne Teilnehmer, sog. Sündenböcke, innerhalb der Gruppe „verlagert", dort lokalisiert und *bekämpft*. Die Gruppe gelange im günstigen Falle von dieser paranoid-schizoiden Position zur depressiven Position nach Klein, bei der es möglich wird, daß gute und schlechte Aspekte als innerhalb der Gruppe befindlich erlebt werden können, Spaltungsvorgänge in lediglich gute oder böse Aspekte nachlassen und vermehrt Tendenzen der Wiedergutmachung für vermeintlich zerstörerische Tendenzen die Oberhand gewinnen. Auf diese Weise *integriert* sich eine Gruppe nach und nach: die Teilnehmer in ihrer Gesamtheit lernen zunächst, abgewehrte, v. a. abgespaltene und projizierte Anteile als weniger gefährlich, ja sogar als wertvoll wieder zu introjizieren, als *gemeinsam erlebbaren* Bestand zu betrachten.

Was die Kapazität zur *Integration* oder die Gefahr der *Desintegration* von analytischen Gruppen anbelangt, so gehen diese Autoren über Bion hinaus: sie betonen die zentrale Rolle des Gruppenleiters bezüglich der Verringerung der Gefahr einer Desintegration oder eines Zerfalls von analytischen Gruppen. Gruppen entwickeln sich nicht in jedem Falle konstruktiv, wie z. B. Foulkes annehme. In ihnen seien vielmehr starke zentrifugale Kräfte vorhanden, die mit Hilfe von Deutungen des Geschehens durch den Therapeuten verringert werden können und müssen. Sie plädieren in dieser Hinsicht auch für eine aktivere Haltung bei Deutungen und gehen dabei über die doch sehr passive Haltung von Bion hinaus.

*

Was die Rezeption der bisher geschilderten Ansätze von Bion und seinen Nachfolgern im deutschen Sprachraum anbelangt, so erfolgte sie hauptsächlich über Argelander Anfang der 60er und dann von Ohlmeier Anfang der 70er Jahre:

Argelander (1972) geht dabei ganz explizit von Bion und dessen Erfahrungen in Gruppen aus, knüpft aber von Anfang an besonders auch an Ezriel und dessen Einengung auf die dyadische Betrachtung des Geschehens in Gruppen an. Noch stärker als Ezriel geht es Argelander dabei um eine Übertragung der psychoanalytischen Wahrnehmungsweise auf das *Geschehen zwischen dem Therapeuten und der gesamten Gruppe,* ja es hat den Anschein, als ob die in der Einzelanalyse bewährte Wahrnehmungseinstellung ohne sonderliche Modifikationen auf die analytische Arbeit mit Gruppen übertragen werden könnte und sollte. Während Argelander zunächst dies als eine für ihre Nützlichkeit in der analytischen Gruppenarbeit zu überprüfende *Hypothese* einführt, hat es gegen Ende seiner Ausführungen den Anschein, daß nur so adäquat psychoanalytisch mit Gruppen *behandlungstechnisch* umgangen werden solle. An einer Stelle ist explizit die Rede davon, daß nur, wenn die Gruppe quasi als eine Person betrachtet werde, die dem Gruppenleiter gegenüber übertrage, das Wertvolle der spezifisch analytischen Gruppenarbeit erhalten bleibe: *durch Einzelinterventionen des Gruppenleiters werde die Gruppenphantasie zerstört.* Bei der Lektüre der Ausführungen von Argelander verdichtet sich zunehmend der Eindruck, daß alle theoretischen Überlegungen sich aus einer spezifischen, aus der Einzelanalyse herrührenden Wahrnehmungseinstellung und Behandlungstechnik ergeben. Es ist nicht mehr wie bei Bion die Frage, wie werden zunächst unverständliche Gruppenphänomene verständlich, sondern *welche Weise des Umgangs mit Gruppen bleibt nahe an der herkömmlichen psychoanalytischen Behandlungstechnik.* Es ist deshalb nicht weiter verwunderlich, wenn Argelander von diesem Blickwinkel aus bei seinen theoretischen Aussagen über das Geschehen in Gruppen zu folgenden Formulierungen kommt, in denen die Gruppe richtiggehend zu einer Person *hypostasiert* wird:

„Die Gruppenteilnehmer können sich nur durch die Gruppe darstellen ..." (S. 96).

oder

„Der Partner ‚Gruppe' muß trotz seiner Hilfsbedürftigkeit und der Entwicklung des Gruppenprozesses präsent bleiben und mit dem Therapeuten gemeinsam über die Einhaltung des Vertrages wachen" (S. 97).

oder

„Übertragung und Widerstand richten sich auf den Analytiker wie von seiner ungewöhnlichen Haltung angezogen, die allen Phantasien freien Raum läßt" (S. 97).

sowie

„... werden die spontanen Äußerungen der verschiedenen Gruppenteilnehmer wie die Assoziationen eines Patienten aufgefaßt. Unter solchen Bedingungen beginnt die ‚Gruppe' zu ‚sprechen'" (S. 97).

usw.

Die Gruppe wird auf diese Weise zu einer „Person", die dem Gruppenleiter gegenüber überträgt, regrediert, Widerstand leistet usw.

Obwohl Ohlmeier sich in seiner ersten Arbeit von 1975 deutlich auf Argelander bezieht, wird bereits in seiner Arbeit über *„Gruppeneigenschaften des psychischen Apparates"* (1976) erkennbar, daß es ihm nicht lediglich um eine Übertragung der psychoanalytischen Behandlungstechnik auf die Arbeit mit Gruppen geht. Er führt aus, daß „seiner Erfahrung nach" in analytischen Gruppen die einzelnen Teilnehmer oder Untergruppen mit verteilten Rollen einzelne Facetten oder Bestandteile frühkindlicher Konflikte der Mutter, dem Vater oder auch den Geschwistern gegenüber *szenisch* darstellen. Sie seien dazu in der Lage, weil ja auch in der kindlichen Entwicklung eine *gleichzeitige* Beziehung des Kinds zur Mutter, zum Vater und den Geschwistern von Anfang an vorhanden sei. Die dabei auftretenden Probleme seien nicht lediglich dyadischer Art, d.h. Probleme der Beziehung zwischen dem Kind und der Mutter, dem Kind und dem Vater usw. So seien die Grundkonflikte, die psychoanalytisch als orale, anale, phallische oder ödipale Konflikte einzelner Menschen betrachtet werden, *gemeinsame* Probleme zwischen *allen* Mitgliedern der Familie, die als solche mehr oder weniger produktiv gelöst oder pathologisch arretiert sein können. Ohlmeier kommt deshalb zu der Auffassung, daß sich in Gruppen jeweils eine orale, anale oder ödipale Problematik zwischen allen Beteiligten konstelliere, wobei *die wichtigste Person* allerdings *der Gruppenleiter* sei. Dieser solle sich bei seiner Deutungsarbeit auf das Geschehen, die Phantasien der Gruppe als ganzer konzentrieren. Auf diese Weise könne er die *Gruppenübertragungsneurose* analytisch-deutend angehen.

Festzuhalten ist hier, daß Ohlmeier, obwohl er wie Argelander der Auffassung ist, in Gruppen müsse die orthodox psychoanalytische Wahrnehmungseinstellung beibehalten werden, er die Gruppe *nicht* als Partner betrachtet. Er ist allerdings der Auffassung, daß durch seine spezifische Wahrnehmungseinstellung und Deutetechnik bei den Gruppenteilnehmern *regressive Verschmelzungsprozesse vor sich gehen, eine Regression der Teilnehmer in ihrer Gesamtheit auf frühkindliche,* v. a. präödipale *Verhaltensweisen erfolge.* Phänomenologisch vom Erscheinungsbild her erscheine das dann häufig als eine Zweierbeziehung zwischen Gruppe und Gruppenleiter. Die *Wirkebene* seiner Arbeitsweise in der analytischen Gruppentherapie sieht Ohlmeier

(1979, S. 160) demzufolge in der Wiederbelebung der frühkindlichen *präödipalen* Probleme zwischen Mutter und Kind in der Übertragung zwischen der Gruppe als ganzer und dem Gruppenleiter.

Ich meine, daß durch diese Überlegungen und das theoretische Verständnis bei Ohlmeier zum ersten Mal *explizit* deutlich wird, daß in der Betrachtung der Gruppe als ganzer eine spezifische *behandlungstechnische Vorentscheidung* getroffen wird, mit Hilfe derer die Wahrnehmung und Deutungstechnik festgelegt wird. Von dieser Vorentscheidung her strukturiert sich dann eine spezifische *Form der Gruppenarbeit bzw. wird vom Gruppenleiter strukturiert.* Dabei tritt deutlicher hervor, daß diese Art von Gruppenarbeit *eine* Weise des analytischen Umgangs mit dem Geschehen in Gruppen ist, die möglicherweise auch *spezifische Phänomene erzeugt.*

III. Kritische Würdigung des Konzepts „Gruppe als Ganzes"

Trotz einiger kritischer Anmerkungen im Abschnitt II dürfte in meiner Schilderung der Auffassungen der untersuchten Autoren deutlich geworden sein, für wie bedeutsam ich die Arbeitsweise „Gruppenanalyse der Gruppe als Ganzes" erachte. Gerade weil das so ist und ich mich dieser Arbeitsrichtung verbunden fühle (vgl. Ohlmeier u. Sandner 1979), bin ich der Auffassung, daß es erforderlich ist, die Möglichkeiten und Grenzen dieses Ansatzes für den Bereich der analytischen Gruppentherapie *generell* herauszuarbeiten. Ich meine, wir tun uns und unseren Patienten keinen großen Dienst, wenn wir vor lauter Begeisterung für eine bestimmte und erwiesenermaßen sehr eingreifende Behandlungsmethode den Blick für eine realistische Einschätzung dieser Methode und unserer Rolle dabei uns trüben lassen. In diesem Sinne möchte ich die folgenden kritischen Anmerkungen gerne verstanden wissen:

1. Zunächst fällt bei einer vergleichenden Betrachtung der geschilderten Autoren auf, daß sie den Begriff „Gruppe als Ganzes" nicht klar definieren und unterschiedlich verwenden.
Bei Bion ist die Rede von *gemeinsamen Phantasien,* sog. Grundannahmen, in die der Therapeut stark einbezogen ist. Er kann, muß aber nicht die wichtigste Übertragungsfigur sein.
Ezriel und Sutherland sprechen auch von unbewußten gemeinsamen Phantasien, betrachten aber die gesamte Gruppe bereits als eine Art *Person,* die auf den Gruppenleiter, und nur auf ihn, überträgt. Besonders deutlich ist diese Betrachtungsweise dann bei Argelander ausgeprägt.
Bei Ohlmeier scheint es einmal, als ob die Teilnehmer sozusagen in ihrer Gesamtheit eine Familienübertragung auf die Gruppe und den Gruppenleiter vornehmen würden, ein anderes Mal quasi zu einer Person verschmelzen, die dem Gruppenleiter gegenüber überträgt und schließlich ist die Rede von gemeinsamen Phantasien oraler, analer, ödipaler Art, in denen sich in der Gruppe insgesamt szenisch und gemeinsam erlebbar Grundprobleme der individuellen Entwicklung im Kontext der Familie wiederholen.
Bei Grinberg et al. schließlich liegt der deutliche Akzent auf gemeinsamen Phantasien, sog. Kollektivkonstellationen in Gruppen, die vielfältige Gestalt annehmen können, von den Autoren aber hypothetisch mit der paranoid-

schizoiden und der depressiven Position nach Klein in Verbindung gebracht werden. Dies verstehen sie als eine Arbeit mit der Gruppe als „Gestalt", als ganzer. Von einer Quasi-Person, die dem Therapeuten gegenüber sich verhält, ist nicht die Rede.

Insgesamt gesehen wird aus diesen zusammenfassenden Ausführungen deutlich, daß das Konzept „Gruppe als Ganzes" *schillernd* ist und derjenige, der es verwendet, jeweils konkret angeben muß, was er darunter versteht. Nur so ist ein Vergleich der *Erfahrungen* unterschiedlicher Autoren und ihrer theoretischen Hypothesen oder Konstruktionen möglich.

2. In den obigen Ausführungen über die einzelnen Autoren hat sich eine Hypothese zunehmend verdichtet, die besagt, daß es sehr wahrscheinlich von der spezifischen *Behandlungstechnik* (Wahrnehmungseinstellung, Deutetechnik) abhängt, welche Phänomene sich in Gruppen „konstellieren". Obwohl lediglich Ohlmeier diese Frage vorsichtig thematisiert, geht besonders aus einer Analyse der Beispiele aus analytischen Gruppen *aller* genannten Autoren hervor, daß sie eine äußerst zurückgenommene Haltung an den Tag gelegt haben und versucht haben, dann zu verstehen und zu deuten, was die Teilnehmer in ihrer Gesamtheit an Phantasien, gemeinsamen Aktionen in dieser wenig strukturierten Situation entwickelt haben. Damit haben sie *vom Setting her,* strukturell sozusagen, eine Art Zweierbeziehung zwischen sich und der Gruppe hergestellt. Meine Hypothese ist, daß auf diese Weise eine regressive Verschmelzung der Teilnehmer gefördert wurde mit allen dabei auftretenden frühkindlichen (präödipalen) Ängsten und Konflikten. Diese von der *Behandlungstechnik* her *geförderte Regression der Gruppenteilnehmer in ihrer Gesamtheit* wurde dann noch von Interventionen bzw. Deutungen der Gruppenleiter verstärkt, indem nur diese regressiven Phantasien, nicht aber progressive, differenzierende „Bewegungen" zwischen den Teilnehmern angesprochen wurden.

3. Damit sind wir bei einem weiteren und für die Einschätzung der Arbeitsansätze „Gruppe als Ganzes" wohl zentralen Fragenkomplex: Was wird durch diese *Arbeitsweise* ermöglicht? Was ist ihre therapeutische und klinische Reichweite und was wird nicht möglich, gerät nicht in den Blick, wird möglicherweise verhindert?

Offensichtlich wird durch die geschilderte Behandlungstechnik für den Gruppenleiter wie für die Teilnehmer in ihrer Gesamtheit eine *frühkindliche Situation zwischen 2 Personen* hergestellt bzw. stellt sich spontan ein. Zu Recht meint deshalb Ohlmeier, daß die Wirkebene der Analyse der Gruppe als ganzer die Wiederbelebung und Durcharbeitung der präödipalen Beziehung zwischen Mutter und Kind darstellt. Für das Sichtbarwerden *dieser* Problematik mit all ihren Facetten scheint mir dieser Ansatz in der analytischen Gruppentherapie sehr geeignet.

Ich meine aber, der Ansatz „Gruppenanalyse der Gruppe als Ganzes" sollte dann auch explizit als ein therapeutisches Instrument verstanden werden, das es ermöglicht, die präödipale Problematik im Hier und Jetzt der Gruppe deutlich hervortreten zu lassen, zu studieren und therapeutisch zu bearbeiten. Problematisch erscheint mir hingegen die deutliche Tendenz verschiedener Autoren, diese Arbeitsweise als gruppenanalytisches Verfahren *schlechthin* zu betrachten zur umfassenden analytischen Behandlung von Patienten aller Art.

4. So zu einer Art „Ideologie" der analytischen Gruppentherapie verfestigt oder hochstilisiert, geraten die Grenzen dieses Verfahrens aus dem Blick, und es wird v. a. nicht mehr diskutiert, was die unterschiedslose Anwendung dieses Verfahrens für die behandelten Patienten bedeutet.

Schon früh in der Geschichte der analytischen Gruppentherapie, nämlich 1958, kam es in New York zu einer, wie mir scheint, heute noch sehr aktuellen Kontroverse zwischen Foulkes (1960, 1978) auf der einen und Wolf (1971) sowie Schwartz u. Wolf (1960) auf der anderen Seite: Foulkes vertrat damals den Standpunkt, man *müsse* Vorgänge in Gruppen als eine Ganzheit und *nur als solche* betrachten, während Wolf u. Schwartz von einer die Therapie nicht fördernden, den einzelnen Patienten und seine Individualität vernachlässigenden *Mystifizierung von Gruppenvorgängen* sprachen.

Einen Schritt weiter ging W. Schindler in seinem 1972 erschienenen Aufsatz „Gefahrenmomente in gruppenanalytischer Theorie und Technik". Er wirft dort die Frage auf, ob es nicht therapeutisch ungünstig sei, die Patienten durch eine spezifische Behandlungstechnik zu stark regredieren zu lassen, sog. „Massenphänomene" – wie er es nennt – zu erzeugen und plädiert für eine größere Strukturierung der Arbeit durch die Interventionen des Therapeuten.

Im Rahmen dieser Arbeit kann diese Kontroverse nur angedeutet werden. Es scheint mir aber außerordentlich wichtig zu klären, welche *spezifische Indikation* für die Arbeitsweise „Gruppanalyse der Gruppe als Ganzes" besteht, bei welchen Patienten mit welchen Problemen diese Methode speziell indiziert ist. Zum Beispiel müßte auch geklärt werden, *ob präödipale Probleme der Teilnehmer einer Gruppe generell mit dieser Methode besonders günstig bearbeitet werden können*. Das scheint mir trotz der erfahrungsgemäß sich einstellenden Regression der Teilnehmer in ihrer Gesamtheit auf das präödipale Verhaltensniveau nicht von vornherein festzustehen. Es ist noch zu untersuchen, ob es bei dieser Methode nicht zu *übermäßigen* Regressionen kommt, die durch ein aktiveres Verhalten des Gruppenleiters vermieden werden können. Denkbar ist ebenso, daß dann bei begrenzten, weniger tiefen Regressionen die präödipale Problematik vielleicht ebensosehr angegangen werden kann wie z. B. Schindler (1980) betont. Es ist auch die Frage, ob die *Eigenbewegungen progressiver Art* der Gruppenteilnehmer, die von Anfang an vorhanden sind, nicht vernachlässigt werden, wenn die Aufmerksamkeit des Gruppenleiters durchweg auf das Erfassen und Deuten der Phantasien der Teilnehmer in ihrer Gesamtheit gerichtet ist; oder ob der Therapeut zu einem späteren Zeitpunkt der Behandlung es den Patienten erschwert, aus der Regression herauszukommen, weil er seine Deutetechnik nicht dem sich differenzierenden Geschehen in der Gruppe entsprechend abändert, nach wie vor Zweierbeziehungen deutet, obwohl die Teilnehmer längst zu Dreierbeziehungen drängen, der Gruppenleiter an Bedeutung verliert usw. (vgl. Sandner 1978, bes. 149–153).

Schließlich ist zu fragen, für welche Patienten die Methode „Gruppe als Ganzes" zu deuten *indiziert* ist. Ich bin mit Kutter (1976, S. 94) der Auffassung, daß sehr wahrscheinlich für schwer gestörte Patienten eine aktivere Methode *erforderlich* ist, d. h. nicht, daß z. B. mit schizophrenen Patienten nicht auch gruppenanalytisch im Sinne des hier zur Diskussion stehenden Konzepts gearbeitet werden kann. Ich selbst habe dies längere Zeit getan (Sandner 1980), bin mittlerweile aber zu der Auffassung gekommen, daß dies nicht die Methode der Wahl für diese Patienten ist. Patienten und Therapeuten geraten hierdurch in eine starke Regression, die schwer zu handhaben ist und deren therapeutischer Wert fraglich ist (vgl. Sandner 1981b). Was für diese schwer gestörten Patienten gilt, gilt mit Sicherheit auch für stark agierende Borderlinepatienten und narzißtische Persönlichkeitsstörungen im Sinne von Kernberg (vgl. Kutter 1976, Sandner 1982). Wie ich oben schon angedeutet habe, ist aber auch unklar, ob für neurotische Patienten im herkömmlichen Sinne die Analyse der Gruppe als ganzer als *durchgängige* Methode adäquat ist. Unbestritten scheint mir diese Methode als *Forschungsinstrument* zur psychoanalytischen Erforschung stark regressiver Phänomene in Gruppen. Darüber sind sich alle untersuchten Autoren einig.

5. Die vielfältigen unterschiedlichen Konzepte analytischer Gruppenarbeit (vgl. Heigl-Evers 1978) legen die Vermutung nahe, daß mit ganz unterschiedlichen Behandlungstechniken an das Geschehen in Gruppen herangegangen werden kann, der therapeutische Einstieg in das Geschehen von ganz unterschiedlichen Seiten her möglich ist. Wir können auch annehmen, daß durch die jeweilige Behandlungstechnik und die theoretischen Vorstellungen des Gruppenleiters *spezifische* Probleme in den Vordergrund treten (vgl. Kutter 1979, 1980; Sandner 1978). Eine Diskussion zwischen den Vertretern unterschiedlicher Auffassungen über die Vor- und Nachteile des jeweiligen Ansatzes kommt nur langsam in Gang (vgl. Sandner 1981). Sie wäre aber dringend nötig, um die analytische Gruppentherapie als *Theorie, Behandlungstechnik* und spezifisches *therapeutisches Instrument* weiterzuentwickeln und zu einer integrierten Theorie des Geschehens in analytischen Gruppen zu gelangen.

Ich habe in einer größeren Arbeit (1978) dargelegt, wie eine solche Theorie aussehen könnte:

Anhand eingehender Analysen der Konzepte und der Schilderung von Gruppenverläufen einer Reihe von Autoren aus der Tradition der von Lewin begründeten Trainingsgruppenbewegung konnte ich zeigen, daß in Selbserfahrungs- und Therapiegruppen neben den in diesem Beitrag geschilderten stark regressiven Phänomenen regelmäßig reifere Formen des Verhaltens ödipaler und postödipaler Art auftreten. Ich stellte die Hypothese auf, daß in solchen Gruppen die psychosoziale Entwicklung des Kinds im familiären Kontext zwischen den Teilnehmern und dem Gruppenleiter szenisch sich wieder konstelliert und rekapituliert wird. Dabei habe ich herausgearbeitet, in welcher Weise die frühe Mutter-Kind-Beziehung (präödipale Problematik) und schließlich die reifste Form der Beziehung zwischen Gleichaltrigen (reflexiv-interaktionelle Problematik) in Gruppen deutlich wird und welche Probleme sich jeweils ergeben. Die Möglichkeiten des Gruppenleiters, die Patienten regredieren zu lassen, aber auch progressive Bewegungen zu fördern und zuzulassen in Richtung auf ein differenzierteres Niveau des Verhaltens spielen für die therapeutische Kapazität der analytischen Gruppenarbeit wohl die zentrale Rolle (vgl. hierzu auch Ohlmeier u. Sandner 1979).

Entscheidend für die Gültigkeit meiner Modellüberlegung wie auch die Ansätze anderer Autoren dürfte sein, wie sie *überprüft* werden können. Deshalb habe ich in einer weiteren Arbeit eine Reihe von methodologischen Überlegungen angestellt, auf die ich hier im einzelnen nicht eingehen kann (Sandner 1981a). Lediglich einen zentralen *methodologischen Vorschlag* möchte ich hier erwähnen: Autoren mit unterschiedlichen Auffassungen über das Geschehen in analytischen Gruppen müßten anhand *ein und desselben Tonbandprotokolls* in eine Diskussion darüber eintreten, welche Konzepte das Geschehen triftig auf den Begriff bringen. Bei einem solchen Vorhaben ist das Konzept „Gruppe als Ganzes" trotz seines schillernden Charakters sicherlich die interessanteste Herausforderung an die analytische Gruppentherapie, da in ihm psychische Phänomene thematisiert werden, die *nur in Gruppen* beobachtbar sind, deren Stellenwert, Bedeutung und Psychodynamik aber noch kontrovers ist.

Literatur

Argelander H (1972) Gruppenprozesse – Wege zur Anwendung der Psychoanalyse in Behandlung, Lehre und Forschung. Rowohlt, Hamburg
Bion WR (1971) Erfahrungen in Gruppen und andere Schriften. Klett, Stuttgart
Ezriel H (1973) Bemerkungen zur psychoanalytischen Gruppentherapie II. Interpretation und Forschung. In: Ammon G (Hrsg) Gruppenpsychotherapie. Hoffmann & Campe, Hamburg, S 108–122
Foulkes SH (1960) The application of group concepts to the treatment of the individual in the group. In: Stokvis B (ed) Topical Problems of Psychotherapy. Karger, Basel, vol II, pp 1–15
Foulkes SH (1978) Praxis der gruppenanalytischen Psychotherapie. Reinhardt, München
Freud S (1974) Massenpsychologie und Ich-Analyse. In: Ges Werke. Fischer, Frankfurt, Bd XIII, S 71–161
Grinberg L, Langer M, Rodrigué E (1972) Psychoanalytische Gruppentherapie. Kindler, München
Heigl-Evers A (1978) Konzepte der analytischen Gruppentherapie. Vandenhoeck & Ruprecht, Göttingen
Klein M (1972) Das Seelenleben des Kleinkindes und andere Beiträge zur Psychoanalyse. Rowohl, Hamburg
Kutter P (1970) Aspekte der Gruppentherapie. Psyche 24:721–738
Kutter P (1976) Elemene der Gruppentherapie. Vandenhoeck & Ruprecht, Göttingen
Kutter P (1979) Die Interaktionen des Gruppenleiters in der analytischen Selbsterfahrungsgruppe. Gruppenpsychother Gruppendynamik 14:132–145
Kutter P (1980) Phasen des Gruppen-Prozesses. Wahrnehmungsprobleme, theoretische Orientierung, Literaturübersicht und praktische Erfahrungen. Gruppenpsychother Gruppendynamik 16:200–208
Ohlmeier D (1975) Gruppenpsychotherapie und psychoanalytische Theorie. In: Uchtenhagen A, Battegay R, Friedemann A (Hrsg) Gruppenpsychotherapie und soziale Umwelt. Huber, Bern, Stuttgart, Wien, S 548–557
Ohlmeier D (1976) Gruppeneigenschaften des psychischen Apparates. In: Eicke D (Hrsg) Die Psychologie des 20. Jahrhunderts II. Kindler, Zürich, S 1133–1144
Ohlmeier D (1979) Bemerkungen zur gruppentherapeutischen Anwendung der Psychoanalyse. In: Fischle-Carl H (Hrsg) Theorie und Praxis der Psychoanalyse. Bonz, Stuttgart 1979, S 148–160
Ohlmeier D, Sandner D (1979) Selbsterfahrung und Schulung psychosozialer Kompetenz in psychoanalytischen Gruppen. In: Heigl-Evers A (Hrsg) Lewin und die Folgen. Die Psychologie des 20. Jahrhunderts. Kindler, Zürich, Bd VIII, S 812–821
Rioch MJ (1973) Die Arbeit Wilfried Bions mit Gruppen. In: Ammon G (Hrsg) Gruppenpsychotherapie. Hoffmann & Campe, Hamburg, S 44–60
Sandner D (1975) Die analytische Theorie der Gruppe von W. R. Bion. Gruppenpsychother Gruppendynamik 9:1–17
Sandner D (1978) Psychodynamik in Kleingruppen. Theorie des affektiven Geschehens in Selbsterfahrungs- und Therapiegruppen (Selbstanalytischen Gruppen). Reinhardt, München
Sandner D (1980) Zur Psychodynamik von Schizophrenen in analytischen Gruppen mit Psychotikern und Neurotikern. Gruppenpsychother Gruppendynamik 15:32–50
Sandner D (1981a) Theoriebildung in der Gruppenanalyse. Gegenwärtiger Stand und Perspektiven. Gruppenpsychother Gruppendynamik 17:234–250

Sandner D (1981 b) Behandlungstechnik in der Gruppenanalyse von Schizophrenen gemeinsam mit Neurotikern. Vortrag auf dem 7. Internationalen Symposium über die Psychotherapie der Schizophrenie vom 30.9.–3.10.1981 in Heidelberg

Sandner D (1982) Analytische Gruppentherapie mit Schizophrenen und Neurotikern – ein Modellversuch. In: Helmchen H, Linden M, Rüger U (Hrsg) Psychotherapie in der Psychiatrie. Springer, Berlin, Heidelberg, New York, S 124–130

Sbandi P (1973) Gruppenpsychologie. Pfeiffer, München

Schindler W (1972) Gefahrenmomente in gruppenanalytischer Theorie und Technik. Gruppenpsychother Gruppendynamik 5:237–244, abgedr in: ders 78–85 (1980)

Schindler W (1979) Über einige unterschiedliche Standpunkte hinsichtlich psychoanalytisch orientierter Gruppentherapie. Gruppenpsychother Gruppendynamik 14:16–30, abgedr in: ders 139–150 (1980)

Schindler W (1980) Die analytische Gruppentherapie nach dem Familienmodell. Ausgewählte Beiträge, herausgegeben und eingeleitet von D. Sandner. Reinhardt, München

Schindler W (1985) Ein Leben für die Gruppe – Erfahrungen eines Gruppentherapeuten der ersten Generation. In: Kutter P (Hrsg) Methoden und Theorien der Gruppenpsychotherapie. Frommann-Holzboog, Stuttgart, Bad Cannstadt, S 47–68

Sherwood M (1964) Bion's Experiences in Groups, A. Critical Evaluation. Hum Relations 17:113–130 (deutsch: Brocher T, Kutter P (Hrsg) Entwicklung der Gruppendynamik. Wiss Buchgesellschaft, Darmstadt 1984, S 290–317)

Sutherland ID (1973) Bemerkungen zur psychoanalytischen Gruppentherapie I. Therapie und Ausbildung. In: Ammon G (Hrsg) Gruppenpsychotherapie. Hoffmann & Campe, Hamburg, S 95–107

Schwartz EK, Wolf A (1960) Psychoanalysis in groups: The mystic of group dynamics. In: Stokvis B (ed) Topical Problems of Psychotherapy. Karger, Basel, vol II, pp 119–154

Wolf A (1971) Psychoanalyse in Gruppen. In: De Schill S (Hrsg) Psychoanalytische Therapie in Gruppen. Klett, Stuttgart, S 145–199

Praxis

7. Selbsterfahrung und Schulung psychosozialer Kompetenz in psychoanalytischen Gruppen*

In den letzten Jahren ist auch bei uns eine Frage zusehends in den Mittelpunkt des Interesses der im sozialen Bereich Tätigen gerückt, die im Grunde nicht neu ist, aber lange Zeit hinter mehr technisch-handwerklichen Überlegungen zurücktrat: die Frage nach der psychosozialen Kompetenz in sozialen Situationen. Für Lehrer, Sozialpädagogen oder auch für Psychotherapeuten rückt immer stärker in den Blickpunkt, daß ein Großteil ihrer beruflichen Kompetenz von der Fähigkeit abhängt, beruflich und privat sich immer wiederkehrenden interpersonellen Konfliktsituationen stellen zu können. Sie werden sich bewußt, daß diese psychosoziale Fähigkeit die Basis für den Einsatz der jeweils spezifischen beruflichen Methoden und Techniken darstellt.

Von sozialwissenschaftlicher Seite gibt es umfangreiche Kataloge von Einzelfertigkeiten und Kenntnissen, die sich Lehrer, Psychologen, Sozialpädagogen usw. aneignen sollten. Abgesehen von der psychoanalytischen Theorietradition (vgl. z.B. Erikson 1950, 1959; Bion 1961; Brocher 1967, 1973; White 1959, 1960; Wertheim 1975a, 1975b) wurde aber kaum betont, daß es sich für alle diese Berufe weniger um eine Aufsummierung unterschiedlicher Einzel- und Teilkompetenzen handeln kann, sondern vielmehr um eine ganzheitliche Befähigung, sich den im Arbeitsbereich ebenso wie im persönlichen Bereich auftretenden manifesten und latenten affektiv-emotionalen Konstellationen zu stellen.

Um dieses Verständnis von psychosozialer Kompetenz geht es uns in diesem Beitrag. Wir sehen wenig Sinn darin, hier eine Auflistung der in der sozialwissenschaftlichen bzw. psychologischen Literatur vorliegenden unterschiedlichen Konzepte bzw. Begriffe der psychosozialen Kompetenz zu versuchen (vgl. z.B. Argyle 1967, Argyris 1969 oder neuerdings Piontowski 1976), die weitgehend unverbunden nebeneinanderstehen und in der Regel wenig oder gar nicht expliziert sind. Wir fragen uns: Gibt es typische interpersonelle Grundsituationen, für deren Bewältigung Lehrer wie Schüler, Sozialpädagogen wie ihre Klienten, Psychotherapeuten wie ihre Patienten bestimmte grundlegende psychosoziale Kompetenzen emotionaler Art benötigen?[1]

---

* Dieser Beitrag wurde gemeinsam mit D. Ohlmeier verfaßt

1 Wir gehen in diesem Beitrag nicht auf die Gruppenselbsterfahrung ein, die zukünftige Gruppentherapeuten absolvieren. Dies einerseits deswegen, weil einheitliche theoretische Vorstellungen, praktische Erfahrungen oder gar Weiterbildungsrichtlinien in bezug auf eine solche „Gruppenlehranalyse" noch nicht vorliegen, und andererseits, weil wir einige Grundvoraussetzungen für diese spezielle Anwendung von Selbsterfahrungsgruppen in unserem Beitrag ohnedies diskutieren

Wir knüpfen in diesem Beitrag an eine Modellüberlegung von Sandner (1978) an, die dieser im Anschluß an Bion (1961; Sandner 1975), Foulkes (1964; Sandner 1976a), Heigl-Evers u. Heigl (1973, 1975, 1976), Ohlmeier (1974, 1975a, 1975b, 1976) sowie Schindler (1951, 1966, 1975) entwickelt hat.[2] Hierbei wird der Begriff der psychosozialen Kompetenz auf die Bewältigung spezifischer interpersoneller Grundsituationen bezogen, wie sie sich in der kindlichen Entwicklung aufeinanderfolgend ergeben. Idealtypisch vereinfacht handelt es sich hierbei um die

a) präödipale Situation i. S. der dyadischen frühen Beziehung von Mutter und Kind;
b) ödipale Situation, d. h. die Erweiterung der frühen Mutter-Kind-Beziehung um die Beziehung zum Vater und den Geschwistern sowie
c) sog. reflexiv-interaktionelle Situation (nach Sandner 1978), worunter wir die reife, erwachsene Auseinandersetzung zwischen mehreren Personen verstehen.[3]

Wie aus dieser Kurzcharakteristik wichtiger einander folgender interpersoneller Grundsituationen schon hervorgeht, meint unser Begriff der psychosozialen Kompetenz nicht so sehr psychosoziale Einzelfertigkeiten, sondern vielmehr die komplexe Fähigkeit, sich den genannten sozialen Grundsituationen

– zu stellen
– sie zu sehen
– sie im interpersonellen Austausch zu bewältigen,

soweit dies von der Situation der äußeren sozialen Realität her möglich ist.[4]

Es spricht einiges dafür, daß es sich im sozialen Bereich immer wieder um einige wenige – möglicherweise um die von uns oben skizzierten 3 Grundsituationen handelt. Wie *könnten* diese typischen Situationen im täglichen Leben *aussehen,* wenn

---

2 Sandner orientiert sich bei seiner Modellüberlegung besonders an der britischen Tradition der psychoanalytischen Objektbeziehungstheorie (Fairbairn 1952; Guntrip 1961, 1974; Walton 1971), Melanie Klein (1932, 1972) und Winnicott (1958, 1965), versucht aber, die Betrachtungsweise dieser Autoren über die Problematik der präödipalen Entwicklungsphase hinaus auch für die weiteren Phasen der Entwicklung, v. a. der ödipalen Phase, fortzuführen

3 Mit der Einführung der reflexiv-interaktionellen Situation fügen wir – für den Bereich der Gewinnung psychosozialer Kompetenz in Selbsterfahrungsgruppen – den psychoanalytischen Überlegungen zur präödipalen und ödipalen Situation ein weiteres Konzept an, das in der gruppendynamisch-sozialpsychologischen Theorietradition seinen Ursprung hat. In der psychoanalytischen Forschung und Theorie ist diese „Situation" bzw. Entwicklungsphase bisher nicht eindeutig festgelegt worden; wir meinen, daß es am ehesten die Entwicklungsphase der Adoleszenz ist, in der sich die Auseinandersetzung mit prinzipiell Gleichrangigen vermehrt ausbildet, obwohl diese auch in der Latenzzeit und der Pubertät schon zu erkennen ist. Wir meinen, daß die Einführug dieser 3. interpersonellen Grundsituation von den realen Entwicklungsgegebenheiten her erforderlich ist: Wir benötigen eine Konzeptualisierung der reifen, erwachsenen Form interpersoneller Auseinandersetzung. Zur historischen Entwicklung des gruppendynamisch-sozialpsychologischen Ansatzes vgl. Sandner (1978, S. 17–28)

4 Von der Formulierung her heben wir hier besonders auf die Auseinandersetzung mit bedeutsamen Anderen ab; im Grunde geht es natürlich hierbei ebensosehr um eine Herausbildung des und Auseinandersetzung mit dem Selbst, was in der psychoanalytischen Narzißmustheorie besonders herausgearbeitet wird (vgl. Grunberger 1971, Kernberg 1978, Kohut 1971, 1978)

wir bestimmte strukturelle Charakteristika der präödipalen, ödipalen und der reflexiv-interaktionellen Situation auf soziale Situationen des Erwachsenenlebens übertragen?

1. Interpersonelle Situationen, welche präödipale Probleme reaktivieren: Hierbei handelt es sich um relativ unstrukturierte soziale Situationen, in denen der Wunsch nach Geborgenheit, Sicherheit, Versorgt-, aber auch Geschätztwerden *einerseits* und der Wunsch nach Eigenständigkeit, Abgrenzung, Individualität und Selbständigkeit *andererseits* aktiviert bzw. nahegelegt werden. Es besteht ein deutlicher Widerstreit zwischen dem Bedürfnis nach Fusion und Aufgehen in der jeweiligen Gruppe und dem Bedürfnis nach Abgrenzung, Individuation bei gleichzeitiger Anerkennung durch die anderen (vgl. Mahler 1968).
2. Soziale Situationen, in denen ödipale Probleme reaktiviert werden: Hier handelt es sich um interpersonelle Konstellationen, in denen es einerseits um die Zuneigung und den ausschließlichen Besitz eines bestimmten Menschen geht, der für das jeweilige Individuum außerordentlich wichtig ist, und andererseits um die Beseitigung eines Rivalen und den Besitz dieses Menschen, der ebenfalls diese exklusive Beziehung haben möchte.
Dabei handelt es sich immer um eine „wertvolle", höhergestellte Vater- oder Mutterfigur, die das Kind oder der Erwachsene besitzen möchte, um sich selbst als groß, wertvoll und mächtig zu erleben. Außerdem ist es in der Regel der gegengeschlechtliche Elternteil oder die entsprechende spätere Ersatzfigur, die begehrt wird. Hierbei ist bedeutsam: In dem rivalisierenden Kampf sind sexuell-erotische Bedürfnisse und das Bedürfnis nach Anerkennung und Sicherheit noch weitgehend miteinander vermengt. „Wertvoll" für das begehrte Objekt bedeutet sowohl sexuell attraktiv und potent als auch insgesamt und umfassend geschätzt und geliebt.[5]
3. Soziale Situationen, in denen es um eine reflexiv-interaktionelle Problematik geht: Hierbei steht die Auseinandersetzung, der Austausch und die wechselseitige zufriedenstellende Organisation der Bedürfnisbefriedigung zwischen grundsätzlich gleichgestellten, sich ebenbürtig fühlenden, auf gleichem Niveau befindlichen Menschen im Mittelpunkt. Die Grundfrage ist hierbei: Was kann der Einzelne zum Austausch beitragen, und wie können die Beteiligten auf der grundsätzlich gleichen Basis von Möglichkeiten eine günstige Befriedigung der wechselseitig vorhandenen Bedürfnisse erreichen?
Es geht auf der reflexiv-interaktionellen Ebene interpersoneller Beziehungen im Prinzip zwar sowohl um die grundsätzliche Geborgenheit und Sicherheit, aber auch Abgrenzung (präödipaler Problematik) und auch um die Rivalität hinsichtlich begehrter Gleichrangiger (ödipale Problematik), aber *auf einer neuen Basis:* auf der Basis der im Prinzip „geglückten" Bewältigung der präödipalen und ödipalen Situationen, d. h. eines hinreichenden Gefühls der Wahrnehmungs- und Handlungsfähigkeit in solchen Situationen. Es wird möglich, interpersonellen

---

5 Wie aus dieser Skizze der „ödipalen Situation" im Erwachsenenalter hervorgeht, verwenden wir hier den Begriff in einem erweiterten Sinn: Wir verstehen darunter nichtt nur die sexuell-erotische Beziehung im Dreieck zwischen Mutter–Vater–Kind, sondern darüber hinaus auch die damit angestrebte Machtbeziehung und die Rückwirkung auf das Selbstgefühl des Kinds

Problemen mit folgender emotionaler Einstellung gegenüberzutreten: Auch wenn mich die oder der andere nicht so mögen, wenn ich mich von ihnen nicht so richtig geschätzt oder geliebt fühle, gibt es andere, bei denen das der Fall ist, an die ich mich wenden kann und dort Erfolg habe.

Wie die alltägliche Erfahrung zeigt, ist eine reflexiv-interaktionelle Auseinandersetzung auf der Basis der gerade genannten Einstellung selten. Diese Form der Beziehung zu anderen Menschen setzt geglückte Entwicklungsschritte in der präödipalen und ödipalen Phase voraus.

Charakteristisch für die unzureichende Bewältigung der geschilderten interpersonellen Grundsituationen ist, daß bestimmte emotionale Aspekte dieser Situation vom Individuum abgewehrt werden (müssen). Praktisch bedeutet dies, daß nur ein kleinerer oder größerer Teil der von der Situation her naheliegenden Gefühle bewußt verfügbar ist; die abgewehrten Gefühle beeinflussen als latent-affektive Problematik das Verhalten des Individuums in der jeweiligen interpersonellen Situation, sind aber nicht bewußt verfügbar bzw. steuerbar.

Zwei Beispiele: In einer Schulklasse fühlen sich einige Schüler vom Lehrer nicht richtig beachtet. Dieses wertvolle Liebesobjekt Lehrer mag sie offenbar nicht. Die Kinder stören ständig den Unterricht. Gefragt, warum sie das tun, antworten sie: Weil es so langweilig ist und weil wir so weit außerhalb sitzen ... Oder: In einer Arbeitsgruppe torpediert ein Teilnehmer ständig die konstruktiven Versuche der anderen, die Arbeitsaufgabe zu bewältigen. Als die anderen Gruppenmitglieder ihn fragen, warum er das tue, sagt er nur: Er sei halt anderer Meinung und möchte durchaus nicht die Arbeit torpedieren. Bei näherer Betrachtung der Konstellation aber wird deutlich, daß sich dieser Teilnehmer als völlig wertlos vorkäme, wenn er sich auf die Argumente der anderen bezüglich des Arbeitsgegenstandes einlassen würde.

Aus den beiden Beispielen wird deutlich, daß offenbar nur ein Teil des in der konkreten sozialen Situation gezeigten Verhaltens den Beteiligten bewußt verfügbar ist, der wesentlichere Teil des affektiven Geschehens wirkt sozusagen hinter ihrem Rücken.

Wir sind der Auffassung, daß für die nachholende Entwicklung psychosozialer Kompetenzen in interpersonellen Grundsituationen, die im Laufe der individuellen Entwicklung in unterschiedlichem Maße erworben werden konnten, eine spezifische Art der Gruppenerfahrung besonders geeignet ist: die Selbsterfahrung in einer psychoanalytischen Gruppe.

In psychoanalytischen Selbsterfahrungsgruppen geht es darum, ohne Vorgabe irgendwelcher Themen durch den Gruppenleiter kontinuierlich gemeinsam zu klären, was in der Gruppe als Ganzer zwischen den einzelnen Teilnehmern und zwischen den Teilnehmern und dem Gruppenleiter affektiv-emotional vor sich geht; es geht um die Klärung des psycho- und soziodynamischen Prozesses innerhalb der Gruppe.[6] Wir haben Grund zu der Annahme, daß sich in diesem Gruppensetting in besonderer Weise, deutlich akzentuiert, die psychosozialen Möglichkeiten und Schwierigkeiten

---

6 Bezüglich der Unterscheidung von Psychodynamik und Soziodynamik in Kleingruppen vgl. Sandner (1978, 31f.)

der Gruppenteilnehmer nach und nach zeigen und, falls sie unzureichend sind, wahrgenommen, durchgearbeitet und korrigiert werden können. Die dabei deutlich werdenden psychodynamischen Vorgänge, psychosozialen Kompetenzen oder auch Kompetenzdefizite treten natürlich nicht nur in analytischen Gruppen zutage. Sie lassen sich für den geschulten Beobachter in allen Gruppensituationen ausmachen. In Arbeitsgruppen sind sie genauso feststellbar (Sandner 1976b) wie in Freizeit- oder Familiengruppen. In analytischen Gruppen treten sie besonders zutage, weil dort ganz spezifische Bedingungen vom Setting her geschaffen werden, welche bei den Teilnehmern die Regression, d.h. das Zurückgreifen auf frühkindliche affektiv-emotionale Verhaltensweisen nahelegen:

Folgende 4 Momente, die durch die psychoanalytische Arbeitsweise in Gruppen wirksam werden, ermöglichen es, die psychosozialen Kompetenzen der Teilnehmer zu verbessern, sie zu befähigen, mit ähnlichen Situationen außerhalb effizienter umgehen zu können:

1. die geringere Strukturierung des Gruppengeschehens;
2. die dadurch entstehende Notwendigkeit der Teilnehmer, sich wechselseitig affektiv-emotional zu verständigen, und zwar unter Einbeziehung der unbewußten Dimension;
3. die nach und nach entstehende affektiv-emotionale und kognitive Binnen- bzw. Beziehungsstruktur in der Gruppe, in deren prozeßhafter Entwicklung sich die kindliche psychosoziale Entwicklung wieder konstelliert (welche kontinuierlich von der weitgehend unstrukturierten, strukturell der präödipalen Mutter-Kind-Beziehung ähnelnden Anfangsphase über bestimmte Wünsche an und Rivalität um den Gruppenleiter, d.h. ödipale Konstellationen, bis hin zur relativ reifen Auseinandersetzung zwischen den Teilnehmern untereinander verläuft, wobei dann der Gruppenleiter an Bedeutung verliert);
4. die spezifischen Interpretationen bzw. Eingriffe (Interventionen) des Gruppenleiters, die sich auf die jeweilige spontan in der Gruppe entstehende Psychodynamik beziehen.

Bislang sind wir von der Annahme ausgegangen, daß die von uns umschriebenen psychosozialen Kompetenzen für alle im Sozialbereich beruflich Tätigen von grundlegender Bedeutung sind. Dies könnte den Gedanken nahelegen, es genüge, den angehenden Psychologen, Sozialarbeitern, Lehrern usw. möglichst viel analytische Selbsterfahrung zuteil werden zu lassen und sie damit schon hinreichend für ihre berufliche Tätigkeit vorzubereiten. Wir halten das für eine ebenso einseitige Auffassung wie die, es genüge, den Studierenden und späteren Praktiker lediglich mit technisch-instrumentellem-theoretischem Handwerkszeug auszustatten.

Auch wenn die Bewältigung interpersoneller Grundsituationen bzw. der Erwerb umfassender psychosozialer Kompetenzen bezüglich dieser Situationen für alle im Sozialbereich Tätigen von großer Bedeutung ist, gibt es beträchtliche Unterschiede in den diversen Tätigkeitsfeldern und den von daher sich ergebenden Anforderungen z.B. des Lehrers, des Sozialpädagogen, des Psychotherapeuten:

1. Beim Lehrer geht es spezifisch um die pädagogisch-didaktische Vermittlung eines bestimmten Lehrstoffs. Sein Ziel ist es, dem Lernenden eine optimale Auseinan-

dersetzung mit dem Lehrstoff und eine entsprechende Assimilierung desselben zu ermöglichen. Für eine solche Tätigkeit sind Psychotherapeuten z. B. in der Regel kaum ausgebildet.

2. Im Gegensatz zum Lehrer geht es bei dem Psychotherapeuten (Psychoanalytiker) darum, Theorie und Technik des analysierenden Umgangs mit affektiven interpersonellen Konstellationen zu beherrschen: Er sollte
   - vielfältige affektive Konstellationen durch ein bestimmtes Setting ermöglichen
   - sich einpendelnde Konstellationen gegen eigene Widerstände und die der Patienten benennen und ansprechen können
   - die Gefahren für sich und für andere bei diesen Methoden kennen und affektiv-emotional ertragen, verarbeiten und verstehen können
   - in der Lage sein, den zentralen Konflikt bei der Vielzahl affektiv sich aufdrängender Einzelphänomene sehen zu können usw.
3. Der Sozialpädagoge schließlich benötigt die Fähigkeit, in das reale Beziehungsfeld seiner Klienten einzugreifen und dort Entscheidungen entweder anzuregen oder auch selbst zu treffen. Er muß vielfach aktiv die soziale und manchmal auch die politische Situation seiner Klienten umstrukturieren. Lediglich eine Analyse der affektiven Konstellationen oder die pädagogisch-didaktische Vermittlung von Fertigkeiten oder Lernstoff greifen in seinem Arbeitsfeld zu kurz.

Es wäre unsinnig zu behaupten, durch den Erwerb der obengenannten psychosozialen Kompetenzen in interpersonellen Situationen würden schon auch die gerade geschilderten anderen spezielleren psychosozialen Kompetenzen erworben. Ebenso ist nicht zu erwarten, Sozialpädagogen, Lehrer oder Psychologen würden schon allein dadurch Psychoanalytiker oder Gruppenanalytiker, daß sie etwas analytische Einzel- oder Gruppenselbsterfahrung gemacht haben. Wir vermuten aber, daß die spezielleren beruflich erforderlichen psychosozialen Kompetenzen nicht hinreichend erworben und wohl auch nicht entsprechend eingesetzt werden können, wenn die jeweiligen Praktiker gegenüber den von uns herausgearbeiteten Grundsituationen starke affektiv-latente Probleme und Widerstände haben, die nicht bewußtseinsfähig sind.

Wieso plädieren wir hinsichtlich des Erwerbs psychosozialer Grundkompetenzen gerade für psychoanalytische Gruppenarbeit? Warum empfehlen wir nicht Supervision, Einzelanalyse, Literaturstudium, belehrende Anleitung oder Simulation von bestimmten sozialen Situationen?

Wir halten die Selbsterfahrung in einer analytischen Gruppe aus folgenden Gründen besonders geeignet für den „nachholenden" Erwerb psychosozialer Kompetenz:

1. Bei den genannten psychsozialen Kompetenzen handelt es sich um die Fähigkeit, sich in interpersonellen Grundkonstellationen zurechtzufinden, die in analytischen Gruppen besonders deutlich in Erscheinung treten.
2. In einer psychoanalytischen Gruppe (im gruppenanalytischen Setting) versuchen die Teilnehmer bewußt und unbewußt eine spezifische Konstellation in der Gruppe zu schaffen, die mit ihren spezifischen Möglichkeiten und Schwierigkeiten zusammenhängt. Das heißt, die in jeder analytischen Selbsterfahrungsgruppe entstehende spezifische Gruppensituation konstelliert sich von den Teilnehmern

her und wird nicht in erster Linie von außen von einem Sachgegenstand, vom Gruppenleiter oder einem Programm bestimmt.
3. Auf dem Hintergrund der spontan entstehenden Gruppenkonstellation werden die spezifischen affektiven Beiträge der Teilnehmer zu dieser Konstellation deutlich sichtbar und erlebbar.
4. Im gemeinsamen Durcharbeiten der typischen interpersonellen Situationen können die von den einzelnen Teilnehmern jeweils abgewehrten Anteile des interpersonellen Geschehens nach und nach ins Bewußtsein zurückgeholt, affektiv erlebt und verarbeitet werden.
5. Wenn nicht alles trügt, wird in analytischen Gruppen der Prozeß von der weitgehend unstrukturierten, der frühen Mutter-Kind-Beziehung strukturell ähnelnden, präödipalen Konstellation sukzessive über die ödipale bis zur reflexiv-interaktionellen Konstellation spontan durchlaufen und wiederholt. Gruppenanalyse stellt somit ein „technisches Instrument" dar, mißlungene interpersonelle Prozesse der frühen Kindheit wiederzuerleben, mit der Möglichkeit, daß dieser Prozeß sich von den Teilnehmern her jeweils spezifisch, entsprechend ihrer Entwicklung, affektiv organisiert und fortschreitend nach und nach geklärt werden kann.

Wie aus den bisherigen Ausführungen schon deutlich wird, kommt für den Erwerb psychosozialer Kompetenz in interpersonellen Situationen der Selbsterfahrung der zukünftigen Praktiker eine besondere Bedeutung zu. Es reicht nicht, sich experimentelle Befunde oder sozialwissenschaftliche Theorien über interpersonelles Geschehen anzueignen. Was sich affektiv-emotional in konkreten auf andere Menschen bezogenen Situationen abspielt, läßt sich wohl am ehesten erwerben, wenn jeder im Sozialbereich Tätige anhand seines Verhaltens und der Reaktion der anderen in einer (analytischen) Selbsterfahrungsgruppe dies erlebt, erfährt, erleidet. Trotzdem haben wir nicht ohne Grund in der Überschrift zu diesem Beitrag neben dem Begriff der Selbsterfahrung den der *Schulung* verwendet. Auch wenn z.B. ein Psychologe in einer Selbsterfahrungsgruppe erlebt, was psychodynamisch im „Kraftfeld" einer Gruppe stattfindet, ist es mit aneinandergereihten emotional-kognitiven Aha-Erlebnissen allein nicht getan. Psychosoziale Kompetenz entwickelt sich auch und gerade in analytischen Selbsterfahrungsgruppen nur ganz langsam. Die Erfahrung mit der Ausbildung von Psychologen z.B. oder von Sozialpädagogen, aber auch von Psychoanalytikern zeigt, daß es eines längeren individuellen Prozesses, einer längeren Schulung bedarf, bis es möglich wird, den in der jeweils problematischen interpersonellen Situation (Gruppensituation) deutlich werdenden Affekt langsam zuzulassen und durchzuarbeiten, d.h. mit den bislang zugelassenen Affekten zu verknüpfen (ähnlich wie in der Entwicklung des Kinds allmählich die vielfältigen wahrnehmungsmäßigen, affektiven, kognitiven, handlungsmäßigen Anteile des Verhaltens integriert werden müssen).

Versuchen wir das bisher hauptsächlich theoretisch-abstrakt Dargelegte anhand einer knappen Skizze des psychodynamischen Geschehens in einer beginnenden Selbsterfahrungsgruppe zu veranschaulichen.
Wie in jeder Selbsterfahrungsgruppe machte den Teilnehmern die unstrukturierte, diffus erlebte, kaum Anhaltspunkte bietende Gruppensituation stark zu schaffen.

Die Teilnehmer wußten nicht, wie sie sich verhalten sollten, und zogen sich in Schweigen zurück. Dieses Schweigen wurde von einer Teilnehmerin rasch gebrochen, die die ganze Gruppensituation als unnormal, künstlich, ja unmenschlich bezeichnete. Die Teilnehmerin wurde zunehmend aggressiver, provozierender und lehnte schließlich die Rahmenbedingungen der Gruppenarbeit überhaupt ab (wie z.B.: keine Treffen außerhalb der Sitzungen, Schweigepflicht, bestimmte, festgelegte Zeiten der Treffen, Anwesenheitspflicht). Sie wollte auch eine ganz individuelle Regelung für sich. Es wurde bald deutlich, daß sich die Teilnehmerin auch nicht als Gruppenmitglied wie die anderen betrachtete, sondern eher als Koleiterin.

Die anderen Gruppenmitglieder waren durch dieses provozierende Verhalten der Teilnehmerin ziemlich irritiert und der Gruppenleiter auch. Es entstand das Gefühl: Die Teilnehmerin kann machen, was sie will, ist unberechenbar, dominierend, fragt die anderen aus, kritisiert sie; der Gruppenleiter ist zu schwach für diese Frau, er kann sie nicht in Schach halten.

Die 4. Gruppensitzung eröffnete die geschilderte Teilnehmerin mit dem direkten Vorwurf an den Gruppenleiter, er selbst habe sich nicht an die Regeln gehalten und Inhalte der Sitzungen weitergegeben. Der Gruppenleiter reagierte blitzartig auf diesen Vorwurf, indem er sagte, wenn sie, die Teilnehmerin, so weitermache, müßte sie die Gruppe verlassen. Die Teilnehmerin wurde daraufhin noch wütender und betonte, sie könne hier nicht einmal äußern, was sie bewege. Die anderen Gruppenteilnehmer und auch der Gruppenleiter fanden diese Auseinandersetzung zwischen Gruppenleiter und Teilnehmerin als ausgesprochen heftig: es tauchte die Phantasie eines mittelalterlichen Ritterturniers auf, bei dem jeder der Kontrahenten versuchte, mit seiner Lanze den Gegner aus dem Sattel zu heben.

Wie ließe sich das bisher Geschilderte von unseren obigen Überlegungen zur psychosozialen Kompetenz in spezifischen interpersonellen Grundsituationen verstehen?

Beginnen wir mit der Teilnehmerin, die im Mittelpunkt des Geschehens stand: *Ihre* Weise der Auseinandersetzung mit der unstrukturierten Gruppendiskussion bestand offenbar darin, zu provozieren und zu versuchen, Reaktionen der anderen Teilnehmer und des Gruppenleiters hervorzurufen. Zugleich hat sie damit ihre Wünsche nach Strukturierung des Geschehens artikuliert. Dabei fällt auf, daß ihr Verhalten sehr überzeichnet ist, ja, es sieht so aus, als ob es ihr darum ginge, einen Kampf, Gegenaktionen zu provozieren, durch die die Situation strukturiert wird. Sie bediente sich der Taktik des Kampfes, um die diffuse Situation mit Inhalt, Struktur zu erfüllen.

Für die anderen Teilnehmer hatte das Verhalten der Teilnehmerin vermutlich stellvertretende Funktion: Sie selbst brauchten nur abzuwarten, wie sich der Kampf entwickelt, konnten ihre Schwierigkeiten und Ängste distanzieren. Zugleich konnten sie beobachten, wie der Gruppenleiter auf die Provokateurin reagierte. Die anderen Teilnehmer brauchten sich durch ihr unbewußtes schweigendes Arrangement nicht auf die Angst machende, weil innere Befürchtungen aktivierende, diffuse Gruppensituation einzulassen. Das besorgte die überaktive Teilnehmerin, indem sie die Situation auf ihre Weise strukturierte. Die provozierende Teilnehmerin ihrerseits ließ sich im Grunde auch nicht auf die diffuse Situation ein: Sie bekämpfte sie nur bzw. hielt die aufkommende Angst in Schach, indem sie die Gruppenarbeit ingesamt und den Gruppenleiter immer wieder geschickt angriff. Vermutlich wurde auf diese Weise das „Loch", die diffuse Situation, die zu Beginn der Selbsterfahrungsgruppe entstanden war, kaschiert und durch eine mit Hilfe von Provokation erzeugte Struktur zu reparieren versucht. Andererseits drohte die provozierende Teilnehmerin, die Gruppe zu sprengen und so die Gruppenarbeit insgesamt zunichte zu machen.

Das Verhalten aller Teilnehmer stellte vermutlich einen Versuch dar, den Gruppenleiter zu veranlassen, die diffuse Gruppensituation zu strukturieren, und zwar so, daß sie den Teilnehmern nicht mehr so viel Angst machte.

Beziehen wir dieses Beispiel auf unsere Überlegungen zur psychosozialen Kompetenz: Die provozierende Teilnehmerin war in der unklaren Gruppensituation offenbar nur in der Lage zu kämpfen, während die anderen Teilnehmer nur mit Flucht reagieren konnten und ihr quasi den Kampfanteil delegierten. Beide Verhaltensweisen sind angesichts drohender diffuser psychischer Gefahr relativ primitive, aber brauchbare Mechanismen, um in einem ersten Anlauf dieser Gefahr zu begegnen. Für eine echte Bewältigung der diffusen Gruppensituation i. S. von psychosozialer Kompetenz wäre allerdings erforderlich, daß die Teilnehmer jeweils sowohl mit Kampf oder Flucht reagieren können als auch im Schutze dieser Mechanismen ein Stück Klärung des psychodynamischen Geschehens zustande bringen. Der flexible Einsatz von Kampf und Flucht, verbunden mit Klärungsarbeit, wäre u. E. die erforderliche psychosoziale Kompetenz in diffusen (präödipalen) Gruppensituationen.[7]

Wir verwenden die Begriffe „Kampf" und „Flucht" hier in einer spezifischen Weise, nämlich wie Bion (1961) sie gebraucht:

Er versteht unter Kampf eine spontane Angriffsbewegung gegen einen Aspekt der Gruppensituation, einen Gruppenteilnehmer oder auch ein Thema, die mit zunächst unverständlicher Aggressivität vorgenommen wird und in keinem Verhältnis zur realen Bedrohlichkeit des Objekts steht, dem der Angriff gilt. Ähnlich versteht Bion unter Flucht ein Verhalten, bei dem die Teilnehmer z. B. völlig unfähig sind, etwas zu sagen, ohne zu wissen warum. Es handelt sich in beiden Fällen um ganz spontane primitive affektive Reaktionen einer diffus bedrohlichen Situation gegenüber. Diese Reaktionen stellen nichtsdestoweniger die emotionale Basis dar, auf der die Klärung des affektiv-emotionalen Geschehens in der jeweiligen unklaren Gruppensituation möglich wird. Wir wollen dies am Beispiel des Verhaltens des Gruppenleiters noch etwas verdeutlichen:

Während der Gruppenleiter zunächst in der anfänglichen Gruppensituation auch teilweise mit Flucht reagiert hatte, nahm er schließlich den Kampf mit der provozierenden Gruppenteilnehmerin auf. Nach der Konfrontation mit der Teilnehmerin konnte er wieder flexibel sein: Es war ihm möglich, emotional offen und beteiligt das Geschehen zu verfolgen, d. h. es passiv auf sich wirken zu lassen (Flucht) und zugleich an bestimmten Stellen aktiv in den Prozeß einzugreifen (Kampf), mit dem Angebot einer klärenden Bemerkung. Er konnte seine Fähigkeit zu Kampf und Flucht flexibel für die Klärungsarbeit verwenden. Er war in der Lage, die vielfältigen emotionalen Aspekte des diffusen Gruppengeschehens klärend anzugehen, eine Fähigkeit, die schließlich alle Teilnehmer erwerben sollen.

---

7 Vgl. hierzu auch die Ausführungen über den psychodynamischen Zusammenhang von Ausagieren und Klären von Impulsen bei Thelen (1959) sowie Sandner (1978, Abschnitt 3.2)

Die geschilderte Konstellation in einer beginnenden analytischen Selbsterfahrungsgruppe sollte lediglich als Illustration dienen. Als solche ist sie weder systematisch aufbereitet noch enthält sie alle in der skizzierten Gruppensituation erkennbaren psychodynamischen Prozesse. Wir haben auch darauf verzichtet, direkte Verbindungen zur psychoanalytischen Betrachtung der Mutter-Kind-Beziehungen im frühen Kindheitsalter (präödipale Situation) herzustellen. Wir wollten lediglich verdeutlichen, was wir unter spezifischen sozialen Kompetenzen in typischen Gruppensituationen verstehen.

Obwohl noch wenig geklärt ist, welche *konkreten* psychosozialen Kompetenzen in interpersonellen Situationen erforderlich sind, möchten wir doch folgende von Sandner (1978, 161) erarbeiteten hypothetischen Überlegungen in einem Schema zusammenfassen und zur Diskussion stellen:[8]

Psychosoziale Kompetenz in bestimmten sozialen Situationen	Erforderliche psychosoziale Kompetenzen		Deutliche Anzeichen unzureichender psychosozialer Kompetenzen (rigide Abwehr)
	Zulassen bestehender Gefühle	Aktivitäten (flexible Abwehr)	
Präödipale Situation	Sehnsucht nach Fusion, Angst vor Individualitätsverlust (Zerstörung der Identität); Abhängigkeit vom Gruppenleiter	Abwechselnd und vorübergehend: Kampf, Flucht, Abhängigkeit	Verleugnung der Situation, rigide Abwehr, entweder – Flucht oder – Kampf oder – Scheinharmonie
Ödipale Situation	Wunsch, allein den Gruppenleiter zu besitzen, Rivalität mit den anderen um den Gruppenleiter, Angst vor dem Gruppenleiter wegen sexuell-erotischer Wünsche ihm oder den anderen Teilnehmern gegenüber	Zurückstellen individueller Versorgungswünsche; Zusammenschluß mit Gleichrangigen gegen Gruppenleiter	Verleugnung von Rivalität, Angst vor dem Gruppenleiter, Beharren auf individueller Versorgung. Verleugnung sexuell-erotischer Wünsche
Reflexiv-interaktionelle Situation	Eingeständnis der schmerzlichen Notwendigkeit, auf die eigenen Kräfte zu vertrauen, Auseinandersetzung mit Gleichrangigen und der Problematik der Geschlechtsidentität	Vorübergehender Wunsch nach idealen Verhältnissen und völliger Harmonie, zugleich: zunehmende Versuche der Beziehungsklärung zwischen den Teilnehmern und zwischen den Geschlechtern	Extremer Wunsch nach Anleitung durch den Gruppenleiter, übermäßige Aggressionsausbrüche (Kampf), übermäßige Passivität (Flucht)

---

8 Dieses Schema wurde aus Erfahrungen in der interpersonellen Situation von Selbsterfahrungs- und Therapiegruppen gewonnen

Die in diesem Beitrag skizzierte Überlegung zur Bedeutung grundlegender psychosozialer Kompetenzen (bzw. affektiv-emotionaler Verhaltensmöglichkeiten) in typischen interpersonellen Situationen stellt einen Versuch dar, von der Vielfalt möglicher erlern- und trainierbarer psychosozialer Einzelfähigkeiten und Fertigkeiten zu einigen umfassenden psychosozialen Kompetenzen vorzustoßen, deren Erwerb die Grundlage für den adäquaten Umgang mit unterschiedlichen affektiv-emotionalen Problemen im zwischenmenschlichen Bereich darstellt.

Es dürfte deutlich geworden sein, daß jeder im Sozialbereich Tätige diese psychosozialen Kompetenzen zuallererst selbst erwerben sollte, ehe er daran geht, sie einem Klienten zu vermitteln. Für den Prozeß der affektiv-emotionalen (Nach-) Reifung stellen analytische Selbsterfahrungsgruppen einen günstigen Rahmen dar. Es wäre sinnvoll, eine solche Selbsterfahrung mit dem Erwerb theoretischer Kenntnisse und mehr praktisch technischer Fertigkeiten im konkreten Umgang mit dem Klienten als Grundlage der Ausbildung in allen Sozialberufen zu vermitteln. Selbstverständlich ist mit einer solchen Selbsterfahrung für den Prozeß der Erweiterung und Vertiefung psychosozialer Kompetenz nur ein günstiger Anfang gesetzt; der Prozeß selbst ist ein lebenslanger Umorientierungs- und Wachstumsvorgang. Was Freud (1937) in seiner Schrift „Die endliche und die unendliche Analyse" ausführte, gilt sinngemäß auch hier: „Man rechnet darauf, daß die in der Eigenanalyse erhaltenen Anregungen mit deren Aufhören nicht zu Ende kommen, daß die Prozesse der Ich-Umarbeitung sich spontan beim Analysierten fortsetzen und alle weiteren Erfahrungen in dem neu erworbenen Sinn verwenden werden ... Das hieße also, auch die Eigenanalyse würde aus einer endlichen, eine unendliche Aufgabe ..." (S. 95 f.) Auch das wird in einer analytischen Gruppe vom Setting und der Methodik des Arbeitens her besonders deutlich.

Literatur

Argyle M (1967) The psychology of interpersonal behaviour. Penguin Books, Harmondsworth
Argyris C (1969) The nature of competence acquisition activities and their relationship to therapy. In: Bennis WG ua (eds): Interpersonal dynamics. Dorsey, Homewood/Ill. (überarbeitete Auflage), 749–766
Bion WR (1961) Experiences in groups and other papers. London: Tavistock (deutsch: Erfahrungen in Gruppen und andere Schriften. Klett, Stuttgart 1971)
Brocher T (1967) Gruppendynamik und Erwachsenenbildung. Westermann, Braunschweig
Brocher T (1973) Umgang mit Angst und Aggression in der therapeutischen Gruppe und im gruppendynamischen Setting (T-Gruppe). Gruppenpsychother Gruppendynamik 6:253–265
Erikson EH (1950) Childhood and society. Norton, New York (deutsch: Kindheit und Gesellschaft. Klett, Stuttgart 1971)
Erikson EH (1959) Identity and life cycle. New York (deutsch: Identität und Lebenszyklus. Suhrkamp, Frankfurt/M 1973)
Fairbairn WRD (1952) Psychoanalytic studies of the personality. Tavistock, London
Foulkes SH (1964) Therapeutic group analysis. London (deutsch: Gruppenanalytische Psychotherapie. Reihe „Geist und Psyche", Bd 2130. Kindler, München 1974)
Freud S (1957) Die endliche und die unendliche Analyse. Ges Werke, Bd XVI. Fischer, Frankfurt [4]1972, 57–99
Grunberger B (1971) Le narcissisme. Essais de psychanalyse. Payot, Paris (deutsch: Vom Narzißmus zum Objekt. Suhrkamp, Frankfurt 1976)
Guntrip H (1961) Personality structure and human interaction. The developing synthesis of psychodynamic theory. Hogarth, London

Guntrip H (1974) Schizoid phenomens, object-relations, and the self. Hogarth, London

Heigl-Evers A, Heigl F (1973) Gruppentherapie: interaktionell – tiefenpsychologisch fundiert (analytisch orientiert) – psychoanalytisch. Gruppenpsychother Gruppendynamik 7:132–157

Heigl-Evers A, Heigl F (1975) Zur tiefenpsychologisch fundierten oder analytisch orientierten Gruppenpsychotherapie des Göttinger Modells. Gruppenpsychother Gruppendynamik 9:237–266

Heigl-Evers A, Heigl F (1976) Zum Konzept der unbewußten Phantasie in der psychoanalytischen Gruppentherapie des Göttinger Modells. Gruppenpsychother Gruppendynamik 6:22

Henseler H (1976) Die Theorie des Narzißmus. In: Eicke D (Hrsg): Die Psychologie des 20. Jahrhunderts, II: Freud und die Folgen (1). Kindler, Zürich, S 459–477

Kernberg OF (1978) Borderline-Störungen und pathologischer Narzißmus. Suhrkamp, Frankfurt

Klein M (1972) Das Seelenleben des Kleinkindes und andere Beiträge zur Psychoanalyse (Sammelband). Rowohlt, Hamburg

Klein M (1932) The psychoanalysis of children. Hogarth, London (deutsch: Die Psychoanalyse des Kindes. Kindler, München 1973)

Kohut H (1971) The analysis of the self. Univ Press, New York (deutsch: Narzißmus. Eine Theorie der psychoanalytischen Behandlung narzißtischer Persönlichkeitsstörungen. Suhrkamp, Frankfurt 1974)

Kohut H (1977) The restoration of the self (deutsch: Die Heilung des Selbst. Suhrkamp, Frankfurt 1978)

Mahler MS (1968) On human symbiosis and the vicissitudes of individuation. Int Univ Press, New York (deutsch: Symbiose und Individuation. Klett, Stuttgart 1972)

Ohlmeier D (1974) Zur Theorie der psychoanalytischen Gruppe (unveröffentlicht). Ulm

Ohlmeier D (1975a) Gruppentherapie und psychoanalytische Theorie. In: Uchtenhagen A, Battegay R, Friedemann A (Hrsg): Gruppenpsychotherapie und soziale Umwelt. Huber, Bern, Stuttgart, Wien, S 548–557

Ohlmeier D (1975b) Gruppenanalyse (unveröffentlicht). Ulm

Ohlmeier D (1976) Gruppeneigenschaften des psychischen Apparates. In: Eicke D (Hrsg): Die Psychologie des 20. Jahrhunderts, II: Freud und die Folgen (1). Kindler, Zürich, S 1133–1144

Piontowski U (1976) Psychologie der Interaktion. Juventa, München

Sandner D (1975) Die analytische Theorie der Gruppe von W. R. Bion. Gruppenpsychother Gruppendynamik 9:1–17

Sandner D (1976a) Der Beitrag von S. H. Foulkes zur Entwicklung einer analytisch fundierten Gruppendynamik. Gruppenpsychother Gruppendynamik 10:203–219

Sandner D (1976b) Zur Psychodynamik in Arbeitsgruppen. Ein Beitrag zur Theorie der angewandten Gruppendynamik. Z Gruppenpädagogik 2, 4, 2–25

Sandner D (1978) Psychodynamik in Kleingruppen. Theorie des affektiven Geschehens in Selbsterfahrungs- und Therapiegruppen (Selbstanalytische Gruppen). Reinhardt, München

Schindler W (1951) Family pattern in group formation and therapy. Int J Group Psychother 1:100–105

Schindler W (1966) The role of the mother in group psychotherapy. Int J Group Psychother 16:198–202

Schindler W (1975) Gruppenanalytische Psychotherapie und das Selbst. Gruppenpsychother Gruppendynamik 9:227–236

Thelen HA (1959) Work-emotionality theory of the group as organism. In: Koch S (ed): Psychology: A study of science, III. New York, pp 544–611

Walton H (ed) (1971) Small group psychotherapy. Harmondsworth (deutsch: Kleingruppen-Psychotherapie. Hoffmann & Campe, Hamburg 1975)

Wertheim ES (1975a) Person-environment interaction: the epigenesis of autonomy and competence. Br J Med Psychol 48:1–8, 1975b 95–111

White RW (1959) Motivation reconsidered: the concept of competence. Psychol Review 9:297–334

White RW (1960) Competence and the psychosexual stages of development. In: Jones MR (ed): Nebraska Symposium on Motivation. Lincoln, pp 97–144

Winnicott DW (1965) The maturational processes and the facilitating environment. London (deutsch: Reifungsprozesse und fördernde Umwelt. Kindler, München 1974)

Winnicott DW (1958) Through paediatrics to psycho-analysis. London (deutsch: (gekürzt): Von der Kinderheilkunde zur Psychoanalyse. Kindler, München 1976)

8. Zur Psychodynamik in Arbeitsgruppen – ein Beitrag zur Theorie der angewandten Gruppendynamik

Im Bereich der thematischen Gruppenarbeit war lange Zeit die Vorstellung verbreitet, es gehe im wesentlichen darum, den Diskussionsprozeß durch wohldurchdachte und sorgfältig geplante Maßnahmen des Gruppenleiters so zu strukturieren, daß ein Optimum an Arbeitsleistung der Gruppe herauskommt.

In den USA schon vor etwa 30 Jahren, bei uns aber erst seit etwa 10 Jahren, hat sich jedoch die Auffassung verstärkt, daß auch und gerade in sog. Arbeitsgruppen den emotionalen Prozessen zwischen den Teilnehmern für den Effekt der Arbeit eine gar nicht zu unterschätzende Bedeutung zukommt. Ja noch mehr: wenn nicht alles täuscht, stellen diese emotionalen Vorgänge die eigentliche Basis für geglücktes bzw. mißglücktes rationales, sachliches Arbeiten dar.

Dieser Vermutung, die meines Wissens für den Bereich von Arbeitsgruppen systematisch zuerst von T. Brocher (1967) ausgeführt wurde, soll in diesem Beitrag ein Stück weit nachgegangen werden: Welche Aspekte ergeben sich für die Arbeit mit Arbeitsgruppen, sofern diese als emotionale Kraftfelder aufgefaßt werden, in denen bestimmte (analytisch) unterscheidbare Kräfte wirken?

Bei der Beantwortung dieser Frage werde ich versuchen, eine vorläufige Gesamtskizze zu entwerfen, die als möglicher Bezugsrahmen der Betrachtung dienen kann. Die systematische Ausarbeitung dieses Rahmens muß späteren Arbeiten vorbehalten bleiben.

Bei der Konzeption des gleich zu schildernden Ansatzes habe ich mich von einer Reihe von Autoren anregen lassen. Es sind dies: Lewin (1963) und seine Feldtheorie, Foulkes (1974) und sein Konzept der Gruppenmatrix (vgl. Sandner 1976), Brochers Ausführungen über „Gruppendynamik und Erwachsenenbildung" (1967), die Gedanken von Bion (1971) zu den sog. Grundannahmen, die sich in Gruppen spontan als unbewußte Gruppennormen einspielen (vgl. Sandner 1975), die neopsychoanalytischen Neurosenlehre von Schultz-Hencke (1951) sowie die Individualpsychologie Adlers (1972).

Wenn wir eine Arbeitsgruppe als emotionales Kraftfeld auffassen, in dem bestimmte Feldkräfte wirken, so empfiehlt es sich zu allererst, die vermuteten Hauptkräfte zu identifizieren. Meiner Meinung nach lassen sich 4 solcher Kraftbündel unterscheiden:

1. die individuelle Eigenart der einzelnen Gruppenmitglieder mit ihrer spezifischen Psychodynamik,
2. der Gruppenleiter mit seiner spezifischen Charakterstruktur, seinen Zielen, seinen Wertvorstellungen, kurz mit *seiner* gesamten Psychodynamik,

3. das Arbeitsziel der Gruppe, derentwegen die Gruppenteilnehmer überhaupt als Arbeitsgruppe sich zusammengefunden haben und

4. die Eigendynamik der Arbeitsgruppe, die durch das jeweils spezifische Ineinander aller bisher genannten Kräfte entsteht und ihrerseits als 4. Kraftbündel auf diese zurückwirkt.

Da es bisher in der Literatur keine kohärente Modellvorstellung zur Psychodynamik in Arbeitsgruppen gibt, wollen wir uns die Arbeit etwas erleichtern, indem wir vorläufig die sozialen Bezüge ausklammern, in denen Arbeitsgruppen sich bewegen.

Damit schränken wir allerdings den Bereich, in dem unsere Überlegungen aussagekräftig sin, stark ein: streng genommen beziehen sie sich lediglich auf Arbeitsgruppen, die unter nicht allzu großem Druck seitens der sie umgebenden Umwelt bzw. Institution stehen. Es handelt sich dabei in erster Linie um Arbeitsgruppen, die auf freiwilliger Basis zustande gekommen sind.

Zwar dürften unsere Überlegungen auch für alle andere Arten von Arbeitsgruppen Bedeutung haben, da in jeder Arbeitsgruppe eine gewisse und nicht zu unterschätzende spezifische Eigenpsychodynamik entsteht. In dem Maße aber, in dem von außen her Leistungs- oder Konformitätsdruck auf die jeweilige Arbeitsgruppe ausgeübt wird, verändern sich alle 4 oben identifizierten Feldkräfte. Die entstehende Eigenpsychodynamik in der jeweiligen Arbeitsgruppe wird abgeschwächt und stark modifiziert durch den Einfluß des Kraftfelds der sie umgebenden Organisation bzw. Institution.

Beispiele für diese Konstellation sind leicht zu finden: eine Arbeitsgruppe in einem Betrieb, eine Lehrerkonferenz, ein Arbeitsteam in einem Krankenhaus, das Treffen der Mitglieder eines Universitätsinstituts usw.

Je nachdem, wieviel Spielraum die jeweilige Arbeitsgruppe in ihrem sozialen Kontext als solche hat, wird sich z. B. neben der lebensgeschichtlich entstandenen Starrheit oder Flexibilität der Gruppenmitglieder eine aus dem institutionellen Zusammenhang heraus entstehende und von daher geforderte Starrheit bzw. Flexibilität der Mitglieder ergeben.

Unserer Auffassung nach ist wenig damit gedient, die institutionellen Einflüsse, welche auf die jeweilige Arbeitsgruppe ausgeübt werden, als weitere Feldkraft einzuführen. Es dürfte vielmehr so sein, daß dieser institutionelle Zusammenhang alle 4 genannten Feldkräfte wesentlich modifiziert und bestimmt. In dem uns hier gesteckten Rahmen können wir die für eine allgemeine Theorie der Psychodynamik in Arbeitsgruppen erforderliche Ausweitung auf organisationspsychologische und organisationssoziologische Überlegungen nicht leisten. Wir wollen uns vielmer mit der Darstellung von Gesichtspunkten begnügen, die sich auf die in jeder Arbeitsgruppe entstehende spezifische Eigenpsychodynamik beziehen. Dabei unterstellen wir, daß es sinnvoll ist, diese Eigendynamik unter Ausblendung des sozialen Kontextes zu untersuchen.

Wir begeben uns hiermit auf recht unsicheren Boden: Gibt es überhaupt eine vom sozialen Zusammenhang losgelöste und als solche analysierbare Eigendynamik von Arbeitsgruppen? Wir meinen, es gibt sie, sofern wir

1. uns lediglich auf die unter unseren gesellschaftlichen Verhältnissen durchschnittlich entstehenden Arbeitsgruppen beziehen und

2. dabei in erster Linie die Arbeitsgruppen im Blick haben, welche – wie oben schon angedeutet – unter nicht zu starkem direkten institutionellen Druck stehen.

Dabei ist es wahrscheinlich, daß die in unseren Überlegungen abgegrenzten Faktorenbündel für jede Theorie von Arbeitsgruppen bedeutsam sind. Welche Ausprägung diese Faktoren haben und wie sie konkret wechselseitig einander zugeordnet sind, dürfte allerdings unter verschiedenen gesellschaftlichen Bedingungen durchaus unterschiedlich sein.

Wenden wir uns nun den 4 identifizierten Feldkräften im einzelnen zu.

Feldkraft 1: Die individuelle Eigenart der Gruppenmitglieder

Natürlich hat jeder Teilnehmer einer Arbeitsgruppe wenigstens ein minimales Bedürfnis, am Thema der Gruppe zu arbeiten. Er bringt aber darüber hinaus praktisch seine ganze Biographie mit: das erworbene Verhaltensrepertoire, die unbewältigten Konflikte, Ängste, Stärken, Schwächen, kurz, sein gesamtes Arrangement mit der Umwelt, mit Hilfe dessen er bisher versucht hat, seine Bedürfnisse mit den vermeintlichen Forderungen der Umwelt in Einklang zu bringen. Dieses Arrangement mit der Umwelt wurde in der Kindheit grundgelegt, im späteren Leben zunehmend ausgebaut und enthält in der Regel eine ganze Menge von „Notlösungen" (vgl. Adler 1972).

Drei Beispiele für solche Notlösungen bzw. Arrangements (vgl. Schultz-Hencke 1951):

1. Die Einstellung: Gefühle sind chaotisch und gefährlich; der einzige Halt im Leben entsteht über logisches vernünftiges Herangehen an alle Probleme. Diese Einstellung wird gemeinhin als *schizoides* Verhalten bezeichnet.
2. Oder: sich abgrenzen von anderen führt dazu, daß die anderen sich von uns abwenden und wir dann allein und ungeborgen zurückbleiben. Deshalb suchen wir jede Tendenz zur Verselbständigung im Keime zu ersticken. Diese Einstellung enthält wesentliche Momente des sog. *depressiven* Verhaltens.
3. Oder: es ist gefährlich uns schmerzhaft zu prüfen, was jeweils für uns in unserer Umwelt erreichbar ist. Deshalb ist es besser, gar nicht erst die Realität zu prüfen, sondern vielmehr sich wie ein Chamäleon ständig an die vermeintlichen Forderungen der Umwelt anzupassen. Dieses Verhalten wird in der Neurosenlehre als *hysterisches* Verhalten bezeichnet usw.

Diese Notarrangements hindern uns ständig daran, die Auseinandersetzung mit der Umwelt optimal zu gestalten.

Eben: Gefühle ernstzunehmen,
       anzugreifen,
       spontan zu prüfen,
       am Ball zu bleiben,
       zu verteidigen usw.

Das führt dazu, daß wir ständig frustriert werden, weil eine Reihe von wichtigen Bedürfnissen nicht befriedigt werden bzw. verallgemeinert, weil wir uns in der Auseinandersetzung mit der Umwelt klein, schwach und hilflos vorkommen. Diese Frustrationen erzeugen Aggressionen, die wir in der Regel nicht direkt äußern dürfen. Das erzeugt vermehrte Frustrationen usw.

Je nachdem, welche individuelle Entwicklung der einzelne durchgemacht hat, wird er demnach mehr oder weniger konfliktgeladen herumlaufen und auch in eine Arbeitsgruppe kommen.

Nun bringt jeder neben einem gewissen – wenn man so will mißlichen – Persönlichkeitsanteil auch einen geglückten mit in die jeweilige Arbeitsgruppe: er hat z.B. bestimmte Probleme gelöst und steht ihnen gelassen gegenüber; er hat vielleicht die Fähigkeit entwickelt, ruhig auf die Bedürfnisse anderer einzugehen, rasch inhaltliche Dinge aufzufassen und verständlich erklären zu können, stabile gefühlsmäßige Kontakte aufzunehmen usw.

Diese gelungenen bzw. erfolgreichen Arrangements ebenso wie die oben skizzierten ungünstigen bzw. Notarrangements bringt jeder von uns gleichsam als Mitgift in die Arbeitsgruppen ein, in denen wir arbeiten.

Ein Beispiel: Stellen Sie sich einen Teilnehmer vor, der im Laufe seiner Entwicklung das Arrangement entwickelt hat, es sei das beste, sich immer zurückzuhalten, sich nie besonders zu exponieren, vor allen Dingen sich nicht mit der eigenen Meinung herauszuwagen. Dieser Teilnehmer ist vermutlich oft frustriert, aber er hat Angst, verlacht zu werden oder als nicht qualifiziert genug zu gelten oder ganz einfach mit seinen eigenen Gedanken in der Gruppe oder beim Leiter nicht anzukommen; vielleicht weil er seine Meinung nicht so gut formulieren kann oder nicht so geordnet vortragen kann, wie es anderen Teilnehmern möglich ist. Wie könnte sich dieser Teilnehmer in einer Arbeitsgruppe verhalten? Möglicherweise wird er folgendes Verhalten zeigen:

a) er wird sich in der Arbeitsgruppe kaum äußern, obwohl er vielleicht wertvolle Ideen hat. Bei der Vergabe von Referaten wird er sich nach Möglichkeit drücken. Ideen und Kritik wird er allenfalls außerhalb der Gruppe zu einzelnen Teilnehmern äußern. Er fragt nicht, wenn ihm etwas unklar ist. Diesen Aspekt nennt man in der Sozialpsychologie den aktionalen Aspekt, d.h. er beinhaltet, was der Teilnehmer nach außen hin tut (vgl. Krech et al. 1962).

b) Für sein Verhalten wird der fiktive Teilnehmer natürlich *Rechtfertigungen* entwickelt haben: er sei eben nicht besonders gut in der Materie bewandert, könne nicht gut formulieren, habe mit dem Gegenstand überhaupt Schwierigkeiten usw. Mit dieser Einstellung, die er ja meist schon in der Kindheit erworben hat, ist es für diesen Teilnehmer kaum möglich, Themen, Gegenstände von Arbeitsgruppen in seinem Kopf entsprechend zu ordnen. Er wird deswegen Schwierigkeiten haben, Informationen, die er bekommt, zu verwerten, mit seiner bisherigen Erfahrung zu verknüpfen, kritisch abzuwägen usw. Kurz, er wird im Bereich sachlicher Diskussion sich schwertun, in den Diskussionsprozeß einzusteigen, einzudringen, sich einzubringen. Diesen Aspekt bezeichnet man in der Sozialpsychologie als kognitiven Aspekt, d.h. dieser Aspekt beinhaltet, was gedanklich im Kopf des Teilnehmers vor sich geht.

c) Emotional gesehen wird er vermutlich dabei zweierlei entwickeln: ein *Minderwertigkeitsgefühl* bezüglich der eigenen Möglichkeiten und Fähigkeiten in Arbeitsgruppen und eine ziemliche *Wut* auf die anderen, weil sie es ihm vermeintlich nicht ermöglichen, in die Diskussion einzusteigen. Diese Aggressivität wird sich selten in Gruppen äußern, wohl aber indirekt, indem dieser Teilnehmer „überhaupt nichts versteht", vieles blöde findet, was da verhandelt wird, oder außerhalb der Gruppe an den Vorgängen in der Gruppe herumkritisiert oder herummäkelt. In vielen Fällen wird er sich auch emotional an vermeintlich Stärkere in der Gruppe anlehnen, kritiklos ihre Positionen übernehmen, aber gerade nicht seine eigene Meinung in die Gruppe einbringen. Diesen Aspekt nennt man in der Sozialpsychologie den emotionalen Aspekt des Verhaltens.

Mit diesem Beispiel sind wir bereits mitten in der psychischen Dynamik, die sich in Arbeitsgruppen entwickelt. Wir können nämlich jetzt verallgemeinern: beim Eintritt in eine Gruppe bringt jeder Teilnehmer seine Erfahrungen mit anderen Menschen bzw. mit Gruppen (besonders seiner Familie) in Form von Verhaltensbereitschaften mit, d. h. von Grundarrangements. Zu vermuten ist, daß er dort versucht, zweierlei zu erreichen:

1. Mit seinem Verhaltensrepertoire eine möglichst günstige Kosten-Belohnungs-Bilanz zu erreichen und, was wir bisher noch nicht im Blick gehabt haben: er dürfte versuchen,
2. bestimmte, bisher ungünstig verlaufene Prozesse zu wiederholen, Konflikte zu lösen oder zu klären, die in seiner bisherigen Auseinandersetzung mit der Umwelt unbewältigt geblieben waren. Anders ausgedrückt: er versucht *Notarrangements*, bei denen seine Bedürfnisse durch Umwelteinflüsse unterdrückt, gehemmt oder verstümmelt wurden, aufzulösen oder bessere einzugehen.

Hier stellt sich natürlich die Frage, warum versucht jeder ein besseres Arrangement mit seiner Umwelt zu erreichen? Die Antwort könnte sein: Weil für den einzelnen eine ungünstige Einregulierung seiner Möglichkeiten der Bedürfnisbefriedigung psychodynamisch notwendig einen ständigen Druck erzeugt, einen Unlust- oder Spannungszustand, der auf eine bessere Befriedigung hindrängt, präziser: auf eine bessere Einregulierung des jeweiligen individuellen Systems der Bedürfnisregulierung. Um mit Adler zu sprechen: Jeder versucht seine private Logik über das menschliche Zusammenleben ständig einzusetzen, um seine Bedürfnisse gemeinsam mit anderen zu befriedigen, zugleich aber eine „bessere Logik" zu erwerben, eine Vorstellung von den sozialen Spielregeln, die es ihm ermöglichen, in der sozialen Realität, in der er sich bewegt, besser zurechtzukommen und dadurch seine Bedürfnisse umfassender zu befriedigen.

Exkurs

Hier wird die Grenze der psychologischen Betrachtungsweise sichtbar: Es ist nicht nur denkbar, sondern ganz real, daß in vielen, wenn nicht in allen Bereichen unserer Gesellschaft bestimmte *Bewältigungsmodelle* für Bedürfnisbefriedigung *institutionalisiert* sind (z. B. im Bereich der Geschlechterbeziehungen, der Familie, im Ausbildungssektor, in der Berufswelt usw.).

Es ist nicht in unser Belieben gestellt, unsere sozialen Beziehungen so zu gestalten, wie wir gerne möchten und dabei eine günstige Bedürfnisbefriedigung zu erlangen; wir werden vielmehr in eine soziale Situation, in einen sozialen Zusammenhang hineingeboren und leben in ihm, in dem bereits bestimmte Modelle der Bedürfnisbefriedigung festgehalten sind und sich eingespielt haben. Bestimmte Verhaltensweisen, ja sogar Gedanken sind darin erlaubt oder erwünscht, andere verpönt oder überhaupt aus dem Bewußtsein verbannt, verdrängt. Diese „Logik des sozialen Zusammenlebens", die gesellschaftlich verfestigt vorliegt, stellt eine ganz reale Begrenzung möglicher Regelungen des menschlichen Zusammenlebens dar, d. h. eine Begrenzung der Gestaltung von Spielregeln des sozialen Zusammenlebens.

Wenn hier die Rede davon ist, daß der einzelne versucht, seine ungünstige private Logik, seine Vorstellungen von den Regeln des sozialen Zusammenlebens abzuändern in Richtung auf eine stimmigere Logik, so ist darin zweierlei ausgesagt:

Zum einen kann der jeweilige Mensch seine private Logik, die in seiner Kindheit von ihm erworben wurde, abändern wollen in Richtung auf eine Anpassung an die Logik, die im realen Erwachsenendasein jetzt existiert, zum anderen aber kann er eine soziale Logik anstreben, die zwar grundsätzlich möglich, unter den derzeitigen gesellschaftlichen Bedingungen aber nicht realisiert ist und vielleicht auch gar nicht *realisierbar*.

Welche Formen des Zusammenlebens der Menschen für diese eine günstige Weise des wechselseitigen Austauschs ermöglichen, ist eine Frage an die Soziologie, und wie diese Formen zu institutionalisierten sind, eine Frage der Politik, d. h. des praktischen Kampfes um eine für die beteiligten Menschen günstigere soziale Regelung der wichtigen zwischenmenschlichen Bereiche (z. B. Familie, Erziehung, Arbeitswelt, Freizeit etc.).

Kehren wir zurück zu der Stelle, an der wir diesen Exkurs eingeschoben haben: Wir sagten dort, jeder Mensch habe die Tendenz, das mehr oder weniger ungünstige Arrangement, die innere Einregulierung des Verhaltens auf bestimmte Strategien der sozialen Auseinandersetzung zu ändern, zu verbessern. Dabei entsteht natürlich Angst. Angst, von der Umwelt bestraft, zurückgewiesen oder auch verlacht zu werden. Betrachten wir z. B. das gerade geschilderte Verhalten des Gruppenmitglieds, welches die Einstellung hat, es sei nicht besonders gut und könne kaum wertvolle Beiträge liefern: Das mausgraue Verhalten ist erprobt. Der (vorgestellte) Teilnehmer bringt sich dadurch nicht in Gefahr, verlacht oder geringgeschätzt zu werden. Trotzdem bekommt er in der Arbeitsgruppe neue Informationen, einige finden ihn vielleicht sympathisch, er muß sich den Stoff nicht allein erarbeiten usw. Es entsteht spontan eine bestimmte individuelle Kosten-Belohnungs-Bilanz (vgl. Secord u. Backman 1964, S. 253ff.). Andererseits kommt immer wieder – mehr oder weniger versteckt – Unmut in ihm auf, weil seine Interessen gerade *nicht* berücksichtigt werden, weil er verschiedene Dinge *nicht* versteht und weil vielleicht ein anderer, der nicht mehr weiß, dennoch sich ganz gut in die Gruppe einbringen kann. Auf diesem Hintergrund betrachtet stellen sein passiv-depressives Verhalten in der Gruppe, sein ständiges Nichtverstehen von inhaltlichen Beiträgen und seine eventuellen heckenschützenhaften Bemerkungen außerhalb der Gruppe eine ständige stumme Aufforderung dar, ihn doch aus dieser passiven Position herauszuholen und aktiv zu fordern, d. h. eine bessere Kosten-Belohnungs-Bilanz zu ermöglichen. In einer ganzen Reihe von Fällen wird der Gruppenprozeß durch den gerade geschilderten Teilnehmer nicht sonderlich gestört werden. Er wird allerdings beträchtlich verarmen und verlangsamt werden. Es tritt aber gar nicht so selten der Fall auf, wo dieser Teilnehmer plötzlich das Interesse an der sachlichen Arbeit verliert oder die Arbeitsgruppe fast manövrierunfähig wird, weil der passive Trotz der passiven Gruppenteilnehmer zu sehr auf der Gruppe lastet.

Dieselbe Überlegung läßt sich mit dem Gegentyp anstellen: dem Teilnehmer, der ständig in der Gruppe „stark spielen" muß.

Der behindernde Einfluß der individuellen Psychodynamik muß sich nicht klar und deutlich für die Gruppenmitglieder zeigen. Es kann durchaus eine diffuse Unzufriedenheit, eine unangenehme Gruppenatmosphäre oder einfach das unbestimmte Gefühl entstehen, irgendetwas belaste den Gruppenprozeß.

Wir können das hier nicht weiter vertiefen. Wichtig ist: die Arrangements, die in Arbeitsgruppen eingegangen werden, können oberflächlich gesehen durchaus „zufriedenstellend" sein, bei näherem Hinsehen aber stellen sie vielfach ein leicht störbares Gleichgewicht dar, labile Notarrangements.

Die zentrale Frage für die Entwicklung einer Theorie der Psychodynamik in Arbeitsgruppen wird nach unseren bisherigen Überlegungen lauten:

Inwieweit gelingt es, in einer Gruppe die Notarrangements der Teilnehmer so einzubeziehen, daß sie für die Arbeit fruchtbar gemacht werden können und zugleich die wechselseitige Abänderung derselben in Richtung auf günstigere Arrangements möglich wird?

Dabei stellt sich als Kernproblem die Vermittlung der individuellen Ansprüche und Möglichkeiten durch den Prozeß der Entstehung einer Gruppenkultur, einer spezifischen Logik des Zusammenlebens in der jeweils konkreten Gruppe über das Medium der zu leistenden Arbeit.

In diesem Prozeß sind intellektuelle, gefühlsmäßige und routinisierte, eingeschliffene Verhaltensweisen in vielfältiger Weise miteinander verknüpft:

Bei der Klärung von inhaltlichen Fragen einer Arbeitsgruppe wirken ständig Ängste, Hoffnungen, Widerstände irrationaler Art, Erfolge, Mißerfolge, also gefühlsmäßige Dinge ein. Sie blockieren oder fördern die Klärung von *Sachverhalten*.

Umgekehrt werden gefühlsmäßige Schwierigkeiten oft durch Intellektualisierung oder Rivalitätskämpfe, durch Rechthaberei, aber auch durch nicht gerechtfertigte Konformität, Unterwerfung „ausgetragen". Kurz:

Jede Arbeitsgruppe stellt ein Kraftfeld dar, in dem die verschiedenen Mitglieder versuchen, *einerseits* mit den Arrangements zurechtzukommen, die sich bisher scheinbar bewährt haben, *andererseits* neue Arrangements zu entwickeln, die sie in ein für sie günstigeres Verhältnis zur Umwelt bringen. In jedem Fall konstellieren sich eingefrorene oder neu aufbrechende Konflikte, es entsteht Angst und Hoffnung.

Feldkraft 2: Die entstehende Gesamtkonstellation in der Arbeitsgruppe

Von den eingangs genannten 4 Faktorenbereichen, die in einer Arbeitsgruppe wirksam sind, haben wir uns bisher recht ausführlich mit dem Verhaltensrepertoire beschäftigt, welches die einzelnen Gruppenmitglieder in die Arbeitsgruppe mitbringen. Die einzelnen treffen in der Gruppe aber auf die anderen Gruppenmitglieder, einen Leiter und sind zusammengekommen, um ein Thema zu bearbeiten. Ihr

Verhalten wird sich deshalb nicht einfach von dem herleiten lassen, was sie selbst in die Gruppe an Verhaltensstrukturen mitbringen, sondern sich in einem komplexen Prozeß im Rahmen des Themas (1), des vom Leiter zugelassenen oder gewünschten Prozesses (2) und angesichts der anderen, fremden Gruppenmitglieder konstellieren (3). Das heißt ein an sich schüchterner Teilnehmer kann unter bestimmten Bedingungen, z. B. wenn die anderen noch schüchterner sind oder der Leiter sehr freundlich oder das Thema ihm sehr vertraut ist, in einer Gruppe durchaus aus sich herausgehen. Während ein sonst relativ dominierendes Gruppenmitglied unter einem autoritären, aber elastisch vorgehenden Leiter, einem ihm nicht allzu vertrauten Thema und mehreren sonstigen lebhaften Gruppenteilnehmern in einer Gruppe vielleicht eher schüchtern sich verhalten kann.

Das Verhalten der Mitglieder einer Gruppe wird nur zu einem Teil von dem bestimmt, was die Gruppenmitglieder in die Gruppe mitbringen. Ein gut Teil des Verhaltens hängt in Gruppen von der Konstellation ab, die in ihnen rasch durch das Thema, den Stil des Leiters und die anderen Gruppenmitglieder entsteht. Zwei Dinge scheinen dabei besonders bedeutsam:

1. einmal, daß sich in einer beginnenden Gruppe die verschiedenen genannten Faktoren zu einem *Gesamtkraftfeld,* zu einer *Gestalt* zusammenfügen (vgl. Foulkes 1974; Sandner 1976).
2. Diese Gestalt wirkt ihrerseits auf die einzelnen zurück; die Gruppenmitglieder haben dann häufig das Gefühl, unfreier zu sein als außerhalb der Gruppe. Es entsteht der Eindruck, eben einer Gruppe und nicht einzelnen gegenüberzustehen (vgl. Sandner 1975).

Bevor wir auf den Einfluß des Leiters und die Bedeutung des jeweiligen Themas einer Arbeitsgruppe eingehen, wollen wir deshalb den gerade skizzierten Prozeß der spontanen Konstellierung einer Gruppengestalt, eines Gruppenkraftfelds etwas näher ansehen:

Psychologisch betrachtet führt jedes Zusammentreffen eines Menschen A mit einem ihm unbekannten, fremden Menschen B zu einer mehr oder weniger unklaren Situation, einer Situation, die nicht ohne weiteres in den Griff des bewährten Verhaltens von A oder von B zu bekommen ist. In Gruppen verstärkt sich diese zeitweilige Unklarheit bzw. Strukturlosigkeit außerordentlich, weil sich jedes Gruppenmitglied gleichzeitig mit einer ganzen Reihe von anderen Gruppenmitgliedern konfrontiert sieht, deren Reaktionen auf sein eigenes Verhaltensrepertoire es schwer abschätzen kann. Je unstrukturierter das einzelne Gruppenmitglied die Gruppensituation empfindet, um so eher ist es geneigt, die eigenen (frühen) Erfahrungen in Gruppen in die neue Gruppensituation hineinzuprojizieren und zugleich in einem fortwährenden teils bewußten, teils unbewußten Abtastprozeß zu klären, was in dieser konkreten Gruppe los ist, was dort opportun ist und was nicht.

Insbesondere aus der psychoanalytisch orientierten Gruppenforschung haben wir berechtigte Gründe anzunehmen, daß dieser Abtastprozeß weitgehend unbewußt geschieht und häufig sehr rasch zu einem wechselseitigen unbewußten Arrangement der Gruppenteilnehmer führt, welches wir als für diese Gruppe spezifisches *Gruppenarrangement* bezeichnen können (vgl. Bion 1972; Sandner 1975). Auf den einfachsten Nenner gebracht dürfte es sich dabei um ein Arrangement handeln, das nach der provisorischen unbewußten Übereinkunft der Mitglieder möglichst viel Befriedigung und möglichst wenig Verletzungen bzw. Frustrationen verursacht. Bestimmte Fragen oder Probleme dürfen dabei in der Gruppe nicht angeschnitten werden, andere werden mehr oder weniger laut geäußert.

Ein Beispiel:

Es fällt auf, daß in beginnenden Arbeitsgruppen in der Regel ein schrecklicher Mangel an Aktivität vorhanden ist. Alle scheinen plötzlich kleine unmündige Kinder zu sein, die auf die Anweisungen des Gruppenleiters warten. Es wäre zu billig, dieses Phänomen einfach und in gerader Linie von der relativ autoritären oder herarchisch abgestuften Erziehungspraxis unserer Sozialisationseinrichtungen herzuleiten.

Dieses abwartende Verhalten der gesamten Arbeitsgruppe hat für alle Mitglieder einen unbewußt eminent strategischen Wert: denn, wenn dieses Kleinkinderverhalten Erfolg hat, so braucht keiner der Gruppenteilnehmer eigene Beiträge zu riskieren, er braucht sich nicht der Bewertung durch den Gruppenleiter und die anderen Gruppenmitglieder auszusetzen, ebensowenig dem Kampf oder Rivalität mit den anderen Mitgliedern der Gruppe. Die Gruppenteilnehmer brauchen nur zu warten, bis die Weisheit und Güte des Gruppenleiters auf alle in in gleicher Weise niedergeht, und sie muß nach der unbewußten Meinung gerecht verteilt werden, weil ja die Gruppenmitglieder alle gleich sind. Ungemütlich werden Gruppen in der Regel in dieser Anfangsphase ihrer Entwicklung, wenn entweder einer ihresgleichen sich aktiv betätigen möchte oder aber, wenn der Gruppenleiter den ihm zugedachten aktiven Part nicht spielt. Vorwitzige aktive Gruppenteilnehmer werden rasch zurückgepfiffen, indem auf ihre Vorschläge entweder überhaupt nicht eingegangen wird oder aber wenig Resonanz in der Gruppe zu spüren ist. Die Beiträge versickern sozusagen im Sand (vgl. Sandner 1975).

Andererseits haben die Gruppenmitglieder vielfach überhaupt kein Verständnis für eine Einstellung des Leiters, der partnerschaftlich mit ihnen das gestellte Sachthema angehen möchte. Sie zeigen dann oft ein erschreckendes vermeintliches Defizit an Wissen, verbunden mit mehr oder weniger deutlichen Tönen des Unmuts über den Leiter, der allein ihnen sagen kann, was jetzt wichtig ist, und der schließlich dafür da ist, die Sache in die Hand zu nehmen und die Gruppe nicht einfach so hängen lassen darf.

Unterbrechen wir an dieser Stelle die Schilderung einer möglichen beginnenden Arbeitsgruppe, und sehen wir uns die dabei deutlich zu erkennenden Mechanismen an:

Ohne bewußte Absprache spielt sich eine unbewußte Gruppennorm ein, an der alle Gruppenmitglieder teilhaben, es entsteht ein Kraftfeld, welches das Verhalten aller Beteiligten beeinflußt.

Auf dem Hintergrund dieser Konstellation und bezogen auf diese lassen sich dann allerdings individuelle Charaktere bzw. Grundarrangements der Teilnehmer recht gut ausmachen: Teilnehmer, die von Haus aus passiv-abwartend sind, Teilnehmer, die verschiedentlich versuchen vorzupreschen, weil sie entweder relativ risikofreudig sind oder aber durch eine Flucht nach vorne die unerträgliche, unklare Situation strukturieren wollen, Teilnehmer, die sich an die Aktivitäten anderer anschließen, aber sofort wieder mausgrau werden, wenn diese nicht so gut ankommen usw.

Die Individualität der Mitglieder einer Gruppe verliert sich also in dem Prozeß der spontanen Herausbildung eines wechselseitigen Arrangements, eines Gruppenarrangements nicht. Es dürfte vielmehr so sein, daß bestimmte individuelle Verhaltensweisen oder Impulse einer Art kollektiven Gruppenunterdrückung unterliegen, andere gerade in ihrer individuellen Ausprägung sich in das Gruppenarrangement sichtbar einfügen, also besonders stimuliert werden.

Psychodynamisch weitgehend ungeklärt, aber plausibel ist es, anzunehmen, daß gerade die Auseinandersetzung zwischen den einzelnen Gruppenmitgliedern bzw. den von ihnen verkörperten Verhaltensarrangements, die fortwährend in Gang ist, die spezifische Dynamik von einmal entstandenen Gruppenarrangements ausmacht. Anders ausgedrückt: daß ein ständiges Kräftespiel zwischen den einzelnen Mitgliedern einer Gruppe und den zunächst und provisorisch entstandenen Gruppennormen im Gang ist. Dieses jedem Gruppenleiter vertraute Kräftespiel läßt sich theoretisch recht schwer fassen. Da wir aber für die praktische Arbeit uns nicht allein auf unser Gefühl verlassen können, möchte ich versuchen, die Frage nach der Entstehung der spezifischen Psychodynamik in Kleingruppen mit Hilfe zweier hypothetischer Modellüberlegungen anzugehen:

A Feldtheoretisches Modell

1. Die unterschiedlichen Verhaltensarrangements der Gruppenmitglieder müssen, soll die Gruppe nicht auseinanderfallen, auf einen provisorischen gemeinsamen Nenner gebracht werden. Depressive, zwanghafte, schizoide und hysterische Gruppenmitglieder, um diese neurosenpsychologische Typisierung zu verwenden, müssen eine gemeinsame Basis entwickeln, auf der ihre spezifischen Arrangements einigermaßen synchronisiert werden, d. h. auf der sie ohne übergroße Angst miteinander kommunizieren können.
2. Spannung entsteht in dem so entstandenen Gruppenarrangement dadurch, daß die einzelnen Mitglieder mit diesem Arrangement unterschiedlich zufrieden sind (was ihre bisherigen individuellen Arrangements angeht) und zugleich in unterschiedlicher Weise sich geängstigt oder bedroht fühlen (was die in dieser spezifischen Gruppenkonstellation ins Bewußtsein der einzelnen drängenden latenten Aspekte, abgewehrten Anteile der individuellen Arrangements angeht).
Diese für jede Gruppe spezifische Konstellation beinhaltet oder erzeugt für die einzelnen Gruppenmitglieder somit eine recht unterschiedliche Druck- und Zugsituation.
3. Es entsteht Druck auf bestimmte abgewehrte Impulse bzw. auf die zu ihrer Abwehr erforderlichen Barrieren (also eine Art Versagung der bisherigen Einregulierung der Bedürfnisbefriedigung), und es entsteht eine Versuchungssituation, indem in der Gruppe z. B. deutlich wird, daß bisher vermeintlich verpönte Regungen geäußert werden dürfen, d. h. eine subjektiv als Zugsituation erlebte Dynamik.
4. In dem Maß, in dem innerhalb einer spezifischen Gruppenkonstellation bestimmte, bislang von einzelnen Teilnehmern abgewehrte Verhaltensmöglichkeiten gezeigt werden dürfen und als kommunizierbar erscheinen, ändern sich die individuellen Ausgangsarrangements eben dieser Teilnehmer, was zu einer neuen Gruppenkonstellation führt, da ja wichtige Eingangsgrößen der anfänglichen Konstellation sich geändert haben.
5. Die bei den einzelnen Teilnehmern in der Gruppe nun möglichen neuen Arrangements erfordern von anderen Gruppenmitgliedern komplementäre neue Verhaltensweisen. Dadurch kommen durch den so entstehenden Zug und Druck neue, bisher latente Anteile von anderen Gruppenteilnehmern in die Öffentlichkeit der Gruppe, können dort bearbeitet werden usw.
Dieser psychodynamische Prozeß zwischen den Mitgliedern einer Gruppe oder gruppendynamische Prozeß läßt sich auch noch unter einem anderen Gesichtspunkt betrachten:

B Kommunikationstheoretisches Modell

1. Die individuellen Arrangements sind immer auf komplementäre Arrangements der anderen angelegt, d. h. jedes Gruppenmitglied versucht, die anderen in die Rollen hineinzudrängen, die es zur Aufrechterhaltung der eigenen Arrangements benötigt. Das führt zu wechselseitig verzerrten Wahrnehmungen der Gruppenmitglieder untereinander und zu unterschiedlichen Rollenerwartungen.
2. Nun kann jedes Gruppenmitglied aber grundsätzlich ständig wahrnehmen, wie sich die gewählten Rollenpartner real verhalten, und diese können sich gegen bestimmte Verhaltenszumutungen oder Anforderungen wehren.

3. In dem Maße, in dem es in der Gruppe möglich ist, öffentlich die Probleme zu verhandeln, die z. B. in einem sadomasochistischen Arrangement zweier Gruppenmitglieder enthalten sind, wird es möglich, Wahrnehmungsverzerrungen als solche zu erkennen, auch Verhaltenserwartungen deutlich zu verbalisieren und mit dem zu konfrontieren, was in der Gruppe konkret sichtbar wird. Die privaten Arrangements dürfen öffentlich verhandelt werden und werden damit einer im Schutze erlebter Äußerbarkeit in der Gruppe möglicher interaktioneller Prüfung zugänglich. Herr A erfährt und erlebt konkret dann z. B. in der Gruppe, daß er sich auch aktiv zeigen darf, ohne bestraft zu werden, und Herr B, daß er auch passiv sein darf, ohne überrannt oder übersehen zu werden.

Unter dem gerade eingenommenen Blickwinkel handelt es sich bei Psychodynamik in Gruppen also um den Prozeß der ständigen wechselseitigen risikohaften Äußerung unterdrückter Impulse der Teilnehmer mit den entsprechenden Angstgegenimpulsen, die nach und nach in der Gruppe abgebaut werden können.

Wenn wir jetzt zur Betrachtung der Arbeitsgruppe zurückkehren, so können wir annehmen, daß in jeder solchen Gruppe die sachliche Arbeit und die inhaltlichen Auseinandersetzungen vermutlich eng mit den geschilderten emotionalen psycho- und gruppendynamischen Prozessen verquickt sind. Um ein Bild zu gebrauchen: die intellektuellen Vorgänge schwimmen wie ein Schiff auf einer mehr oder weniger stürmischen See, eben: den emotionalen Prozessen in der Arbeitsgruppe.

Je nachdem, wie es gelingt, die abgewehrten und doch nach Befriedigung drängenden Impulse in der Gruppe verhandlungsfähig, d. h. mitteilbar zu machen und ein gemeinsames bewußteres Arrangement an die Stelle der weitgehend unbewußten Dynamik nach und nach zu setzen oder zu entwickeln, wird das „Schiff der Gruppenarbeit" – um in unserem Bilde zu bleiben – in der Lage sein, seinen Kurs zu halten, d. h. die gestellte Arbeitsaufgabe einer produktiven Lösung näherzubringen. Werden die emotionalen Prozesse, die sich im Untergrund der Gruppe abspielen, zu wenig geklärt und berücksichtigt, so passiert es nicht selten, daß das Schiff von den Wellen verschlungen wird bzw. an einem Ort ankommt, an den es gar nicht sollte (vgl. Sandner 1975, 1976).

Feldkraft 3: Der Gruppenleiter

Innerhalb des Felds der geschilderten Psychodynamik in einer Arbeitsgruppe kommt dem Leiter eine besondere Position zu, und zwar unabhängig von seiner spezifischen fachlichen oder emotionalen Kompetenz (vgl. hierzu Bion 1972).

Wie jeder aus eigener Erfahrung bestätigen kann, werden mit jedem Gruppenleiter eine Reihe von Erwartungen verbunden, die ihn von allen anderen Gruppenmitgliedern unterscheiden. Er ist der einzige, dem spezifische Erwartungen hinsichtlich seines Verhaltens der Gesamtgruppe gegenüber in relativ ausdifferenzierter Form entgegengebracht werden.

Zum Beispiel:

1. Der Gruppenleiter wird als Experte auf dem Gebiet betrachtet, in dem die Arbeitsgruppe arbeiten soll. Wie sonst hätte er überhaupt der Gruppenleiter werden können?
2. Im emotionalen Bereich erhoffen sich die Gruppenmitglieder vielfach von ihm gerechtes und ordnendes Vorgehen, durch welches alle Mitglieder gleichermaßen als wertvoll betrachtet und gewürdigt werden. Oder aber auch das Gegenteil: der Gruppenleiter wird gefürchtet als einer, der nach *seinem* Belieben Lob und Tadel verteilt, die einen vorzieht, die anderen zurücksetzt.

3. Schließlich erwarten die Gruppenteilnehmer häufig vom Leiter, daß er sie lehrt, daß er ihnen von seiner großen Weisheit, seinem übergroßen Wissen freigiebig und ausgiebig abgibt, so viel, daß jeder genügend mit nach Hause nehmen kann.
4. Damit die Gruppenteilnehmer nicht den Ärger des Gruppenleiters erregen, erwarten sie obendrein noch möglichst präzise Anweisungen, wie sie sich verhalten sollen, damit sie sich auch den Segnungen würdig erweisen.

In beiden phantasierten Rollen sowohl als gütiger als auch als unberechenbarer, bestrafender Vater, hat der Gruppenleiter in der Phantasie der Gruppenteilnehmer übergroße Macht zu geben und zu nehmen. Mit ihr müssen sich die Gruppenmitglieder arrangieren, oder aber gegen sie erscheint es angebracht, mit aller Raffinesse zu intrigieren und ihn zu stürzen. Dabei spielt es keine besondere Rolle, ob die Gruppenleitung von einem Mann oder einer Frau wahrgenommen wird: auch Frauen als Gruppenleiter ziehen vermutlich die oben geschilderten Vaterphantasien auf sich. Es ist wahrscheinlich, daß die Einflußmöglichkeiten, die dem Leiter von seiner phantasierten Machtposition her von den Gruppenmitgliedern eingeräumt wird, wesentlich davon abhängt, ob er den Erwartungen, die an ihn in so großer Zahl herangetragen werden, entspricht. Frustriert er die Erwartungen, weil er sich z. B. mehr als Berater versteht und weniger als allmächtiger Vater oder als nährende Mutter, werden die Gruppenteilnehmer ihn vermutlich eine Zeitlang auf unterschiedliche Weise drängen, doch diese Rolle des Versorgers und gütigen Lenkers zu übernehmen. Wenn das alles wenig fruchtet, werden sie aber sehr ärgerlich werden.

Für jede Arbeitsgruppe entscheidend dürfte es sein, wie weit es dem Leiter gelingt, die an ihn herangetragenen Omnipotenzwünsche abzubauen und mit der Gruppe nach und nach eine emotionale Übereinkunft über die gemeinsame Art des Arbeitens zu erreichen (vgl. hierzu Dreikurs 1958). Hierfür ist es wichtig, daß der Gruppenleiter von Anfang an sorgsam versucht, die Vorstellungen, welche die einzelnen Gruppenmitglieder von der gemeinsamen Arbeit haben, zu erfragen und zu beachten und zugleich immer wieder behutsam *seine* Vorstellungen von der gemeinsamen Arbeit damit zu konfrontieren. Nur wenn er solchermaßen von Anfang an eine kontinuierliche Abklärung der wechselseitigen Erwartungen und der Beiträge, welche die einzelnen leisten möchten oder können, ermöglicht, wird der Gruppenleiter die ihm zugedachte übermächtige Rolle produktiv einsetzen können. Er wird dadurch die Entfaltung der produktiven Dynamik stimulieren können, die in jeder Kleingruppe steckt.

Hierbei stellt sich allerdings vielfach eine Schwierigkeit ein, die nicht leicht handhabbar ist: in dem Maße, in dem der Gruppenleiter versucht, auf die Interessen und Wünsche der Gruppenteilnehmer einzugehen, versuchen verschiedene Gruppenmitglieder dem Gruppenleiter – in Umkehrung der üblichen Unterordnung unter die Autorität – in oftmals ziemlich starrer Form ihre eigenen Meinungen aufzuzwingen, in Wiederbelebung des kindlichen Trotzes gegen die väterliche Autorität. Jeder Versuch des Leiters, inhaltlich zu argumentieren, wird dann als Nichtberücksichtigen der eigenen Autorität und als ein Herausstreichen der Leiterautorität interpretiert und von den Gruppenmitgliedern empfunden.

Im Grunde bewegt sich der Gruppenleiter, wie jedes andere Gruppenmitglied auch, innerhalb des Kraftfelds der Gruppe, das sich spontan konstelliert und ständig verändert. In dem Maße, in dem er erkennt, welche Rolle die Gruppenmitglieder ihm aufdrängen, und was er aufgrund seiner eigenen Biographie, seiner eigenen Arrangements als Antwort auf diese Erwartungen gibt, in dem Maße wird er in seiner Rolle die Gruppe fördern können. Bleiben diese Vorgänge ungeklärt, wird er sich bald als Spielball der Gruppenkräfte vorkommen. Weder er noch die Gruppenmitglieder werden nach einiger Zeit wissen, was los ist. Es ist für den Gruppenleiter also wichtig zu sehen, was *emotional* unter der Oberfläche der vermeintlich rationalen bzw. inhaltlichen Arbeit an einem Problem geschieht, wie sich die Arbeitsbeziehungen zwischen den Gruppenteilnehmern entwickeln, ob es möglich ist, fortwährend in der Öffentlichkeit der Gruppe zu klären, wie gemeinsame weitergearbeitet werden soll. Um 2 gruppendynamische Standardausdrücke zu verwenden: er muß neben der *Inhaltsebene* besonderes Augenmerk auf die Ebene der Beziehungen zwischen den Teilnehmern und sich selber verwenden, auf die sog. *Beziehungsebene* (vgl. Bradford et al. 1972, z. B. S. 299).

Feldkraft 4: Das Ziel bzw. die Aufgabe der Arbeitsgruppe

In Arbeitsgruppen wird oft deutlich, daß sachliche Beiträge oder Auseinandersetzungen über Sachfragen mehr beinhalten als lediglich logische Klärungen oder widersprüchliche Sichtweisen eines kontroversen und vielleicht vielschichtigen Sachverhalts. Jede Sachthematik bringt bei den Teilnehmern einer Arbeitsgruppe eine Reihe von Assoziationen mit ins Gespräch, die in der Biographie der einzelnen verankert sind, und jede spezifische Art und Weise der interaktionellen Behandlung des Themas läßt nur allzu vertraute Weisen der Auseinandersetzung bzw. des Zusammenraufens bei früheren Gelegenheiten in Gruppen anklingen.

Obwohl das bekannt ist, ist der psychodyamische Stellenwert des Faktors „Arbeitsaufgabe" innerhalb des Gesamtkraftfelds einer Arbeitsgruppe schwer zu charakterisieren. Wir wollen es über eine Skizze der Eigentümlichkeiten dieses Faktors versuchen:

Ohne Zweifel stellt der Bereich der gemeinsamen (intellektuellen) Arbeit an einem Sachproblem ein Gebilde eigenständiger Art dar. Die Aufgabenstellung erzeugt – soll das Problem angemessen angegangen werden – ein eigenes Kraftfeld, das zwar – wie gezeigt – sehr viel mit der emotionalen Beziehung zwischen den Mitgliedern einer Arbeitsgruppe zu tun hat, aber nichtsdestoweniger „eigene Anforderungen" an die Gruppe entstehen läßt. Natürlich sind immer die Mitglieder der Arbeitsgruppe Träger dieser Anforderungen, aber sofern sie sich als Gruppe auf die Bearbeitung eines Gegenstands einlassen, müssen sie sich auch an seinen Eigentümlichkeiten orientieren. Neben die emotionalen Bedürfnisse der Teilnehmer tritt als eine Art Gegenpol die Eigenqualität des zu behandelnden Gegenstands. Aufgrund dieser spezifischen Struktur des Arbeitsgegenstands, nämlich einerseits eine gewisse Eigendynamik zu erzeugen, andererseits aber überhaupt nur zu bestehen, sofern die Gruppenmitglieder sich mit ihm befassen wollen und sich an ihm emotional und intellektuell engagieren, ergeben sich die besonderen Feldkrafteigenschaften dieses 4. Faktors unserer Überlegungen:

1. Ist es möglich, in diesem Bereich voranzukommen, ohne sämtliche emotionalen Beziehungsprobleme zwischen den Teilnehmern ständig im Blick zu haben und vollständig zu klären. Gerade wenn bestimmte emotionale Prozesse einen kriti-

schen Punkt erreicht haben, ist es u. U. günstig, in einem für die Gruppe wichtigen, aber nicht so hautnahen Bereich weiterzuarbeiten. Dabei ist es häufig möglich, emotionale Verkrampfungen zu lösen, indem einzelne Gruppenteilnehmer, die emotional Schwierigkeiten haben, kompensatorisch einen Arbeitsbeitrag liefern können und das durch subjektiv erlebt emotionale Defizite ausgleichen können. Es gibt dann sozusagen 2 „Währungen" in der Gruppe, die ineinander konvertierbar sind: emotionale und intellektuelle bzw. sachliche Beiträge.
2. Damit ist aber auch schon die gegenteilige Möglichkeit angesprochen: die Behandlung der Arbeitsaufgabe läßt sich nämlich leicht in eine Waffe umwandeln, mit Hilfe derer emotional empfindliche, aber intellektuell trainierte Mitglieder andere Mitglieder, von denen sie sich bedroht fühlen, unschädlich machen oder massiv unterdrücken können.
3. Da gerade intellektuelle Virtuosität oder vorzeigbare Arbeitsergebnisse in unserer Gesellschaft – besonders in der Mittelschicht – großes Prestige genießen, ja geradezu als *die* Währung für den individuellen Marktwert des jeweiligen Menschen gelten, wird deutlich, welch große Gewalt oder Macht hinter der positiven wie negativen Handhabung der Arbeitsaufgabe steht.

So weit ich sehe, ist die Frage nach der Entstehung der konstruktiven bzw. destruktiven Dynamik der Arbeitsaufgabe in einer Arbeitsgruppe in der wissenschaftlichen Literatur über Gruppendynamik und Gruppenarbeit bislang wenig angegangen worden (vgl. Spangenberg 1974). Die Psychodynamik, die gerade dadurch entsteht, daß die Gruppenmitglieder mit ihren individuellen Arrangements sich mit einem *Arbeitsgegenstand* stoßen, auseinandersetzen und dabei sich reproduzieren bzw. verhärten oder verändern, ist noch wenig geklärt und für die praktische Arbeit mit Gruppen fruchtbar gemacht worden. Ebenso die äußerst reizvolle Frage bzw. Perspektive, daß dies in einer Gruppe geschieht, deren Mitglieder in der Regel unterschiedliche Möglichkeiten und Grenzen ausgebildet haben, und deshalb vielfältige einander ergänzende Beiträge zu einem gemeinsamen *Produkt* liefern können, das vorzeigbar ist. Wenn nicht alles täuscht, dürfte in Gruppen gerade die Handhabung der Arbeitsaufgabe die Vielfalt der wesentlichen Grundprozesse wie in einem Vergrößerungsglas deutlich werden lassen, welche die Grundmodi menschlichen Verhaltens charakterisieren, für die jeweilige Gruppe aber in ihrer psychodynamischen Konstellation spezifische Formen annehmen (vgl. oben Faktor 1–3).

Bei dem Versuch einer Optimierung der 4 geschilderten Grundkräfte innerhalb des Kraftfelds einer Arbeitsgruppe kommt der Beachtung des Kräftebündels „Zielsetzung der Arbeitsgruppe" vermutlich eine große Bedeutung zu: wenn es gelingt, die Zielsetzung und den Prozeß der *inhaltlichen* Diskussion als ein Medium zu betrachten und zu nutzen, mit Hilfe dessen die emotional bestimmten Möglichkeien und Schwierigkeiten der Teilnehmer in indirekter Weise berücksichtigt und genutzt werden, werden vermutlich für den Arbeitsprozeß ebenso wie für den Prozeß der emotionalen Umorientierung der Teilnehmer starke schöpferische Kräfte freigelegt.

Der gesamte Bereich der Psychodynamik von Arbeitsgruppen ist wenig geklärt. In diesem Aufsatz konnten nur einige vorläufige Gedanken und wichtige Grundprobleme formuliert werden. Ich würde mich freuen, wenn er verschiedene Leser zur Ausarbeitung eigener Gedanken oder zur Kritik an den vorgetragenen Überlegungen anregen könnte.

Literatur

Adler A (1972) Über den nervösen Charakter. Fischer, Frankfurt
Bion WR (1971) Erfahrungen in Gruppen und andere Schriften. Klett, Stuttgart
Bradford L, Gibb JR, Benne KD (Hrsg) (1972) Gruppentraining, T-Gruppentheorie und Laboratoriumsmethode. Klett, Stuttgart
Brocher T (1967) Gruppendynamik und Erwachsenenbildung. Westermann, Braunschweig
Dreikurs R (1958) Die Individualpsychologie A. Adlers. In: Stern E (Hrsg) Die Psychotherapie in der Gegenwart. Rascher, Zürich, S 68–88
Foulkes SH (1974) Gruppenanalytische Psychotherapie. Kindler, München
Krech D, Crutchfield R, Ballachey E (1962) Individual in Society. McGraw-Hill, New York
Lewin K (1963) Feldtheorie in Sozialwissenschaften (bes Kap 9). Huber, Bern
Sandner D (1975) Die analytische Theorie der Gruppe von W. R. Bion. Gruppenpsychother Gruppendynamik 9:1–17
Sandner D (1976) Der Beitrag S. H. Foulkes' zur Entwicklung einer analytisch fundierten Gruppendynamik. Gruppenpsychother Gruppendynamik 10:203–219
Schultz-Hencke H (1951) Lehrbuch der analytischen Psychotherapie. Thieme, Stuttgart
Secord P, Backman C (1964) Social Psychology. McGraw-Hill, New York
Spangenberg K (1974) Chancen der Gruppenpädagogik. Beltz, Weinheim

9. Zur Psychodynamik von Schizophrenen in analytischen Gruppen mit Psychotikern und Neurotikern*

Einleitung

In analytischen Gruppen sind schizophrene Patienten bislang bei uns kaum behandelt worden; wenigstens läßt sich dies aus den spärlichen Publikationen über dieses Feld der Arbeit erschließen: In der für den deutschsprachigen Raum einschlägigen Fachzeitschrift „Gruppenpsychotherapie und Gruppendynamik" sind seit 1968 nur 6 Arbeiten über Gruppentherapie bei Schizophrenen erschienen (R. Schindler 1968; Pohlen 1972; Garloff 1974; Buddeberg-Meier 1976; Kiesewetter 1976; Greve 1977). Von diesen Autoren hat lediglich Pohlen eine dezidiert analytische Arbeitsweise.

Meines Wissens gibt es im deutschen Sprachraum lediglich von Battegay in Basel (Battegay u. Marschall 1978), R. Schindler (1968) in Wien und an der „Forschungsstelle für Psychopathologie und Psychotherapie in der Max-Planck-Gesellschaft" in München (Pohlen 1972, 1974) seit mehreren Jahren kontinuierliche Versuche, schizophrene Patienten in analytischen Gruppen zu therapieren. Dabei wäre die gruppentherapeutische Behandlung von Schizophrenen vermutlich eine gute Möglichkeit, in größerem Maßstab und auch zu erschwinglichen Kosten, diesen Patienten eine Psychotherapie zu ermöglichen. Einer solchen Behandlung stehen allerdings nach wie vor 2 weitverbreitete Vorurteile entgegen: Zum einen, schizophrene Patienten könnten, wenn überhaupt, nur in langwieriger psychoanalytischer Einzeltherapie behandelt werden, nicht aber in analytischen Therapiegruppen, zum anderen sei es nicht möglich, schizophrene Patienten gemeinsam mit anderen Patienten in analytischen Gruppen zu therapieren (Battegay 1967; Greve 1977; Finke u. Waniek 1979). Wenn es darum geht, daß schizophrene Patienten von niedergelassenen Psychotherapeuten vermehrt in analytischen Gruppen behandelt werden, wäre die Einbeziehung dieser Patienten in Gruppen von Neurotikern aber eine wichtige Voraussetzung, da diesen Therapeuten schwerlich zugemutet werden kann, Gruppen mit nur schizophrenen Patienten durchzuführen.

Mit diesen einleitenden Bemerkungen ist die Richtung meiner Ausführungen schon angedeutet: Ich möchte versuchen, meine Erfahrungen mit der gruppentherapeutischen, im besonderen der gruppenanalytischen Behandlung von schizophrenen

---

* Aus der Forschungsstelle für Psychopathologie und Psychotherapie in der Max-Planck-Gesellschaft, München (Leiter: Professor Dr. Dr. Paul Matussek).
Meinen Kollegen Dr. P. Molitor, Dr. C. Rüschmeyer und Dr. F. Schwarz danke ich für die vielfältigen kritischen Anmerkungen zum ersten Entwurf dieser Arbeit

Patienten in gemischten Gruppen mit neurotischen und psychotischen Patienten zu schildern mit dem Ziel, die obengenannten Vorurteile oder Hindernisse etwas zu verringern. Die Beobachtungen, die hier in erster Linie geschildert werden, bewegen sich auf einer vorwiegend deskriptiven Ebene. Es sind Beobachtungen, die es Gruppentherapeuten erleichtern könnten, schizophrene Patienten in ihre Gruppen aufzunehmen und die es ermöglichen, bestimmte auf sie zukommende Probleme vorauszusehen, d. h. sie als regelmäßig auftretende Schwierigkeiten zu verstehen und nicht als Folge unzureichender eigener therapeutischer Kompetenz.

Vorbemerkung zu den Rahmenbedingungen

Bevor ich die Befunde meiner gruppentherapeutischen Arbeit mit schizophrenen Patienten darlege, möchte ich den *Behandlungsrahmen* der gruppentherapeutischen Arbeit an unserer Klinik schildern, die *Erfahrungsbasis,* die mir neben meiner eigenen Arbeit von meinen Kollegen her zur Verfügung steht, beschreiben und schließlich einige Anmerkungen machen zum *theoretischen und praktisch-technischen Hintergrund* meiner analytischen gruppentherapeutischen Arbeit.

Die klinische Abteilung der „Forschungsstelle für Psychopathologie und Psychotherapie in der Max-Planck-Gesellschaft" (München) ist eine offene psychotherapeutische Station. In unseren analytischen Gruppen werden jeweils 8 Patienten – etwa zur Hälfte Psychotiker (v.a. Schizophrene) und schwer gestörte Neurotiker – gemeinsam behandelt. Bei den Psychotikern handelt es sich meist um Patienten, die bei Behandlungsbeginn nicht akut psychotisch sind, aber in der Regel wiederholt psychotische Schübe hatten. *Das Therapieprogramm* umfaßt 2 Jahre analytische Gruppensitzungen, wobei die Patienten zunächst 4 Monate in unserer Klinik stationär behandelt werden. Während dieser Zeit finden wöchentlich 3 analytische Gruppensitzungen (jeweils 90 min) und 2 mehr gruppendynamisch orientierte Sitzungen statt, an denen alle Patienten teilnehmen, die sich auf unserer Station befinden (meist 15). Darüber hinaus gibt es ein umfangreiches Angebot an musischen und sportlichen Aktivitäten. Anschließend an den stationären Aufenthalt wird die Behandlung 4 Monate lang mit jeweils einer analytischen Gruppensitzung und einer mehr gruppendynamisch-problembezogenen Gruppensitzung pro Woche weitergeführt. Die restlichen 16 Monate der Therapie findet eine analytische Gruppensitzung pro Woche statt. Während der gesamten Behandlung werden die Patienten – falls erforderlich – auch medikamentös behandelt. Bei psychotischen Rückfällen während und nach der Behandlung können die Patienten vorübergehend wieder in unserer Klinik aufgenommen werden.

Das gerade skizzierte Behandlungsprogramm stellt eine Weiterentwicklung des von M. Pohlen 1969 an unserem Institut begonnenen Programms zur gemeinsamen gruppentherapeutischen Behandlung von Psychotikern und Neurotikern dar (vgl. Pohlen 1972, 1974) und hat in der jetzigen 2jährigen Form im Herbst 1977 begonnen. Seitdem haben 7 analytische Gruppen begonnen mit insgesamt 56 Patienten. Bei diesen 56 Gruppenteilnehmern stellten wir folgende Diagnosen: 22 schizophrene Patienten, 9 Patienten mit schizo-affektiver Psychose, 10 Borderlinepatienten, 4 schwere narzißtische Störungen, 3 manisch-depressive Psychosen sowie 8 schwer gestörte Neurotiker.

Als ich begonnen habe, in dem geschilderten Programm mitzuarbeiten, besaß ich eine eigene mehrjährige Erfahrung als Gruppentherapeut mit ambulanten Gruppen von neurotischen Patienten. Meine Orientierung in der gruppentherapeutischen Arbeit ist *gruppenanalytisch,* d. h. ich konzentriere meine Aufmerksamkeit auf das Geschehen in der Gesamtgruppe und interpretiere auf diesem Hintergrund das Verhalten einzelner Patienten bzw. die Interaktionen zwischen den Patienten. Darüber hinaus liegt der Schwerpunkt meiner analytischen Arbeit in der Analyse des affektiven Geschehens in der aktuellen Gruppensituation und nur im Ausnahmefall auf der biographisch-genetischen Rekonstruktion des Verhaltens der Gruppenteilnehmer. Konzeptionell orientiere ich mich bei dieser Arbeit besonders an Foulkes (1974, 1978), Bion (1971), W. Schindler (1951, 1966, 1975) sowie an Heigl-Evers u. Heigl (1973, 1975, 1976), habe aber mittlerweile eine eigene Modellüberlegung zur Psychodynamik in analytischen (Therapie-)Gruppen entwickelt (Sandner 1978). Vom Technisch-Praktischen her bin ich stark von Ohlmeier (1975, 1976) beeinflußt, mit dem ich gemeinsam von 1973-1975 eine Langzeitgruppe geleitet habe.

Im Rahmen des geschilderten Behandlungsprogramms unserer Klinik habe ich selbst bislang mit 2 gemischten Gruppen von Schizophrenen und Neurotikern gearbeitet. Die dabei gemachten Erfahrungen möchte ich im folgenden skizzieren.

Die Darstellung ist um 6 Fragestellungen gruppiert:

1. Charakteristische Verhaltensweisen von schizophrenen Patienten in gemischten analytischen Gruppen.
2. Zur Psychodynamik des Gruppenleiters in solchen Gruppen.
3. Schizophrene Patienten und das gruppenanalytische Setting.
4. Die Beziehungen zwischen Psychotikern und Neurotikern in solchen Gruppen.
5. Das familiäre Umfeld und seine Bedeutung für das Verhalten der schizophrenen Patienten in der analytischen Gruppe.
6. Die Bedeutung der Medikation für die gruppenanalytische Behandlung von Schizophrenen.

Charakteristisches Verhalten von schizophrenen Patienten in gemischten analytischen Gruppen

Auffallend ist, daß viele schizophrene Patienten zunächst längere Zeit – etwa 30 oder 40 Sitzungen – eher unauffällig sind. Sicherlich ist dies z. T. durch die antipsychotische Medikation bedingt. Aber die Medikamente allein können dieses Verhalten nicht hervorrufen; denn wenn die Patienten wieder akut psychotisch werden, sind sie auch mit Medikamenten sehr unruhig. Es scheint deshalb wohl eher an der Gruppensituation zu liegen, in der die schizophrenen Patienten sehr abwartend reagieren.

Eine Ausnahme von dieser Regel scheinen Patienten zu bilden, die chronisch präpsychotisch sind und nur durch eine hohe Medikation am Ausbruch der manifesten Psychose gehindert sind: diese Patienten sprechen von Anfang an viel von ihren Erlebnissen, Problemen und ihrer Familiengeschichte, ohne direkt Bezug zu nehmen auf die Beiträge anderer Patienten oder das aktuelle Geschehen in der Gruppe. Sie wenden sich mit ihren Beiträgen häufig auch direkt an den Gruppentherapeuten.

Wie schon eingangs erwähnt, findet sich dieses lärmende Verhalten aber bei den aktuell nicht psychotischen schizophrenen Patienten zunächst längere Zeit nicht. Die Patienten sind eher still und überlassen es den neurotischen Gruppenmitgliedern, das Geschehen in der Gruppe zu bestimmen. Zwischendurch gibt es allerdings einzelne Sitzungen, in denen ganz überraschend die schizophrenen Patienten die Thematik und das Geschehen in der Gruppe bestimmen, und die neurotischen Patienten verstummen. Solche Sitzungen waren für mich immer besonders belastend aus Gründen, die mir selber noch nicht so klar sind, die aber wohl mit der affektiven Gruppenatmosphäre zusammenhängen, die dann in der Gruppe entsteht. Ich komme im nächsten Abschnitt darauf zurück.

Obwohl die schizophrenen Patienten zunächst wenig Beiträge liefern, scheinen diese Beiträge eine besondere Qualität zu besitzen: mein Eindruck ist, daß diese Patienten das jeweils aktuelle Gruppengeschehen gut erfassen und in Form eines Einfalls, einer Geschichte aus ihrem Leben oder ihren akuten psychotischen Zusammenbrüchen schildern. Meiner Erfahrung nach trifft dies sowohl für die nicht akut psychotischen als auch auf die chronisch präpsychotischen Patienten zu. Diese Fähigkeit, relativ gut das aktuelle Geschehen in der Gruppe zu erfassen, stößt bei den neurotischen Patienten zunächst auf Ablehnung oder wenigstens Unverständnis und ist technisch für den Gruppenleiter nicht leicht zu handhaben, d. h. in seine Gruppendeutungen einzubeziehen. Zum einen wegen der Ungewöhnlichkeit des symbolischen Ausdrucks, zum anderen wegen der rasch einsetzenden Abwehr der Neurotiker, die häufig darin besteht, daß die neurotischen Patienten ausdrücken, sie wären ja viel gesünder, weniger gestört als die schizophrenen Patienten. Schließlich ist hierbei wohl auch eine Abwehr tiefliegender affektiver Anteile des Gruppenleiters beteiligt, die in der jeweiligen Gruppensituation durch die schizophrenen Patienten reaktiviert werden.

Nach der relativ lang andauernden Phase von unscheinbarem Verhalten schließt sich eine Phase an, in der die schizophrenen Patienten fast alle nacheinander wieder psychotisch werden. Ich sage bewußt nacheinander, weil meine Kollegen und ich es bisher nicht erlebt haben, daß 2 Patienten in einer Gruppe zugleich psychotisch wurden.

Die psychotische Dekompensation schizophrener Patienten kündigt sich mit ziemlicher Regelmäßigkeit in folgendem Verhalten an: die bislang recht freudlichen und gefügigen Patienten zeigen bei Kleinigkeiten dem Gruppenleiter gegenüber ein gereiztes Verhalten, etwa bei der Frage des Rauchens in der Gruppe. Sie begehren gegen ihre meist sowieso recht niedrige Medikation auf, können nachts kaum mehr schlafen, beginnen übermäßig viel zu arbeiten und mit anderen Menschen zu sprechen. Außerdem ist eine merkliche Beunruhigung der anderen latent schizophrenen Patienten in der Gruppe zu bemerken gegenüber dem Patienten, der akut wieder psychotisch wird. Je mehr sich dessen Psychose verstärkt, um so unruhiger wird er in der Gruppe. Seine Ambivalenz der Klinik, dem Therapeuten und der Medikation gegenüber verstärkt sich.

Als Anlaß für den Ausbruch der jeweiligen Psychose scheinen folgende 3 Situationen häufig aufzutreten:

1. Urlaub des Gruppentherapeuten,

2. Verlust von Gruppenmitgliedern,

3. reale Versagungen außerhalb (im beruflichen oder familiären Bereich, in der Partnerbeziehung oder im Freundeskreis).

Während der akuten Psychose ist es häufig erforderlich, die Patienten kurzfristig wieder in die Klinik aufzunehmen. Auffallend dabei ist, daß die Patienten durchweg rasch wieder an den Gruppensitzungen teilnehmen möchten.

Sobald die Psychose etwas abklingt und die Patienten wieder in der Lage sind, allein die Klinik zu verlassen, können sie auch wieder an den Sitzungen der Therapiegruppe teilnehmen. Dabei zeigen sie ein charakteristisches Verhalten: sie sind im Gegensatz zu ihrem sonstigen ruhigen Verhalten übermäßig aktiv, überfürsorglich für andere Patienten, dominieren das Gruppengeschehen und versuchen immer wieder, die eigene Lebensgeschichte einzubringen. Sie können Stille kaum ertragen, müssen ständig reden und majorisieren vielfach die ganze Gruppe. Wenn der Therapeut das hyperaktive Verhalten anspricht, fühlen sie sich rasch verletzt, bekommen Schuldgefühle und greifen den Therapeuten oder andere Teilnehmer heftig an. Jeglicher Einschränkung, etwa durch den Rahmen der gruppentherapeutischen Behandlung oder die Klinik – soweit sie ihren aktuellen, spontanen Bedürfnissen zuwiderläuft – begegnen diese akut psychotischen Patienten mit heftigen emotionalen Reaktionen. Zugleich haben sie eher Scheu, von ihren wirklichen aktuellen Problemen, etwa ihren Wahnvorstellungen, in der Gruppe zu sprechen (was sie aber sehr wohl in begleitenden Einzelgesprächen mit dem Therapeuten tun). In dem Maße, in dem die Psychose abklingt, werden die Patienten immer zurückhaltender, depressiver. Sie verstummen richtiggehend. Sie sträuben sich dann auch nicht mehr gegen die Medikamente, haben auch nicht weiter das zwanghafte Bedürfnis, viele Außenkontakte zu haben und verbreiten eher ein Gefühl der inneren Lähmung in der Gruppe.

An dieser Stelle mag die Frage auftauchen, was denn eigentlich der Effekt der analytischen Gruppentherapie bei schizophrenen Patienten ist, wenn diese Patienten während der Therapie in der Regel wieder psychotisch werden. Ich habe den Eindruck, daß es für die latent schizophrenen Patienten durchaus positiv sein kann, wenn sie während der Behandlung wieder psychotisch werden: die Psychose kann dann in der Gruppe durchgearbeitet werden, und die Patienten können anschließend von einer stabileren Ausgangsbasis aus in der Gruppe weiterarbeiten. Diese stabile Basis besteht sowohl in einem größeren Vertrauen der Gruppe als auch dem Gruppenleiter gegenüber und führt unter anderem dazu, daß die Patienten, wenn es ihnen wieder schlechter geht, eher in der Gruppe oder mit dem Therapeuten darüber sprechen und um Hilfe nachsuchen.

Zur Psychodynamik des Gruppenleiters in gemischten analytischen Gruppen mit Schizophrenen

Bevor ich begonnen habe, mit schizophrenen Patienten zu arbeiten, habe ich mehrere Langzeitgruppen mit Neurotikern geleitet; dabei aber nie so heftige Reaktionen in mir verspürt, wie ich sie in Gruppen mit schizophrenen Patienten häufig erlebe:

Am auffallendsten und beunruhigendsten sind sog. *emotionale Kippphänomene:* Ich komme z. B. von einer Gruppensitzung und fühle mich relativ wohl. Aber nach 2 oder 3 h fühle ich mich plötzlich diffus unwohl, beunruhigt, ganz schrecklich, kann aber das Gefühl nirgends so recht festmachen. Dieses Gefühl kann im Extremfall mehrere Stunden anhalten, geht dann allmählich zurück und macht einer realistischen Einschätzung des Geschehens in der Gruppe Platz. Wenn dieses Gefühl nicht so intensiv ist und ich in der Lage bin, etwa die Tonbandaufzeichnung der Gruppensitzung zu hören, geht die geschilderte diffuse Angst zurück, während ich das Band höre.

Neben diesem Gefühl diffusen Unwohlseins erlebe ich häufig in oder nach der Gruppensitzung eine große Besorgnis bezüglich *einzelner* schizophrener Patienten. Auch dieses Gefühl ist wenig differenziert, ich fühle nur, es könnte etwas Schreckliches passieren, wenn ich nicht aufpasse. Es kommen Bilder, daß die Patienten psychotisch werden könnten, außer sich geraten, umherirren, die Therapie abbrechen und dann keine Möglichkeit mehr hätten, ihre Probleme weiter zu klären, aber auch sich umbringen könnten. Sofern dieses Gefühl nach der Gruppensitzung auftritt, ist es häufig mit starken Schuldgefühlen bei mir verknüpft. Ich möchte diese wenig greifbaren Gefühle gerne an folgenden Aufzeichnungen veranschaulichen, zu denen ich mich nach einer Gruppensitzung gedrängt gefühlt habe, die für mich sehr belastend war:

„Ich fühle mich sehr unwohl, wie wenn etwas Schweres und Dunkles in meiner Magengegend wäre oder etwas Brodelndes in mein Bewußtsein einbrechen könnte. Ich habe das Gefühl, ich hätte für den Patienten X und die Patientin Y zu wenig getan, etwas für sie Wichtiges aber tun sollen, weiß nur nicht was. Jedenfalls habe ich nicht das Richtige getan. Damit könnte sich der Zustand der Patienten verschlimmern, es könnte zu einem psychotischen Zusammenbruch kommen? Aber ich weiß auch nicht, es ist etwas sehr Bedrohlich-Unbekanntes. Irgendwie hängt es vielleicht mit der Hereinnahme neuer Mitglieder zusammen, aber ich weiß es nicht. Oder mit Einzelgesprächen, die sie von mir erwarten, ohne daß sie mich darauf ansprechen. Es ist, als ob die Bedrohung v.a. von diesen beiden Teilnehmern ausgeht, von den anderen nicht.

Ganz abgesehen davon, daß die Patienten nicht deutlich zu verstehen geben, was sie beunruhigt oder bewegt, ist möglicherweise *etwas in mir,* was mich heftig drängt, etwas für die Patienten zu tun, wie wenn ich auch etwas Lebensnotwendiges für mich damit tun würde oder müßte. Mir fällt ein, daß Patient X deutlich in der Sitzung sagte, es sei schwer, Hilfe von jemandem anzunehmen oder zu erbitten. Unverständlich finde ich, daß ich überhaupt nicht wütend auf die beiden Patienten bin, weil sie mir Schuldgefühle machen, sondern ich weiß nicht genau warum, eher auf mich wütend bin, daß ich es nicht besser kann, wie wenn ich völlig für die Patienten verantwortlich wäre und sie gar keine Verantwortung für sich selber hätten."

Aus diesen Überlegungen im Anschluß an eine Gruppensitzung wird deutlich, welche spezifischen Gegenübertragungsreaktionen ich bei der gruppenanalytischen Arbeit mit Schizophrenen häufiger erlebe: Die Patienten stellen möglicherweise eine frühkindliche Mutter-Kind-Beziehung zu mir her, wobei sie mich averbal um eine Hilfeleistung in großer Not auffordern, die Art der erwarteten Hilfe aber völlig unklar ist. Es ist auch unklar, ob die Patienten sich sprachlich nicht ausdrücken können oder wollen, weil sie vielleicht Schreckliches befürchten. In jedem Fall senden sie Signale aus, die zu heftigen affektiven Reaktionen des Gruppenleiters (der Mutter?) führen, diesen aber zugleich ohnmächtig machen, weil er nicht weiß, worum es geht. Hierbei werden vermutlich heftige eigene frühkindliche Konflikte des Therapeuten bezüglich der Hilflosigkeit und Abhängigkeit der Mutter gegenüber reaktiviert sowie die damit verknüpften Aggressionen.

Interessanterweise erlebe ich die oben geschilderten diffusen Ängste der Gesamtgruppe gegenüber fast nie *während* der Gruppensitzungen, wohl aber die Besorgnis einzelnen Patienten gegenüber. Dies führt dann auch dazu, daß ich mich in der Gruppensituation häufig zu Interventionen einzelner, mir gefährdet erscheinenden Patienten gedrängt fühle und weniger zu Interventionen, in denen die Situation in der Gruppe insgesamt angesprochen wird. Ich habe häufig den Eindruck, daß die Gruppe insgesamt mir leicht aus dem Blick gerät und ich sozusagen den Wald vor lauter Bäumen nicht mehr sehe.

Mit diesem Bedürfnis, mich auf einzelne schizophrene Patienten zu konzentrieren, hängt auch zusammen, daß ich mich häufig dazu gedrängt fühle, den schizophrenen Patienten eine gewisse Strukturierung anzubieten, anstatt lediglich das Geschehen zu analysieren: etwa, indem ich bei einem Patienten längere Zeit nachfrage oder ihn ermuntere, bestimmte Aussagen weiterzuführen oder indem ich den Patienten ein Einzelgespräch, die Aufnahme in die Klinik oder die Einnahme bestimmter Medikamente anbiete oder dringend anrate. Hierdurch werden eine Reihe von nichtanalytischen Parametern in die gruppenanalytische Behandlung eingeführt, auf die ich etwas ausführlicher eingehen möchte.

Schizophrene Patienten und das gruppenanalytische Setting

In der Literatur über analytische Gruppentherapie herrscht die Meinung vor, daß schizophrene Patienten nicht *gruppenanalytisch* behandelt werden können, sondern allenfalls mit einer analytisch orientierten, in erster Linie stützenden Form der Gruppentherapie. Die meisten Gruppentherapeuten sind darüber hinaus der Auffassung, daß schizophrene Patienten überhaupt nicht in analytischen Gruppen behandelt werden sollten. Diesem Standpunkt kann ich mich nicht anschließen. Ich habe vielmehr den Eindruck, daß diese Patienten sich nicht nur analytisch, sondern auch gruppenanalytisch behandeln lassen. Gruppenanalytische Interventionen, d. h. Deutungsangebote, die sich auf das Geschehen in der Gruppe insgesamt beziehen, werden von schizophrenen Patienten durchaus verstanden und irritieren sie nicht. Im Gegenteil: ich habe immer wieder den Eindruck gewonnen, daß sich in gemischten Gruppen mit Neurotikern und Psychotikern gemeinsame unbewußte Phantasien einstellen, die als solche angesprochen werden können und sollten. Von Zerssen (1964) scheint die gegenteilige Erfahrung gemacht zu haben: er konnte trotz intensiven Bemühens keine besonderen Gemeinsamkeiten bei seinen schizophrenen Patienten in der Gruppe erkennen. Der Autor betont aber selber, daß die Gruppe relativ groß war (12 Patienten), einer starken Fluktuation unterlag (insgesamt waren 60 Patienten während 1 Jahres nacheinander in der Gruppe) und die Dauer der Sitzungen mit jeweils 1 h vielleicht zu kurz war. Hinzu kommt, daß bei den extrem schwierigen Patienten, mit denen v. Zerssen gearbeitet hat (alle waren kurz zuvor psychotisch gewesen), es für den Therapeuten schwierig gewesen sein dürfte, sich überhaupt auf die Gesamtgruppe zu konzentrieren.

Die spezifische Schwierigkeit bzw. Irritation, die den Gruppenleiter in analytischen Gruppen mit schizophrenen Patienten befällt, scheint mir charakteristisch zu sein für die gruppentherapeutische Arbeit mit diesen Patienten. Es ist nicht nur schwierig, sich als Gruppenleiter in solchen Gruppen auf den Gruppenprozeß zu konzentrieren, sondern darüber hinaus fühle ich mich als Gruppenleiter häufig richtiggehend *gedrängt,* meine Aufmerksamkeit auf einzelne Patienten zu konzentrieren. Es ist aber eine für mich offene Frage, ob dieser innere Drang, einzelne Patienten und nicht die Gesamtgruppe im Blick zu behalten, nicht vielleicht damit zusammenhängt, daß die Phantasien bzw. Gesamtkonstellationen, die in Gruppen mit schizophrenen Patienten entstehen, *als solche* für den Gruppenanalytiker schwer auszuhalten sind und er deshalb spontan dazu tendiert, sich auf einzelne Patienten zu konzentrieren und mit ihnen zu arbeiten (vgl. hierzu auch Ohlmeier u. Sandner 1979).

Was das gruppenanalytische Setting angeht, so habe ich die Erfahrung gemacht, daß die *Vorgänge an der Gruppengrenze,* wie sie v. a. von Foulkes (1978) beschrieben wurden (etwa zu spät kommen, wegbleiben, besondere Urlaubswünsche, verspätete Entrichtung des Honorars, eigenmächtige Abänderung der Medikation oder sonstiger Vereinbarungen) in Gruppen mit schizophrenen Patienten ebenso bedeutungsvoll sind wie in Gruppen mit ausschließlich neurotisch gestörten Patienten. Ich meine, es ist nicht sinnvoll, dieses Geschehen an der Gruppengrenze zu übersehen und zu tolerieren, etwa mit dem Argument, diese Patienten seien eben besonders gestört in ihrem Realitätsbezug. Im Gegenteil, ich meine, daß gerade diese kleinen Zeichen, welche die schizophrenen Patienten setzen, besonders bedeutsam sind und in der Gruppe aufgegriffen werden sollten.

Es ist allerdings nicht einfach, das gruppenanalytische Setting einigermaßen neutral zu gestalten, weil es besonders während der ambulanten Zeit erforderlich ist, Grenzen setzend oder strukturierend einzugreifen, sofern bei einem Patienten eine Psychose akut auszubrechen droht. Aber auch hier möchte ich die Frage aufwerfen, ob die eigenen Ängste des Therapeuten nicht manchmal größer sind als die realen, dem Patienten drohenden Gefahren.

Andererseits ist es sicher erforderlich, in bestimmten, für die schizophrenen Patienten kritischen Situationen – meist außerhalb des therapeutischen Rahmens – zur analytischen Gruppentherapie zusätzlich klärende Einzelgespräche zu vereinbaren. Der Nachteil solcher zusätzlicher Gespräche ist ähnlich wie in der sonstigen Gruppenanalyse auch: es geht der Gruppe einiges an wichtiger Dynamik verloren, und die anderen Teilnehmer der Gruppe werden *neidisch.* Ich habe allerdings beobachtet, daß die anderen Patienten es als entlastend empfunden haben, wenn ich sehr gefährdeten schizophrenen Patienten Einzelgespräche angeboten habe. Eher stieg der Neid und die Eifersucht, wenn ich *in der Gruppe* versucht habe, quasi Einzeltherapie vor den Augen der anderen Patienten zu betreiben, d. h. den gruppenanalytischen Ansatz zu verlassen.

Hiermit schließt sich der Kreis: wenn ich richtig sehe, drängen schizophrene Patienten den Gruppenleiter zur Einzelbehandlung in der Gruppe. Es ist aber möglicherweise gerade diese Aufforderung an den Gruppenleiter, die es verhindert, daß das volle gruppenanalytische Potential der Gruppe genutzt werden kann, d. h. die Beiträge der anderen Patienten und das Gruppengeschehen, in das der Patient eingebettet ist. Die „Einzeltherapie" in der Gruppe ist es dann häufig, die den Patienten evtl. in der Gruppe eher isoliert und an den Gruppenleiter fixiert. In diesem

Zusammenhang möchte ich noch eine Bemerkung anfügen: Es wird häufig die Meinung vertreten, schizophrene Patienten könnten in (analytischen) Gruppen zwar eine bessere Anpassung an die soziale Umwelt erlangen, aber keine tiefergehenden strukturellen Änderungen ihrer Persönlichkeit. Ich kann in diesem Zusammenhang leider auf diese Frage nicht näher eingehen, meine aber, daß möglicherweise eine gruppenanalytische Behandlung *gerade für schizophrene Patienten* eine günstige therapeutische Methode darstellt, um unbewußte frühkindliche traumatische Situationen wiederzubeleben und durchzuarbeiten.

Die Beziehungen zwischen Psychotikern und Neurotikern

Was die Beziehungen zwischen schizophrenen und neurotischen Patienten in gemischten Gruppen angeht, so kann ich hier nur vorsichtige Vermutungen äußern, und dies aus 2 Gründen: Zum einen überwiegen in den bei uns durchgeführten Gruppen die psychotischen Patienten. Sie stellen etwa ⅔ der Teilnehmer. Wir haben deshalb nur relativ geringe Zahlen von Neurotikern. Zum anderen handelt es sich bei unseren Neurotikern fast durchweg um schwerstgestörte Patienten oder um sog. Borderlinepersönlichkeiten. Es spricht einiges dafür, daß diese Patienten im Vergleich zu neurotischen Patienten, die sonst in analytischen Gruppen behandelt werden, eine spezifische Dynamik aufweisen. Diese Spezifität drückt sich besonders in entweder sehr lärmendem oder aber ausgesprochen retentiv-verschlossenem Verhalten aus. Was die Borderlinepatienten angeht, so tendieren sie dazu, das Geschehen in der Gruppe zunächst völlig zu bestimmen oder durch stilles, aber unberechenbar aggressives Verhalten auf sich aufmerksam zu machen. Die schizophrenen Patienten ihrerseits werden durch das lärmende Verhalten der Borderlinepatienten häufig etwas an die Wand gedrückt, aber es gibt auch ganze Sitzungen, in denen die schizophrenen Patienten die Thematik bestimmen und die Borderlinepatienten oder die Neurotiker sich kaum am Gespräch beteiligen können.

Trotz der nicht gerade günstigen Zusammensetzung in unseren Gruppen, was die nicht psychotischen Patienten angeht, die eben in der Hauptsache Borderlinepatienten sind, habe ich den Eindruck, daß schizophrene Patienten auch gemeinsam mit solchen Patienten behandelt werden können. Die Hauptgefahr dabei besteht darin, daß die Borderlinepatienten häufig die Therapie abbrechen oder aus der Gruppe herausgenommen werden müssen, was stark traumatisierend auf die schizophrenen Patienten wirkt, v. a. Schuldgefühle auslöst und das Gefühl, die Gruppe trage nicht hinreichend. Meine Vermutung geht dahin, daß es nicht so günstig ist, schizophrene Patienten gemeinsam mit *mehreren* Borderlinepatienten oder chronifiziert neurotischen Charakterstörungen zu behandeln. Wohl aber mit *einem* Borderlinepatienten und mehreren, weniger gestörten Neurotikern zusammen. *Ein* Borderlinepatient wirkt häufig als belebendes Moment in der Gruppe, ist aber allein nicht in der Lage, die Dynamik der Gesamtgruppe mit seinen aggressiv-provozierenden Verhalten zu bestimmen. Borderlinepatienten versuchen häufig, in Rivalität zum Gruppenleiter das Gruppengeschehen zu bestimmen, u. a. dann, wenn sie sich nicht richtig von ihm behandelt fühlen, z. B. mit ihrem aggressiven Verhalten konfrontiert werden.

Was die weniger gestörten neurotischen Patienten angeht, so haben diese zunächst Schwierigkeiten, sich mit den schizophrenen Patienten einzulassen. Es zeigt sich aber, daß nach einiger Zeit, besonders wenn schizophrene Patienten wieder psychotisch geworden sind, die neurotischen Patienten ihre schizophrenen Mitpatienten mehr in ihrer Eigenart verstehen, akzeptieren und sich auch mit tiefer liegenden Konflikten beschäftigen. Die schizophrenen Patienten ihrerseits ändern im Verlauf der analytischen Gruppentherapie ihre sehr indirekte und symbolische Ausdrucksweise und gelangen zu einer auch für die neurotischen Patienten verständlicheren Form der Kommunikation. Wie oben schon erwähnt, verfügen wir aber bei dieser Frage der optimalen Zusammensetzung der Gruppe noch über zu wenig Erfahrungen.

Das familiäre Umfeld und seine Bedeutung für das Verhalten der schizophrenen Patienten in der analytischen Gruppe

Als ich begonnen habe, mit schizophrenen Patienten gruppenanalytisch zu arbeiten, hatte ich die Vorstellung, ich könnte mich – ähnlich wie bei der Arbeit mit neurotischen Patienten – völlig auf das Geschehen in der Gruppe konzentrieren und vielleicht ab und zu noch ein klärendes Einzelgespräch führen. Inzwischen ist mir auf eindringliche Weise bewußt geworden, daß es bei diesen Patienten sehr wichtig ist, Zeichen zu beachten, die auf die Dynamik der Herkunftsfamilie hinweisen und diese sorgfältig zu prüfen:

Es kommt nicht selten vor, daß die Eltern oder die Geschwister der schizophrenen Patienten plötzlich anrufen, ihre Besorgnis mitteilen, der Patient könnte wieder psychotisch werden und fragen, wie ich die Situation einschätze. Meine erste Reaktion bei diesen Anrufen war zunächst eher etwas abwehrend, v. a. was Informationen über den Patienten angeht. Mittlerweile gehe ich auf die Sorgen und Ängste der Verwandten ein, bedanke mich für Hinweise oder entlaste die Angehörigen auch etwas, indem ich vorsichtig meine Einschätzung der Situation des Patienten gebe.

Schizophrene Patienten sind häufig sehr eng mit ihrer Familie verknüpft und haben mit ihrer Krankheit einen bedeutsamen Stellenwert im psychologischen Gefüge der Familie. Es ist deshalb nicht verwunderlich, daß die Angehörigen stark reagieren, sowohl wenn es dem Patienten besser als auch, wenn es ihm schlechter geht. Durch die Einbeziehung der Angebote der Familienmitglieder und auch die wohlwollende Tolerierung einer gewissen Mitarbeit läßt sich mindestens erreichen, daß der Gruppentherapeut die familiären Einflüsse, denen der Patient ausgesetzt ist, besser einschätzen kann. Die Angehörigen schizophrener Patienten sind auch sehr dankbar, wenn sie konkrete Ratschläge bekommen, was sie vielleicht in einer bestimmten Situation, etwa wenn der Patient wieder psychotisch geworden ist, tun sollten, z. B. was Besuche oder Einladungen angeht. Ich bin mir bewußt, daß durch diese Einbeziehung der Familienmitglieder das gruppenanalytische Setting erweitert wird und besonders, was Forschungsfragestellungen angeht, eine Reihe schwer einschätzbarer Variablen ins Spiel kommen, die die Therapie beeinflussen.

Die Bedeutung der Medikation für die gruppenanalytische Behandlung der schizophrenen Patienten

Wie ich schon bei der Schilderung des Verhaltens schizophrener Patienten ausgeführt habe, werden unserer Erfahrung nach fast alle Patienten während der 2jährigen Behandlung wieder akut psychotisch. In diesen kritischen Phasen ist es unabdingbar, die Patienten medikamentös zu behandeln. Durch eine entsprechende Medikation lassen sich manche psychotischen Dekompensationen verhindern, in jedem Fall aber abmildern und verkürzen. Ohne Medikamente müßten die Patienten in manchen Fällen die Therapie entweder längere Zeit – einige Wochen bis einige Monate – unterbrechen oder die Therapie überhaupt abbrechen. Darüber hinaus haben Battegay u. Marschall (1978) nachgewiesen, daß die Kombination von analytischer Gruppentherapie und Neuroleptika signifikante positive therapeutische Veränderungen bei schizophrenen Patienten bewirkt.

Was die Festsetzung der Medikation angeht, so haben wir die Erfahrung gemacht, daß die Patienten in manchen Fällen selber recht gut spüren, wieviel Medikamente sie brauchen, in anderen zwar der Medikation zustimmen, aber alles unternehmen, um die Wirkung der Medikamente zu neutralisieren (z. B. Unmengen von Kaffee trinken), in vielen Fällen aber auch völlig uneinsichtig sind.

Eine Zeitlang haben wir dazu tendiert, eine klare Entscheidung für eine bestimmte Medikation zu treffen und, falls der Patient nicht damit einverstanden war, ihn aus der Therapie zu entlassen. Inzwischen sind wir anderer Meinung: Wir sagen dem Patienten klar und deutlich, was wir für richtig finden, überlassen es ihm aber, ob er die Medikamente nehmen will oder nicht. Lediglich dann, wenn der Patient selbst- oder fremdgefährlich ist, bestehen wir auf der Medikation. Wir sind nämlich inzwischen zu der Einsicht gekommen, daß wir dem Patienten auch ein Stück Eigenverantwortung lassen müssen, was den Ausbruch einer Psychose angeht, und daß es wenig Sinn hat, in einer für den Patienten kritischen Situation mit der Beendigung der gruppenanalytischen Behandlung zu drohen, sofern der Patient nicht bereit ist, Medikamente zu nehmen.

Was die Dosierung der Medikamente angeht, so bieten die Patienten im Einzelgespräch meist selber genügend Anhaltspunkte, wieviel sie benötigen, wenngleich sie es oft nicht direkt ausdrücken können. Bei der Klärung dieser Frage ist die Gegenübertragung des Therapeuten im Gespräch mit dem Patienten von großer Bedeutung. Wichtig scheint mir in jedem Fall, daß mit dem Patienten der Ernst der Lage durchgesprochen wird und daß der Therapeut klar sagt, wie er sie sieht und welche Medikation oder sonstige Maßnahme er für angebracht hält. Eine für uns offene Frage ist, ob diese Gespräche über die Medikation vielleicht sogar in der Therapiegruppe geführt werden können, weil die anderen, latent schizophrenen Patienten in vielen Fällen ziemlich realistisch einschätzen können, wie es einem gefährdeten schizophrenen Gruppenmitglied im Augenblick geht.

Schlußbemerkung

Ich schließe meine Ausführungen mit einigen Bemerkungen ab, die den *Stellenwert meiner Erfahrungen* betreffen, bezüglich der Frage der *psychotherapeutischen Versorgung schizophrener Patienten*.

1. Es handelt sich bei meinen Überlegungen um einen vorläufigen Erfahrungsbericht. Die großen Schwierigkeiten, die ich geschildert habe, verringern sich mit zunehmender Erfahrung, wie ich bei mir selbst, besonders aber aus Gesprächen mit meinen erfahreneren Kollegen feststellen konnte.
2. Ich hoffe nicht, den Eindruck erweckt zu haben, die gruppenanalytische Arbeit mit schizophrenen Patienten sei einfach. Sie ist vielmehr besonders zu Anfang sehr belastend. Mir scheint es unabdingbar, daß jeder, der diese Arbeit beginnen will, engen Kontakt mit einer Klinik aufnimmt, in welche die Patienten nötigenfalls eingewiesen werden können und daß er versucht, in einer regelmäßigen Supervision oder im Kreis von Kollegen über die Schwierigkeiten zu reden, die mit Sicherheit während dieser Therapie auftreten.
3. Wie ich ausgeführt habe, beginnt die Gruppentherapie in unserer Klinik mit einem stationären Aufenthalt. Ich bin mir nicht sicher, ob dieser stationäre Teil der Behandlung notwendig oder gar indiziert ist für viele Patienten. Ich könnte mir auch vorstellen, mit schizophrenen Patienten von Anfang an in einer ambulanten Gruppe zu arbeiten.
4. Ich hege keinen übertriebenen Optimismus, was die Möglichkeiten analytischer Gruppentherapie bei Schizophrenen anbelangt. Allerdings meine ich, daß die pessimistische Annahme, wonach schizophrene Patienten allenfalls etwas besser sozial angepaßt werden könnten, unnötig pessimistisch ist. Ich habe vielmehr den Eindruck und stimme darin auch mit meinen Kollegen überein, daß schizophrene Patienten ebenso wie neurotische in analytischen Gruppen eine gewisse nachholende Ich-Entwicklung erlangen können, die es ihnen ermöglicht – wenn auch vielleicht eingeschränkt – zu arbeiten, eine feste Partnerschaft einzugehen oder wenigstens auf längere Sicht nicht hospitalisiert werden zu müssen.
Voraussetzung hierfür scheint mir allerdings zu sein, *daß den schizophrenen Patienten eine längere,* ich meine wenigstens 2 Jahre umfassende, *analytische Gruppentherapie angeboten wird* und nicht, wie es bisher meist geschieht, psychotherapeutische Versuche immer nur dann gemacht werden, und dann auch nur für relativ kurze Zeit, wenn die Patienten akut Schwierigkeiten haben.

Zusammenfassung

In der Arbeit geht es um einen Erfahrungsbericht über die gemeinsame Behandlung von schizophrenen und neurotischen Patienten in analytischen Gruppen. Erfahrungshintergrund sind 7 analytische Gruppen der klinischen Abteilung für Psychopathologie und Psychotherapie in der Max-Planck-Gesellschaft (München) mit insgesamt 31 Schizophrenen sowie 25 Patienten mit anderen Diagnosen. Das Behandlungsprogramm umfaßt einen Zeitraum von 2 Jahren und beginnt mit einer Intensivphase von 4 Monaten in unserer Klinik; danach wird die Behandlung noch 20 Monate ambulant weitergeführt.

Der Bericht ist um 6 Fragestellungen gruppiert:

1. *Das Verhalten schizophrene Patienten* ist in der Anfangsphase der Gruppe charakterisiert durch starke Zurückhaltung. Das Geschehen wird zunächst völlig von den neurotischen Patienten bestimmt. Nach 6–8 Monaten werden die schizophrenen Patienten nacheinander wieder psychotisch, wobei sie sich gegen den Gruppenleiter auflehnen, übermäßig aktiv sind und Stille in der Gruppe kaum ertragen können. In dem Maße, in dem die Psychose wieder abklingt, werden die Patienten wieder zurückhaltender, schließlich depressiv. Wir betrachten die psychotischen Dekompensationen der schizophrenen Patienten während der analytischen Gruppentherapie als eine produktive Krise im Rahmen der Behandlung.
2. *Was den Gruppenleiter angeht,* so fühlt er sich häufig gedrängt, Einzeltherapie mit schizophrenen Patienten in der Gruppe zu betreiben und verliert dabei leicht das Geschehen in der Gesamtgruppe aus dem Blick. Darüber hinaus erlebt er häufig schwer faßbare, heftige Gefühle des Unwohlseins im Anschluß an die Gruppensitzungen.
3. Im Gegensatz zur häufig vertretenen Auffassung scheint *die gruppenanalytische Behandlung* schizophrener Patienten – d. h. die Deutung des Geschehens in der Gesamtgruppe – nicht nur möglich, sondern auch günstig, da diese Patienten sich hierdurch in das Gruppengeschehen eingebunden fühlen, was sie realiter auch immer sind.
4. Nach anfänglichen Schwierigkeiten *lassen schizophrene Patienten sich gut gemeinsam mit neurotischen Patienten behandeln;* beide Patientengruppen profitieren voneinander. Vorsicht ist allerdings geboten bei Borderlinepatienten.
5. Es hat sich als günstig erwiesen, die *Reaktionen wichtiger Bezugspersonen* der schizophrenen Patienten während der gruppentherapeutischen Behandlung sorgfältig zu beachten.
6. Durch die *gleichzeitige medikamentöse und gruppentherapeutische Behandlung* schizophrener Patienten können psychotische Krisen gemildert, Therapieabbrüche verringert und eine kontinuierliche Mitarbeit der Patienten gesichert werden.

Wir sind der Auffassung, daß schizophrene Patienten auch von niedergelassenen Gruppentherapeuten behandelt werden könnten, sofern ein klares Behandlungsangebot von wenigstens 2 Jahren, die Möglichkeit einer vorübergehenden stationären Unterbringung der Patienten und eine hinreichende Supervision des Therapeuten gewährleistet sind.*

---

* Zum neuesten Stand der gruppenanalytischen Behandlung Schizophrener vgl. Sandner, D. (Hrsg.) Analytische Gruppentherapie mit Schizophrenen. Göttingen, Vandenhoeck & Ruprecht, 1986

Literatur

Battegay R (1973) Der Mensch in der Gruppe. Bd II: Allgemeine und spezielle gruppenpsychotherapeutische Aspekte. Huber, Bern

Battegay R, Marschall R von (1978) Dynamics and effects of long-term group psychotherapy with schizophrenics. In: Wolberg RL, Aronson ML, Wolberg AR (eds) Group Therapy 1978. Stratton, New York

Battegay R, Rohrbach P (1966) Gruppenpsychotherapie mit Schizophrenen und deren Angehörigen. Z Psychother Med Psychol 16:134–146

Bion WR (1971) Erfahrungen in Gruppen und andere Schriften. Klett, Stuttgart

Buddeberg C, Meier R (1976) Kommunikationstherapeutisch orientierte Gruppentherapie mit jungen Schizophrenen. Gruppenther Gruppendynamik 10:164–174

Eicke D (1967) Therapeutische Gruppenarbeit mit Schizophrenen. Z Psychother Med Psychol 17:100–111

Finke J, Waniek W (1979) Unterschiedliche psychiatrische Patienten in gemeinsamer Gruppentherapie? Z Psychother Med Psychol 29:62–65

Foulkes SH (1974) Gruppenanalytische Psychotherapie. Kindler, München

Foulkes SH (1978) Praxis der gruppenanalytischen Psychotherapie. Reinhardt, München

Garloff L (1974) Ambulante Psychotherapie einer Gruppe schizophrener Frauen. Gruppenpsychother Gruppendynamik 8:68–79

Greve W (1977) Gruppenarbeit mit Schizophrenen. Gruppenpsychother Gruppendynamik 11:130–149

Heigl-Evers A, Heigl F (1973) Gruppentherapie: interaktionell – tiefenpsychologisch fundiert (analytisch orientiert) – psychoanalytisch. Gruppenpsychother Gruppendynamik 7:132–157

Heigl-Evers A, Heigl F (1975) Zur tiefenpsychologisch fundierten oder analytisch orientierten Gruppenpsychotherapie des Göttinger Modells. Gruppenpsychother Gruppendynamik 9:237–266

Heigl-Evers A, Heigl F (1976) Zum Konzept der unbewußten Phantasie in der psychoanalytischen Gruppentherapie des Göttinger Modells. Gruppenpsychother Gruppendynamik 11:6–22

Kiesewetter M (1976) Warum eine bifokale Gruppentherapie aufgegeben wurde. Gruppenpsychother Gruppendynamik 10:191–202

Ohlmeier D (1975a) Gruppentherapie und psychoanalytische Theorie. In: Uchtenhagen A, Battegay R, Friedemann A (Hrsg) Gruppenpsychotherapie und soziale Umwelt. Huber, Bern

Ohlmeier D (1975b) Gruppenanalyse. Unveröffentlicht, Ulm

Ohlmeier D (1976) Gruppeneigenschaften des psychischen Apparates. In: Eicke D (Hrsg) Die Psychologie des 20. Jahrhunderts, Bd II. Kindler, Zürich

Ohlmeier D, Sandner D (1979) Selbsterfahrung und Schulung psychosozialer Kompetenz in psychoanalytischen Gruppen. In: Heigl A (Hrsg) Die Psychologie des 20. Jahrhunderts, Bd VIII: Lewin und die Folgen. Kindler, Zürich

Pohlen M (1972a) Gruppenanalyse. Vandenhoeck & Ruprecht, Göttingen

Pohlen M (1972b) Gruppenanalyse in einem neuen klinischen Organisationsmodell. Gruppenpsychother Gruppendynamik 6:15–29

Pohlen M (1973) Das Münchner Kooperationsmodell. Gruppenpsychotherapie in einem neuen Organisationsmodell. Nervenarzt 44:476–483

Pohlen M, Bautz M (1974) Gruppenanalyse als Kurzpsychotherapie. Eine empirische Vergleichsuntersuchung bei spezifisch inhomogenen Gruppen von Psychotikern und Neurotikern. Nervenarzt 45:514

Pohlen M, Bautz M (1978) Die Rolle des Therapeuten im Münchner Kooperationsmodell. Gruppenpsychother Gruppendynamik 13:1–24

Sandner D (1975) Die analytische Theorie der Gruppe von W. R. Bion. Gruppenpsychother Gruppendynamik 9:1–17

Sandner D (1976) Der Beitrag von S. H. Foulkes zur Entwicklung einer analytisch fundierten Gruppendynamik. Gruppenpsychother Gruppendynamik 10:203–219

Sandner D (1978) Psychodynamik in Kleingruppen. Theorie des affektiven Geschehens in Selbsterfahrungs- und Therapiegruppen (Selbstanalytische Gruppen). Reinhardt, München

Schindler R (1960) Über den wechselseitigen Einfluß von Gesprächsinhalt, Gruppensituation und Ich-Gestalt in der analytischen Gruppentherapie. Psyche 14:382–392

Schindler R (1968) Was lehrt uns die Gruppenerfahrung für das Verständnis der Psychodynamik bei schizophrenen Psychosen? Gruppenpsychother Gruppendynamik 1:41–50

Schindler W (1951) Family pattern in group formation and therapy. Int J Group Psychother 1:100–105

Schindler W (1966) The role of the mother in group psychotherapy. Int J Group Psychother 16:198–202

Schindler W (1975) Gruppenanalytische Psychotherapie und das Selbst. Gruppenpsychother Gruppendynamik 9:227–237

Schwarz F, Sandner D Gruppenanalyse in der Klinik mit Psychotikern und anderen schwer gestörten Patienten. Gruppenpsychother Gruppendynamik 17:379–386

Zerssen D von (1964) Stationäre Gruppenpsychotherapie mit relativ jungen Schizophrenen. Psyche 18:532–545

10. Gruppenanalyse in der Klinik mit Psychotikern und anderen schwer gestörten Patienten*

I

Ziel der Arbeitsgruppe war es, zu veranschaulichen, daß in analytischen Gruppen mit Psychotikern, Borderlinepatienten und Neurotikern *gemeinsame unbewußte Phantasien* und ein *gemeinsames Gruppengeschehen* entstehen, die eine spezifische Dynamik aufweisen im Hinblick auf Übertragung und Widerstand, Regression und Gegenübertragung des Gruppentherapeuten.

II

Da es bei jeder Gruppenarbeit bedeutsam ist, in welchem *institutionellen Rahmen* sie sich abspielt, haben wir den Teilnehmern der Arbeitsgruppe unseren *Behandlungskontext* geschildert: Die klinische Abteilung der Forschungsstelle für Psychopathologie und Psychotherapie in der Max-Planck-Gesellschaft (Leiter: Prof. Dr. Dr. Paul Matussek) ist eine offene psychotherapeutische Station. In unseren gemischten Gruppen werden jeweils 8 Patienten – etwa zur Hälfte Psychotiker (v.a. Schizophrene) und schwergestörte Neurotiker – gemeinsam behandelt. Bei den Psychotikern handelt es sich meist um Patienten, die bei Behandlungsbeginn nicht akut psychotisch sind, aber in der Regel vorher wiederholt psychotische Schübe hatten. Das Therapieprogramm umfaßt 2 Jahre analytischer Gruppentherapie, wobei die Patienten zunächst 4 Monate in unserer Klinik stationär behandelt werden. Während dieser Zeit finden wöchentlich 3 analytische Gruppensitzungen (jeweils 90 min) und 2 mehr gruppendynamisch orientierte Sitzungen statt, an denen alle Patienten teilnehmen, die sich auf unserer Station befinden (meist 15). Darüber hinaus gibt es ein umfangreiches Angebot an Arbeits- und Beschäftigungstherapie sowie an musischen und sportlichen Aktivitäten. Anschließend an den stationären Aufenthalt wird die Behandlung 4 Monate lang mit jeweils einer analytischen Gruppensitzung und einer mehr gruppendynamisch-problembezogenen Gruppensitzung pro Woche weitergeführt. Die restlichen 16 Monate der Therapie findet eine analytische Gruppensitzung pro Woche statt. Während der gesamten Behandlung werden die Patienten – soweit

---

* Dieser Beitrag wurde gemeinsam mit F. Schwarz verfaßt. Es ist der Bericht einer Arbeitsgruppe auf der 8. Arbeitstagung des DAGG im November 1978 in Nürnberg

erforderlich – auch medikamentös behandelt. Bei psychotischen Rückfällen während und nach der Behandlung werden die Patienten – soweit sie nicht in einer geschlossenen Station behandelt werden müssen – vorübergehend wieder in unserer Klinik aufgenommen. Darüber hinaus besteht eine Betreuung durch einen Sozialarbeiter und eine enge Zusammenarbeit mit gemeindenahen und therapeutisch-rehabilitativen Einrichtungen. Die Patienten kommen zu uns über eine eigene Ambulanz, die von den Gruppentherapeuten des Instituts betreut wird.

Wie aus dieser knappen Schilderung des institutionellen Rahmens unserer analytischen Gruppentherapie deutlich wird, bewegen wir uns mit unserer Arbeit in einem Bereich, der zwischen Psychiatrie, Psychoanalyse und gemeindenah-rehabilitativer Arbeit angesiedelt ist. Von daher könnten die Schwierigkeiten, aber auch die Erfahrungen und Ergebnisse unseres Instituts bei der Behandlung von schwergestörten Patienten möglicherweise über den engen Rahmen der Gruppenanalyse hinaus bedeutsam sein.

III

Wir haben Tonbandprotokolle von 2 Therapiegruppen vorgespielt und versucht, gemeinsam die unbewußte Psychodynamik zu klären, die sich in den Gruppen konstellierte. Dabei haben wir besonders von den Gegenübertragungsgefühlen der Teilnehmer der Arbeitsgruppe Gebrauch gemacht und von der Psychodynamik, die in der Arbeitsgruppe selbst während des Anhörens der Bänder entstand.

Aus der 1. der beiden Gruppensitzungen wurden 2 Abschnitte ausgewählt, und zwar der Anfang der Sitzung und ein späterer Teil. Das unbewußte Thema, das sich schon zu Beginn dieser Gruppensitzung konstellierte, kann – auf der frühkindlichen Beziehungsebene – als *Problem der aufdringlichen Mutter* und des dadurch *überforderten Säuglings* angesehen werden.

Zu Beginn dieser Gruppensitzung äußerte zunächst eine Teilnehmerin ihre Wünsche nach Wärme und Zuwendung, wobei sie von einem anderen Gruppenmitglied zurückgewiesen wurde. Das gleiche Problem, das zwischen diesen beiden Teilnehmern auftrat, bestand auch intrapsychisch bei der erstgenannten Teilnehmerin in Form einer sehr ausgeprägten Ambivalenz: Sie formulierte zwar einerseits ihre Wünsche nach Nähe, wehrte sie aber gleichzeitig durch ihren sehr aufdringlichen und wenig auf ihr Gegenüber eingehenden Kommunikationsstil ab. Sie konnte ihre Aufdringlichkeit zwar selbst formulieren, jedoch nicht im aktuellen Umgang mit den anderen Gruppenmitgliedern erleben. Dieser Ambivalenzkonflikt, in dem es einerseits um einen drängenden Wunsch nach Nähe und Verschmelzung ging, wovor aber gleichzeitig große Angst bestand, übertrug sich z.T. auch auf den Gruppenleiter. Er war imstande, diese Thematik richtig zu erfassen und auszudrücken, jedoch ähnlich wie die erstgenannte Patientin in einer eher indirekten Formulierung, was sehr deutlich von den Teilnehmern der *Arbeitsgruppe* empfunden wurde. Die Parallele zwischen dem Verhalten der genannten Gruppenteilnehmerin und dem Gruppenleiter erstreckte sich auch noch darauf, daß er Tendenzen der Gruppe nach mehr Nähe und Intimität zu forcieren versuchte, z.B. indem er eine andere Gruppenteilnehmerin, die sich durch Äußerungen in der Vergangenheitsform Distanz zu schaffen versuchte, etwas kritisch darauf hinwies.

Im Zusammenhang mit der Forcierung der Intimität, die z.T. von Gruppenteilnehmern, teils vom Gruppenleiter ausging, also durch dieses Verhalten einer aufdringlichen oder überfordernden Mutter, kam es momentan zu einem guten Kontakt zweier Teilnehmerinnen, die sich ihre Zuneigung gestanden. Dieses Maß an Intimität führte alsbald bei einem anderen Teilnehmer zu intensivem Neid, als Ausdruck eines die ganze Gruppe zunehmend erfassenden regressiven Sogs, in Richtung auf heftige *präödipale* Neidgefühle.

Eine der Psychodynamik der Anfangsphase dieser Gruppe entsprechende Reaktion zeigte sich in der Arbeitsgruppe. Es gab hier z.T. recht drängende und fordernde Beiträge von Teilnehmern, die sich kritisch gegenüber der mangelnde Sensibilität der zuerst sprechenden Gruppenteilnehmerin äußerten und sie hinsichtlich ihrer aktuellen psychischen Möglichkeiten überforderten. Ähnlich hohe Ansprüche stellten sie auch an den Therapeuten. Hier zeigten sich sehr deutliche Unterschiede zwischen Teilnehmern der Arbeitsgruppe mit größerer oder geringerer Therapieerfahrung. Je geringer die eigene Erfahrung war, um so größer waren die Forderungen an die Patienten wie an den Leiter der Therapiegruppe, wohingegen Teilnehmer der Arbeitsgruppe mit größerer Erfahrung viel präziser auch kleinere Lernschritte von Patienten in dieser Gruppensitzung wahrnehmen konnten. Sie waren auch eher dazu in der Lage, zu akzeptieren, daß der Gruppenleiter durch den starken emotionalen Sog der Gruppe affiziert und in seiner optimalen therapeutischen Handlungsfreiheit eingeschränkt war.

Etwas schwierig und überfordernd erwies sich der Sprung von der Anfangsphase der Gruppensitzung zu dem erwähnten späteren Abschnitt der Therapiegruppe, in dem sehr massive regressive Tendenzen der Gruppenteilnehmer auftraten. Diese äußerten sich in einer Reihe von Träumen verschiedener Gruppenmitglieder mit z.T. beängstigenden Inhalten, v.a. im Sinne einer symbiotischen Auflösung und Verschmelzung der eigenen Person. Durch diesen Sprung in den späteren sehr „dichten" Gruppenabschnitt wurde die Arbeitsgruppe in ähnlicher Weise überfordert, wie dies auch bei der Therapiegruppe der Fall war. Auch in der Psychodynamik der Arbeitsgruppe erschien ein ähnliches Problem wie in der Therapiesitzung. Die Teilnehmer der Arbeitsgruppe fühlten sich zwar z.T. überfordert, gleichzeitig wurde die Intensität der Arbeitssitzung wie des dargebotenen Materials aus der Therapiegruppe als sehr anregend und bereichernd erlebt.

Bei der Bearbeitung des Ausschnitts der 2. von uns vorgeführten Gruppensitzung kristallisierte sich ein etwas anderes unbewußtes Leitmotiv bzw. szenisches Geschehen heraus: bezogen auf die frühe Mutter-Kind-Beziehung handelte es sich um eine eher *reglementierende* oder auch *distanzierend-abweisende Mutter* und ein *hilfloses verlassenes Kind*.

Zu Beginn dieser Gruppensitzung versuchte eine Teilnehmern ein Einzelgespräch mit dem Therapeuten zu vereinbaren, d.h. bezogen auf die Gruppe, eine *ödipale Situation* zu konstellieren. Als dieser betonte, sie solle doch in der Gruppe ihre Problematik einbringen, zog sie sich zurück und sagte nichts mehr. Andere Teilnehmer äußerten daraufhin nacheinander, wie kalt und unwirtlich die Atmosphäre in der Gruppe sei, und wie schön es wäre, zu zweit zu sein. Daran schlossen sich immer bedrohlicher werdende Träume der Patienten an, in denen von Eisenbahnen die Rede war, die einen überfahren könnten, oder von Leichen, die irgendwo liegen. Dem Gruppenleiter wurden die überstarken diffusen symbiotischen Wünsche der

Patienten und die aus der Frustration dieser Wünsche entstehenden heftigen Aggressionen unheimlich: Er fragte zwar wiederholt, was das Angstmachende in der Situation sei, ging aber nicht hinreichend auf die konkret angebotenen ängstigenden Inhalte der Patienten ein. Dies führte dazu, daß sich bald ein eisiges Schweigen ausbreitete, welches die psychotischen Patienten wesentlich mehr belastete als die neurotischen. Der Verlauf der Gruppensitzung ging dann mehr und mehr in Richtung einer eindeutig präödipalen Ebene, wobei es zunächst zur Exploration einer psychotischen Patientin durch eine neurotische kam, die sich auf diese Weise sehr stark von ersterer distanzierte. Sie erlebte sich in dieser Situation als gesund und die psychotische Patientin als krank. Die psychotische Patientin äußerte daraufhin Phantasien und Träume mit paranoiden Inhalten und über Folterungen, die mit einem gemacht werden, wenn man sich nicht passend verhält, sowie über eine straff organisierte Gesellschaft, in der sie nicht hineingehöre. Diese Phantasie, die im weiteren Verlauf der Gruppensitzung zunehmend von den anderen psychotischen Patienten angereichert bzw. geteilt wurde, dürfte aus einem Zueinander von

a) von Anfang an vorhandenen überstarken Bedürfnissen nach Nähe und Geborgenheit,

b) Frustration dieser Bedürfnisse durch den Gruppenleiter (das Verwehren von Zweierkontakten außerhalb und das relativ distanzierte Eingehen auf die Wünsche der Patienten innerhalb der Gruppe) und

c) dem spezifischen Abgrenzungsbedürfnis der genannten neurotischen Patientin hervorgerufen worden sein.

Wir meinen, daß gerade die psychotischen Patienten die Frustration ihrer Symbiosewünsche als Aggression (Folterungen) erlebten und als Ausstoßung aus der Gruppe. Zugleich zeigten diese Phantasien die Projektion der eigenen Aggressionen der Psychotiker (paranoide Inhalte), und es wurden durch die bizarre Äußerungsform der genannten Phantasien stark distanzierende Tendenzen deutlich.

Das Konkurrieren ödipaler und präödipaler Inhalte zu Beginn der Therapiegruppe äußerte sich auch in sehr starkem Ausmaß in der *Arbeitsgruppe*. Es kam zur Bildung von Untergruppen, wobei die eine Partei mehr den ödipalen, die andere mehr den präödipalen Aspekt mit starkem emotionalen Engagement vertrat. In der Arbeitsgruppe zeigte sich darüber hinaus eine weitere psychodynamische Entsprechung zur Patientengruppe darin, daß sehr lebhafte heterogene Standpunkte vertreten wurden, die der Leiter der Patientengruppe zu koordinieren bzw. zu ordnen versuchte, ähnlich wie zu Beginn der Therapiegruppe („hier ist der Ort der Therapie") unter starker Betonung eines zentralen Themas (eben: distanzierende Mutter und hilfloser Säugling), wobei ein gewisser Druck in der Arbeitsgruppe entstand.

Folgende Überlegung kann dieses Phänomen verständlich machen: In der Patientengruppe bestanden von Anfang an starke regressive symbiotische Tendenzen, die sich im Verlauf dieser Gruppensitzung schließlich auch durchsetzten, wobei dann die psychotischen Patienten das Feld beherrschten und die neurotischen in den Hintergrund rückten. Die etwas ordnenden oder einengenden Tendenzen des Gruppenleiters traten wahrscheinlich als Reaktion auf den starken regressiven Sog in der Gruppe in Richtung Primärprozeß auf. Das deutlich rivalisierende Verhalten von Teilnehmern der Arbeitsgruppe auf einer ödipalen Ebene hatte vermutlich den Sinn, durch

Streiten sich abzugrenzen und ein symbiotisches Verschmelzen zu verhindern. Ähnlich könnte auch der Versuch der neurotischen Patientin zu verstehen sein, sich von der psychotischen durch Explorieren stark abzugrenzen.

Auch in der 2. Therapiegruppe war ähnlich wie in der 1. der starke Sog des unbewußten Gruppenthemas zu spüren. Es wurde deutlich, wie schwierig es für den Gruppenleiter ist, damit locker umzugehen und nicht in Form von zu starker Anteilnahme und Identifizierung mit den Patienten oder aber zu rigider Abwehr gegenüber ihren Wünschen in der freien Entfaltung seiner therapeutischen Kompetenz behindert zu werden. Das gemeinsame Thema dieser Gruppensitzung könnte demnach auch noch als Angst vor dem Verlust der Kontrolle über eine diffusbedrohliche Situation anzusehen sein.

IV

Als Ergebnisse der Arbeitsgruppe können wir festhalten:

1. Ein wesentliches Ergebnis unserer Arbeitsgruppe ist, was Herr Hahn, Oberarzt am Burghölzli, Zürich, mit langjähriger gruppenanalytischer Erfahrung bei Schizophrenen als *seine* eindrucksvolle Erfahrung bezeichnet hat: Er konnte beim Hören der Bänder nicht unterscheiden, wer von den Patienten Psychotiker und wer Neurotiker war. Wörtlich sagte Herr Hahn beim Abschlußbericht über unsere Arbeitsgruppe: „... auf den Bändern waren für mich die Patienten alle gleichartig, und es war für mich sehr überraschend, daß die Schätzung, die ich machte, falsch war, daß die Neurotiker Psychotiker waren und umgekehrt. Das ist aber sehr wichtig, weil es zeigt, wie ubiquitär die Grundlage der Gruppentherapie ist. Ich war sehr erinnert an Gruppen – Selbsterfahrungsgruppen – mit Gesunden, die ganz ähnlich reagiert haben wie psychotisch/neurotisch gemischte Gruppen."

   In dieser Aussage ist gut eingefangen, was nach 5 Doppelstunden gemeinsamer Arbeit durchgehend der Eindruck bei den Teilnehmern war und was wir auch als Ausgangshypothese und Ziel der Arbeitsgruppe angesehen haben: Man kann nicht nur Psychotiker und Neurotiker gemeinsam in analytischen Gruppen behandeln; es entsteht darüber hinaus eine gemeinsame unbewußte Dynamik, an der alle Gruppenteilnehmer, inklusive dem Gruppenleiter, auf jeweils spezifische Weise teilhaben. Darüber hinaus gibt es unserer Erfahrung nach eine ganze Reihe *spezifischer Unterschiede* im Verhalten von Psychotikern und Neurotikern in analytischen Gruppen.[1]

2. Damit sind wir bereits beim 2. Punkt angelangt, der als Ergebnis wert ist, festgehalten zu werden. Den Teilnehmern der Arbeitsgruppe wurde gefühlsmäßig deutlich, wie sehr sie selbst in die Psychodynamik der Patientengruppen einbezogen wurden. Sie gewannen einen Eindruck davon, wie stark die emotional/affektive Verstrickung des Gruppenleiters während der realen Gruppensitzung gewesen sein muß. In der Tat ist die besondere Belastung des Gruppentherapeu-

---

[1] Vgl. hierzu auch Sandner, D. Behandlungstechnik in der Gruppenanalyse von Schizophrenen und Neurotikern. In: Sandner, D. (Hrsg.) Analytische Gruppentherapie mit Schizophrenen. Göttingen, Vandenhoeck & Ruprecht, 1986, 133–147

ten in den geschilderten Gruppen, seine damit verbundene spezifische Gegenübertragung, eine Problematik, die wir zwar gemeinsam erleben und im Einzelfall klären konnten, die nichtsdestoweniger aber einer eingehenden psychoanalytischen Aufarbeitung harrt.[2]

3. Als weiteres Ergebnis unserer Arbeitsgruppe ist festzuhalten, welche große Bedeutung ein fester Behandlungsrahmen (vgl. unter II.) bei der stationären Gruppentherapie mit schwergestörten Patienten hat. Hier war es insbesondere Herr Hahn wieder, dem dieser Gesichtspunkt angesichts seiner Erfahrung in einer großen psychiatrischen Klinik deutlich wurde. Es ist die Frage aufgetaucht, ob es nicht sinnvoll und möglich wäre, die analytisch-gruppentherapeutische Behandlung auch dieser Patienten nicht nur während der Zeit des stationären Aufenthalts durchzuführen, sondern vielmehr ihnen ein unserem Modell ähnliches Therapieangebot zu machen.

4. Schließlich wurde in unserer Arbeitsgruppe deutlich, welche besonderen Probleme auftauchen, wenn *stationäre Gruppentherapie* durchgeführt wird, wobei die Patienten ständig untereinander und mit dem Personal Kontakt haben. Hierbei ergeben sich vielfältige Probleme bei der Handhabung eines analytischen Umgangsstils im Klinikrahmen. Es finden besondere Aufspaltungen der Übertragung auf unterschiedliche Mitglieder des therapeutischen Teams statt. Umgekehrt wird das therapeutische Team stark in die Psychodynamik des Geschehens in der Patientengruppe verstrickt, was sich v. a. in unterschiedlichen bis kontroversen Auffassungen über die „richtige" Behandlung oder das adäquate analytische Verständnis des Geschehens ausdrückt. Wir haben bezüglich der Bearbeitung dieser Probleme recht gute Erfahrungen gemacht mit einer Balint-Gruppe, die von einer Analytikerin geleitet wird, welche nicht zu unserem Institut gehört. An dieser Balint-Gruppe nehmen *alle* Mitglieder des therapeutischen Teams teil (Therapeuten, Schwestern, Sozialarbeiter).[3]

V

Das Thema des 8. DAGG-Kongresses lautete „Veränderung und Widerstand". Es mag zunächst scheinen, als ob wir mit unserer Arbeitsgruppe kaum etwas zu dieser Thematik beigetragen hätten. Bei näherem Hinsehen wird aber deutlich, daß unsere Ergebnisse für die institutionellen Bedingungen der psychiatrischen und der psychotherapeutischen Versorgung ebenso wie für den prophylaktischen und rehabilitativen Bereich nicht unbeträchtliche Konsequenzen haben: Wir konnten nämlich auch aus der praktischen Erfahrung mit der Gruppentherapie zeigen, daß die Eingrenzung psychotherapeutischer Maßnahmen auf Neurotiker und die fast ausschließliche psychiatrisch-pharmakologische Behandlung psychotischer Patienten von der psychischen Dynamik in unseren Gruppen nicht gerechtfertigt erscheint. Insofern glauben

---

2 Vgl. hierzu Schwarz, F. Übertragung und Gegenübertragung in der analytischen Gruppenpsychotherapie mit psychotischen Patienten. In: Sandner, D. (Hrsg.) Analytische Gruppentherapie mit Schizophrenen. Göttingen, Vandenhoeck & Ruprecht, 1986, 117–132

3 Vgl. hierzu Klug, G. Über stationäre Psychotherapie bei der gruppenanalytischen Behandlung von schizophrenen Patienten. In: Sandner, D. (Hrsg.) Analytische Gruppentherapie mit Schizophrenen. Göttingen, Vandenhoeck & Ruprecht, 1986, 148–161

wir, einen Beitrag geliefert zu haben zu *der* Kontroverse, die alle Tagungsteilnehmer bewegt hat, nämlich zwischen der Psychoanalyse, der herkömmlichen Psychiatrie und der gemeindenahen Psychiatrie, wie sie v. a. in Italien praktiziert wird. Für uns sind diese 3 therapeutischen Ansätze nicht einander widersprechende oder ausschließliche Alternativen, sondern Methoden, mit deren Integration wir von der Zielvorstellung unserer therapeutischen Einrichtung und den prakischen Erfordernissen der Behandlung tagtäglich konfrontiert sind.

Forschung

11. Zur Methodologie der Erforschung des Gruppenprozesses in der analytischen Gruppentherapie*

Die analytische Gruppentherapie ist an einem Punkt angelangt, an dem es nicht mehr nur darum geht, heuristische Modellüberlegungen, kasuistische Erfahrungsberichte oder klinisch gewonnene behandlungstechnische Vorschläge zur Diskussion zu stellen. Es geht nunmehr darum, die vielfältigen Ansätze zu sichten, aufeinander zu beziehen sowie einer wissenschaftlichen Einschätzung und Überprüfung zu unterziehen.

Worüber viele Vermutungen bestehen, worüber wir aber wenig wissen, ist, *wie wirkt* (analytische) Gruppentherapie, welche spezifischen Wirkfaktoren können wir annehmen und therapeutisch nutzen? Diese Frage ist nicht neu. Sie hat Gruppentherapeuten aller Richtungen seit dem Aufkommen der Gruppentherapie als Behandlungsmethode Ende der 40er Jahre immer wieder sehr beschäftigt (vgl. z.B. Frank 1951, 1975, 1979). Gleichzeitig ist es gerade diese Frage, die von den vielfältigen, den Gruppentherapeuten bewegenden Problemen wohl am wenigsten *wissenschaftlich* geklärt ist. Es genügt ja nicht, Wirkungen zu *behaupten* und diese auf *vermeintliche* Wirkursachen zu beziehen, es ist vielmehr erforderlich nachzuweisen, ganz gleich mit welcher wissenschaftlichen Methode, daß die vermuteten Wirkursachen spezifische Wirkungen zeitigen. Dabei stellt sich regelmäßig die Frage der *methodischen Erfassung* des Geschehens in Gruppen und darüber hinaus – wie ich betonen möchte – die Frage nach der *adäquaten* Methode, also das Problem der *Methodologie* der Gruppentherapieforschung.

In diesem Beitrag möchte ich mich deshalb auf die Frage der *adäquaten Methode* bei der Erforschung des Gruppenprozesses in der Gruppentherapie konzentrieren. Dies erscheint mir notwendig, weil ich hierin das größte Problem der Gruppentherapieforschung sehe.

Dabei werde ich bewußt die Fragestellung auf die *Gruppentherapie generell* ausweiten, da ich der Auffassung bin, daß meine methodologischen Überlegungen nicht nur für die analytische Gruppentherapie gelten. Nichtsdestoweniger handelt es sich hier um Überlegungen, die in erster Linie aus der Arbeit mit analytischen Gruppen gewonnen wurden und in besonderer Weise geeignet erscheinen, Prozesse in analytischen Gruppen zu verstehen und zu erfassen.

---

* Vortrag gehalten am 27.5.1983 im Institut für Psychoanalyse (im Fachbereich Psychologie) der Universität Frankfurt

Mein Beitrag gliedert sich in 4 Abschnitte:

1. Im 1. Abschnitt werde ich kurz über den Stand der Forschung im Bereich der Gruppentherapie berichten unter dem Aspekt der *Gruppenprozeßforschung.*
2. Im 2. Abschnitt werde ich die These aufstellen und begründen, wonach die unbefriedigende Forschungslage in der Gruppentherapie in einer inadäquaten Methodologie der Forschung begründet sei.
3. Im 3. Abschnitt werde ich versuchen darzulegen, welche Anforderungen meiner Meinung nach an eine Methodologie der Gruppenprozeßforschung gestellt werden sollten.
4. Im 4. Abschnitt schließlich möchte ich konkret schildern, welche methodologische Position und welchen methodischen Weg ich in der Gruppentherapieforschung für erforderlich und erfolgversprechend halte.

Zum Stand der Prozeßforschung in der Gruppentherapie

1975 hat J. D. Frank zum 25jährigen Bestehen des International Journal of Group Psychotherapy eine Übersichtsarbeit veröffentlicht, in der er den Stand der Gruppenprozeßforschung wie folgt charakterisiert:

Von den 382 Arbeiten, die in dieser Zeitschrift zwischen 1955 und 1973 erschienen sind, lassen nur 38, d. h. lediglich 10% „eine wenigstens rudimentäre Anstrengung erkennen, eine numerische Analyse der Daten vorzunehmen". Von diesen 38 Arbeiten wird wiederum nur in 2 (!!!) Aufsätzen versucht, „die Forschungsfrage anzugehen, die wahrscheinlich für die praktische Arbeit am relevantesten ist, nämlich die Beziehung zwischen dem Prozeß bzw. Aspekten des Prozesses und dem Resultat" (S. 161) der Gruppentherapie zu untersuchen.

Diese Aussagen, die Frank hier aufgrund der Analyse der international wichtigsten gruppentherapeutischen Zeitschrift gibt, werden von den Autoren aller neuen Übersichtsarbeiten über diesen Bereich der Forschung bestätigt (vgl. Bednar u. Kaul 1978, 1979; Hartman 1979; Lieberman 1976; Parloff u. Dies 1977; Dies 1979): Alle diese Autoren kommen zu dem Ergebnis, daß die relativ wenigen empirischen Arbeiten aus dem Bereich der Gruppentherapie kaum den Zusammenhang zwischen Gruppenprozeß und Effekt der Gruppentherapie untersuchen und daß in der übergroßen Mehrzahl der empirischen Arbeiten lediglich irgendwelche Effekte der Gruppentherapie untersucht werden, die kaum vergleichbar sind. Eine *kumulative Vergrößerung unseres Wissens* über das Geschehen in Therapiegruppen, wie Parloff z. B. schon 1967 forderte, ist in Ermangelung geeigneter Gruppenprozeßstudien bisher nicht gelungen (vgl. besonders Bednar u. Kaul 1978).

Diesem Stand der empirischen Gruppenforschung steht andererseits eine Vielzahl von klinisch-spekulativen oder klinisch-deskriptiven Arbeiten gegenüber, in denen die Erfahrungen ganzer Generationen von Gruppentherapeuten enthalten sind, allerdings, und das ist das große Problem: die gruppentherapeutisch tätigen Praktiker, die diese Arbeiten verfassen, haben bislang wenig, um nicht zu sagen überhaupt keine Mühe darauf verwendet, ihre Erfahrungen, Befunde und theoretischen Annahmen methodisch sauber zu überprüfen. Sehr deutlich wurde diese Situation im Bereich der gruppentherapeutischen Arbeit z.B. auf dem VII. Internationalen Gruppentherapiekongreß 1980 in Kopenhagen: Von etwa 1000 Veranstaltungen befaßten sich ganz 2, ein Symposium und ein Vortrag (Sandner 1982) mit Fragen der Methodologie der Gruppentherapieforschung.

Über die Ursachen dieses desolaten Stands der Gruppenprozeßforschung läßt sich z. Z. nur spekulieren: einer ist sicherlich der, daß gerade engagierte Praktiker wenig Zeit haben, sich mit aufwendiger empirischer Forschung zu beschäftigen. Ein anderer Grund mag sein, daß viele Gruppentherapeuten gar nicht so sehr daran interessiert sein könnten, ihnen lieb gewordene Konzepte oder Überzeugungen zu überprüfen (vgl. Bennis 1960; Frank 1979). Schließlich sind die meisten klinisch Tätigen von ihrer Vorbildung her wohl auch wenig mit methodisch-wissenschaftlichen Fragestellungen vertraut und wenig geübt, was die Methoden empirischer Sozialforschung anbelangt.

Mir scheint aber ein weiterer Gesichtspunkt besonders wichtig, den ich hier auch hervorheben möchte: die Frage, ob die bislang in der sozialpsychologischen Forschung verwendeten Verfahren überhaupt geeignet sind, den Prozeß in Therapiegruppen, insbesondere in analytischen Gruppen zu erfassen. Ich möchte deshalb im 2. Abschnitt mich dieser Frage speziell zuwenden.

Inadäquate Forschungsmethodik als (Teil-)Ursache des unbefriedigenden Stands der Gruppenprozeßforschung?

Möglicherweise hängt das Defizit empirischer Forschung im Bereich der Gruppentherapie damit zusammen, daß die in der Sozialpsychologie gebräuchlichen empirisch-statistischen Verfahren dem Gegenstand, nämlich der Erforschung des Gruppenprozesses, unangemessen sind, d. h. den dabei zutage tretenden Sinn des Geschehens schwer oder gar nicht abbilden können.

Bekanntlich geht es der sozialwissenschaftlichen Forschung, soweit sie sich im sog. nomologisch-positivistischen Forschungsparadigma bewegt, darum, möglichst exakt und nachprüfbar Zusammenhänge zwischen einzelnen Variablen des Gruppenprozesses zu ermitteln (vgl. Opp 1970; Lorenzer 1974). Komplexe Prozesse in Gruppen lassen sich aber nur schwer, wenn überhaupt, in relativ leicht isolierbare Einzelvariablen zerlegen, die dann noch operationalisiert und jederzeit wiederholbar gemessen werden sollen. Wenn nicht von vornherein zentrale Wirkfaktoren bekannt sind, ist die statistisch-nomologische Forschungsmethode vergleichbar dem Herumstochern mit einer Latte in einem dunklen Raum.

Ein Blick auf das, was Gruppentherapeuten in ihrer überwältigenden Mehrheit in Gruppen tun, um die Vorgänge zu verstehen, läßt deutlich werden, daß es sich in keinem Fall um die isolierte Erfassung einzelner Variablen dreht, vielmehr verwenden alle Gruppentherapeuten implizit eine *Methode des Sinnverstehens,* wie sie wissenschaftlich-expliziert die *Hermeneutik* verwendet.

Die Hermeneutik ist ein wissenschaftliches Verfahren der Interpretation von Texten bzw. sprachlichen Äußerungen, in dem es darum geht, den Sinn und die Bedeutung des Textes aus einer methodisch geleiteten dialektischen Analyse zwichen den einzelnen Bestandteile und dem Gesamttext nach und nach zu rekonstruieren. Als rekonstruiert wird der Sinn dann betrachtet, wenn sich alle Bestandteile in ein Sinnganzes einfügen. Bislang wurde diese Methode hauptsächlich in der Philologie, der Theologie (Exegese), der Geschichtswissenschaft und der Jurisprudenz verwendet (vgl. z. B. Nassen 1982), findet neuerdings aber auch immer mehr Interesse in den

Sozialwissenschaften (vgl. Lorenzer 1974; Soeffner 1979) und liegt implizit der Psychoanalyse als wesentliche Methode der Sinnerfassung zugrunde.

Meine These ist, daß sich mindestens beim derzeitigen Stand unseres *Wissens* über das Geschehen in Therapiegruppen der empirisch-statistische oder präziser nomologisch-positivistische Ansatz (Opp 1970) der Gruppenprozeßforschung als nicht ergiebig erweist. Darüber hinaus erscheint mir dieser Ansatz *grundsätzlich* für die Erfassung des *Sinns* des Geschehens – und darum geht es ja in der Gruppentherapie – wenig geeignet. Ich meine – und damit pflichte ich der Argumentation von Ganzarain (1960) bei –, daß die Forschung in der Gruppentherapie zunächst und bis auf weiteres *Erkundungsforschung* sein sollte: Es geht darum, durch sorgfältige hermeneutische Analysen einiger weniger Gruppenverläufe wesentliche wiederkehrende Phänomene und Zusammenhänge herauszufinden oder bereits vermutete Zusammenhänge mit Hilfe einer klinisch-hemeneutischen Methode zu präzisieren und zu überprüfen. Bei einer solchen hermeneutischen Erkundungsforschung brauchen wir ja nicht beim Punkt Null zu beginnen: es gibt eine Vielzahl von klinisch-theoretischen Konzepten, Teiltheorien, spekulativen Theorien und Annahmen, die einer strengen methodischen Überprüfung harren. Ich meine, daß wir bei der nötigen Erkundungsforschung bei der Fülle der vorliegenden Konzepte ansetzen können und sollen.

Möglicherweise ließe sich eine solche Forschung auch mit dem Instrumentarium der herkömmlichen quantitativen Sozialforschung betreiben, ich vermute aber, daß viele Teilkonzepte, die vorliegen, sich schlecht operationalisieren lassen und erst einer hermeneutischen Klärung, Modifikation und Präzisierung unterzogen werden müßten, ehe wir mit statistischen Methoden darangehen. Mit statistischen Verfahren erhalten wir immer nur Antworten auf ganz bestimmte Fragen, noch dazu gefiltert durch das relativ grobe Raster operationalisierbarer Kategorien. Darüber hinaus geht der *ganzheitliche Charakter* des Beziehungsgeschehens in einer Gruppe meist verloren bzw. wird auf einige wenige Variablen verkürzt.

Ich plädiere deshalb für eine *Intensivierung hermeneutischer Untersuchungen* zum Prozeß in Therapiegruppen als Grundlage für spätere empirisch-statistische Untersuchungen. Damit stellt sich aber bereits eine weitere und nicht minder schwierige Frage: wie kann eine methodisch saubere und überprüfbare Hermeneutik des Geschehens in Therapiegruppen aussehen? Es ist ja sicherlich nicht ohne Grund so, daß sich Generationen von Gruppentherapeuten bemüht haben, ihre Erfahrungen in einer Vielzahl von Artikeln und Büchern darzustellen, ohne ausgearbeitete methodisch-hermeneutische Überlegungen anzustellen, wie ihre Befunde und Behauptungen für andere überprüfbar seien. Offensichtlich ist es recht schwierig, die eigenen Erfahrungen methodisch zu überprüfen und für andere nachprüfbar zu machen. Ich möchte deshalb im nächsten Abschnitt mich der Frage der Entwicklung einer adäquaten Methode der Gruppenprozeßforschung zuwenden. Wie sich zeigen wird, geht es dabei nicht lediglich um die Prüfung der Angemessenheit einzelner Forschungsmethoden, sondern um das umfassende Problem einer *Methodologie* der Gruppenprozeßforschung.

Die Bedeutung der Entwicklung einer adäquaten Methode der Gruppenprozeßforschung (Methodologie)

Meine Analyse des Forschungsstands im Bereich der Gruppenprozeßforschung hat ergeben, daß mit dem herkömmlichen methodischen Instrumentarium sehr wahrscheinlich der spezifisch Sinn des Geschehens in Gruppen, den ja jeder Gruppentherapeut verstehen möchte, nicht erfaßt werden kann. Offensichtlich ist hierfür eine Methode der Forschung erforderlich, die jeder Gruppentherapeut bislang intuitiv anwendet, ohne sich darüber explizit Rechenschaft zu geben und ohne Überlegungen anzustellen, wie dieses Tun objektiviert werden könnte. Meine Vermutung ist, daß eine Analyse dessen, was Gruppentherapeuten v. a. analytischer Herkunft sowieso immer schon tun, wichtige Hinweise auf eine adäquate Methode der Gruppenprozeßforschung geben kann: Was tun Gruppentherapeuten, wenn sie versuchen zu verstehen, was sich in einer Gruppensitzung an wesentlichem interpersonellem Geschehen ereignet?

1. Zunächst hat jeder Gruppentherapeut implizite oder explizite Vorstellungen, was wichtig und weniger wichtig ist bei der Vielzahl von Erlebnisdaten in einer Gruppensitzung; er hat *theoretische Konzepte*, ganz gleich, wie deutlich ihm das ist oder nicht (z. B. das Konzept von Bion, wonach in Gruppen sich bestimmte Grundannahmen einstellen, wie Kampf/Flucht, Abhängigkeit oder Paarbildung).

2. Gruppentherapeuten haben auch eine mehr oder weniger deutliche Vorstellung davon, wie sie für sie bedeutsam erscheinende Ereignisse *grundsätzlich wahrnehmen können,* z. B. wird ein Anhänger der Bion-Grundannahmentheorie in freischwebender Aufmerksamkeit eine längere Zeitspanne die Einfälle der Teilnehmer beobachten und sie als eine gemeinsame Gruppenphantasie betrachten. Ein Vertreter einer kommunikationstheoretischen Richtung, wie z. B. Sbandi (1978) und Vogl (1978) wird seine Aufmerksamkeit darauf konzentrieren, wie weit 2 oder mehr Gruppenteilnehmer sich adäquat Feedback geben und zu diesem Zwecke nicht zu große Einheiten der Interaktion zusammenkommen lassen usw.

3. Jeder Gruppentherapeut hat auch Vorstellungen darüber, wann er ein theoretisch von ihm angenommenes Phänomen in Gruppen konkret während einer Gruppensitzung als *vorhanden* annehmen möchte, z. B. wann in einer Gruppe die Grundannahme der Abhängigkeit als vorhanden gelte und wann nicht.

4. Schließlich bezieht sich jeder Gruppentherapeut zunächst auf eine konkrete Gruppensitzung oder Gruppensitzungen. Diesen 4. Punkt als methodologisch bedeutsam herauszustellen, mag zunächst banal erscheinen, das ist es aber keineswegs. Unter Gruppentherapeuten wird häufig rasch von Erfahrungen mit Gruppen schlechthin gesprochen, ohne zu sagen, mit welcher Gruppe, unter welchen Umständen, in welcher Verfassung usw.

Meine These ist, daß die gerade skizzierten 4 Gesichtspunkte, die Gruppentherapeuten implizit oder explizit berücksichtigen, wenn sie den Sinn des Geschehens in einer Gruppensitzung verstehen möchten, die jeweils *private Methodologie* des einzelnen Therapeuten darstellt, oder anders gesagt: die jeweils spezifische Beantwortung dieser 4 Fragen stellt die jeweils private Methodologie der Erfassung des Gruppenprozesses dar. Zur Methodologie in einem *wissenschaftlichen* Sinne werden diese

Privatmethodologien allerdings erst dann, wenn sie expliziert, zur Diskussion gestellt und im Kreis der Kollegen im wechselseitigen Diskurs auf ihre Brauchbarkeit und Ergiebigkeit überprüft werden.

Ich fasse zur Verdeutlichung die 4 von mir bisher hervorgehobenen *Bestandteile einer Methodologie der Gruppenprozeßforschung* noch einmal zusammen:

Sie beinhaltet:

1. *theoretische* Annahmen, Konzepte, Teiltheorien, Theorien,
2. Annahmen über die *Angemessenheit* einer bestimmten *Weise der Beobachtung* (Methodologie im engeren Sinne),
3. *methodische Anweisungen* darüber, wann ein bestimmtes theoretisch angenommenes Ereignis als vorhanden gelte und wann nicht, sowie
4. Bezugnahme auf eine *bestimmte* Gruppensitzung.

Über diese 4 Punkte müssen Gruppentherapeuten sich verständigen, wenn sie sich darüber unterhalten oder erforschen wollen, was in einer bestimmten Sitzung geschehen ist und was nicht. Tun sie das nicht, gibt es vielleicht eine interessante Unterhaltung, aber keine kumulative Vergrößerung gesicherter therapeutischer Erfahrung oder des überprüfbaren theoretischen Wissens über das Geschehen in Therapiegruppen.

Im nächsten Abschnitt möchte ich darlegen, welche methodologische Position ich in der Gruppenprozeßforschung vertrete.

Meine Überlegungen zu einer Hermeneutik der Erfassung des Geschehens in Therapiegruppen

Ich knüpfe hier an methodologische Überlegungen an, wie ich sie 1981 im Anschluß an meine Analyse des derzeitigen Stands der Theoriebildung in der Gruppenanalyse angestellt habe (Sandner 1981).

Bevor ich meine Vorstellungen zur Methodologie näher ausführe, möchte ich kurz darauf eingehen, was für mich hierbei das zentrale *Forschungsinteresse* ist und welche Autoren meine Überlegungen maßgeblich beeinflußt haben.

Mein Interesse gilt dem Verständnis des in Gruppen zwischen allen Teilnehmern und dem Gruppenleiter jeweils sich konstellierenden *gemeinsamen affektiv-emotionalen Problems*. Mich interessieren zunächst nicht einzelne Variablen, Verhaltensweisen, Themen etc., sondern die möglichst genaue Rekonstruktion und sprachliche Abbildung eines von mir hypothetisch angenommenen gemeinsamen *szenischen Geschehens*. Es interessiert mich auch nicht in erster Linie, inwieweit die einzelnen Beiträge – kommunikationstheoretisch gesprochen – zu einem adäquaten Verstehen der Teilnehmer *untereinander* führen über jeweils von den einzelnen Teilnehmern intendierte Themen. Vielmehr geht es mir um das Verständnis und Erfassen der jeweiligen gemeinsamen Szene. Diese Szene ist häufig nicht identisch mit dem, was die Teilnehmer manifest verhandeln. Aus der Psychoanalyse ist ja das Phänomen bekannt, daß oft etwas latent verhandelt wird, was sich in zunächst unverständlichen oder nebensächlich erscheinenden Äußerungen ausdrückt. Ich möchte gerne erfassen, was zwischen den Teilnehmern bewußt und unbewußt verhandelt wird.

Im Rahmen dieses Beitrags kann ich leider nicht näher auf eine Reihe von Autoren eingehen, die meine Methodologie des Verstehens von Gruppenprozessen angeregt und beeinflußt haben. Ich möchte aber wenigstens kurz einige Namen nennen und ein Stichwort zum jeweiligen für mich bedeutsamen Aspekt hinzufügen:

Das sind zunächst Stock u. Lieberman (1976) mit ihren methodologischen Überlegungen zur Erfassung von Gesamtgruppenprozessen.

Lorenzer (1974) verdanke ich wichtige Gesichtspunkte zum Verständnis des analytischen Prozesses als *szenischem Geschehen,* das sich wesentlich *sprachlich* abbildet und insgesamt über ein hermeneutisches Verfahren abbildbar ist.

Argelander (1979, 1982) hat mich in seinen Arbeiten ermuntert und angeregt, den *sprachlichen Ausdruck* als sinnvolle kognitive Organisation ernstzunehmen und methodische Wege zu suchen, den Sinn eines Textes streng zu rekonstruieren.

Schließlich finde ich den Versuch von Oevermann et al. (1976, 1979) sehr interessant, eine sog. *„objektive Hermeneutik"* zu begründen mit dem Ziel, den objektiven Sinn einer interpersonellen Gesprächssituation zu rekonstruieren, der nicht mit dem individuellen Sinn der beteiligten Personen übereinzustimmen braucht.

Nach diesen kurzen Vorbemerkungen möchte ich jetzt in einigen Thesen umreißen, welches Konzept ich von einer *Methodologie der Erfassung von Gruppenprozessen* (im engeren Sinne) habe. Anders ausgedrückt: welche *spezifische Forschungsmethodologie* ich innerhalb der 4 oben geschilderten Bestandteile einer Methodologie der Gruppenforschung (im weiteren Sinne) vertrete:

1. Der Sinn des Geschehens in einer Gruppe ergibt sich nicht aus den einzelnen Beiträgen der Gruppenmitglieder, sondern aus der *sukzessiven* Betrachtung der aufeinanderfolgenden Beiträge über eine gewisse Zeitspanne hinweg.
2. Die Beiträge werden als *fortlaufende Kommentare zueinander* und zu dem betrachtet, was an interpersonellem Geschehen im Hier und Jetzt der Gruppe sich konstelliert.
3. Die Beiträge werden streng nach ihrem umgangssprachlichen *Wortsinn* genommen und verstanden als *Optionen* für die Klärung oder die Abwehr eines gemeinsamen emotional-affektiven Beziehungsproblems.
4. Der Sinn der sukzessiv betrachteten Einzelbeiträge erschließt sich vielfach *rückwirkend,* von späteren Elementen des Textes her. Neben die Sukzessivanalyse der einzelnen Beiträge tritt deshalb die *Ausweitung der Betrachtung* auf den vermeintlichen *Gesamtsinn* des Geschehens und von diesem her eine eventuelle Neuinterpretation des zunächst ermittelten Sinns der einzelnen Beiträge im Rahmen der Sukzessivanalyse. Hierin wird die für die Hermeneutik insgesamt charakteristische Dialektik von Einzelbestandteilen und Ganzem deutlich als spezifische Methode der Sinnerfassung.
5. Besondere Bedeutung haben Beiträge bzw. Aussagen von Teilnehmern, die *zunächst unverständlich wirken,* aus dem sonstigen Sinnkontext herausfallen. Sie lassen im Betrachter eine Spannung entstehen, die bisher angenommene „Sinnrichtung" zu problematisieren, das provisorische Bezugssystem zu überprüfen.
6. Bei der solcherart vorgenommenen hermeneutischen Analyse eines Verbatim-Protokolls wird rasch deutlich, daß auch bei Anwendung der geschilderten methodologischen Gesichtspunkte, insbesondere der Sukzessivanalyse der Beiträge, dennoch eine große Anzahl von Bezugssystemen an einen Text herange-

tragen werden können. Ich halte es deshalb für methodologisch bedeutsam, um die Vielzahl weniger ergiebiger Interpretationsalternativen zu verringern, *Modellüberlegungen,* wie sie in der analytischen Gruppentherapie bereits entwickelt wurden, als *spezifische* Bezugssysteme zu verwenden. Auf diese Weise können Modellüberlegungen, wie sie z. B. von Bion, W. Schindler, Foulkes o. a. vorgeschlagen wurden, hermeneutisch überprüft werden. Es kann viel Arbeit gespart werden, indem zunächst nicht alle Möglichkeiten, die ein Text bzw. einzelne Bestandteile davon nahelegen, als Alternativen im einzelnen verfolgt werden.

7. Besonders interessiert mich in diesem Zusammenhang natürlich, inwiefern *meine eigene Modellüberlegung* zur Psychodynamik in Selbsterfahrungs- und Therapiegruppen (Sandner 1978) sich für die hermeneutische Analyse konkreter Gruppenprotokolle als nützlich erweist. Als Grundannahme liegt meiner Modellüberlegung die Vorstellung zugrunde, wonach in (analytischen) Gruppen im Hier und Jetzt für alle Beteiligten sich die Phasen der Entwicklung des Kinds im sozialen Kontext, d. h. die epigenetischen Entwicklungsschritte, wiederholen. Ob dies der Fall ist, steht natürlich gerade zur Überprüfung an. Ich meine, daß eine solche Überprüfung möglich wird, indem diese Modellüberlegung expliziert und anhand der bisher genannten hermeneutischen Gesichtspunkte auf seine Brauchbarkeit an konkreten Transskripten getestet wird.

8. Dabei wird ein weiterer wichtiger Gesichtspunkt meiner Methodologie deutlich: Sehr wahrscheinlich läßt sich anhand *einer* Modellüberlegung, wie z. B. der meinen, nicht mit Sicherheit sagen, ob ein bestimmter Text stimmig damit interpretiert und vom Sinn her integriert wird: Meiner Erfahrung nach wird gerade durch die Verwendung *alternativer* Modellüberlegungen deutlich – bei gleichzeitiger Anwendung der von mir vorgeschlagenen Forschungsmethodologie –, welche Modellüberlegung dem Text adäquater ist, ihn besser integriert. Das bedeutet, daß meine Methodologie als wesentliches Moment der hermeneutischen Erfassung und Sicherung des Textsinns die Anwendung alternativer Modellüberlegungen *erfordert.*

9. Der Text eines Protokolls gilt als integriert, hermeneutisch erfaßt, sobald *alle Beiträge sich in einen gemeinsamen Sinnenner einfügen,* d. h. das gemeinsame affektive Problem in der Gruppe als gemeinsame Szene identifiziert und sprachlich rekonstruiert ist.

10. Was den erkenntnistheoretischen und wissenschaftstheoretischen Status des hermeneutisch herausgearbeiteten Sinnenners anbelangt, so handelt es sich in jedem Falle um eine *konsensuelle Validierung* unterschiedlicher Beobachter, gesichert durch die bisher erläuterten methodologischen Gesichtspunkte bzw. Verfahrensbestandteile. Das mag auf den ersten Blick als Rückschritt im Vergleich zur nomologisch-empirischen Form der Sicherung von Wissen erscheinen. Wie Oevermann et al. (1976) aber sehr schön herausgearbeitet haben, ist die vermeintliche Objektivität statistisch-empirischer Sozialforschung herkömmlicher Provenienz trügerisch: Auch hierbei wird in jedem Falle ein Konsens der Forscher über Beobachtungsdaten und deren Gewinnung unterstellt, er wird nur nicht – in der Regel – als solcher problematisiert.

11. Ziel des vorgeschlagenen Verfahrens ist es nicht, den *subjektiven* Sinn und die *subjektive* Bedeutung des Geschehens für einzelne Gruppenteilnehmer oder den

Beobachter abzubilden, es geht vielmehr darum, im Sinne einer „objektiven Hermeneutik" (Oevermann et al. 1979) herauszuarbeiten, was gemeinsam „verhandelt" wird, allen Beiträgen als gemeinsames Problem, kognitiv-emotionaler Bezugsrahmen bzw. Interaktionsrahmen zugrundeliegt. Anders ausgedrückt: Es geht um die Erfassung der *Sozialdynamik*, der konkreten *Beziehungsstruktur*, an der alle mitarbeiten, auf die aber auch alle Teilnehmer immer schon bezogen sind. Die Soziodynamik einer Gruppe geht über die individuelle Psychodynamik hinaus, obwohl sie von dieser Psychodynamik ständig aufrechterhalten bzw. verändert wird (vgl. zur Problematik von Psychodynamik und Soziodynamik in Gruppen, Sandner 1978, S. 29–32).

Damit wird als Ziel der hermeneutischen Analyse gerade dasjenige anvisiert, was immer wieder als der spezifische Gegenstand der Gruppenforschung bzw. der Gruppenanalyse apostrophiert wird, meist aber elementarisch-psychologisch auf die (Beiträge der) einzelnen Teilnehmer oder strukturalistisch-soziologistisch als vermeintliches soziales System Gruppe mit spezifischen Systembestandteilen (Rolle, Status, Kohäsion, Führungsfunktion etc.) angegangen wurde. Der spezifische *gemeinsame bewußt/unbewußte Sinn des Geschehens* in einer Gruppe geriet in beiden Fällen dabei aus dem Blick.

12. Als letzten Punkt meiner methodologischen Überlegungen möchte ich schließlich noch anfügen, daß es sich hierbei um eine *Forschungsmethodologie* der Gruppenanalyse handelt und nicht um ein Verfahren, das Gruppenanalytiker unmittelbar in ihrer analytischen Arbeit anwenden können und sollen. Ich betone das besonders, um Mißverständnisse zu vermeiden, aber auch den Unterschied deutlich zu machen zu hermeneutischen Vorgehensweisen, wie sie jeder analytische Gruppentherapeut verwendet, soweit er am Verstehen des Gruppengeschehens interessiert ist. Gerade das Fehlen der Unterscheidung zwischen Forschungshermeneutik und unmittelbar praktisch anwendbarer Hermeneutik scheint ein wesentlicher Umstand zu sein, der verhindert hat, daß eine hermeneutische Gruppenforschung in Gang kam.

Mit den geschilderten 12 Punkten habe ich meine methodologische *Grundposition* der gruppenanalytischen Prozeßforschung gegenüber umrissen.

Die konkret hermeneutische Erfassung und Erforschung von Gruppenprotokollen erfordert darüber hinaus aber eine *Konkretisierung* der genannten Gesichtspunkte: Es geht darum, konkrete *methodische Handanweisungen* zu entwickeln, wie diese Punkte in einem Verfahren berücksichtigt werden können, das überschaubar, arbeitsökonomisch und jederzeit wiederholbar ist. An dieser methodischen Konkretisierung arbeite ich derzeit.* Sie stellt nach der geschilderten methodologischen Grundposition von mir gleichsam eine weitere Konkretisierungsebene der auf S. 146 beschriebenen methodologischen Überlegungen im weiteren Sinne dar.

Mit diesem Hinweis auf die Notwendigkeit einer weiteren Konkretisierung meiner methodologischen Überlegungen komme ich zum Ende meiner Ausführungen. Ich habe die Frage nach den Wirkmechanismen der Gruppentherapie zum Ausgangspunkt meiner Überlegungen genommen und bin dabei unausweichlich auf die Frage der Entwicklung einer *adäquaten Methodologie der Erforschung des Gruppenprozes-*

---

* Vgl. den folgenden Beitrag in diesem Band

ses gestoßen. Die daran sich anschließende Erörterung vielfältiger methodologischer Probleme und mein Plädoyer für die Entwicklung hermeneutischer Verfahren der Gruppenprozeßforschung mögen abstrakt und kompliziert erscheinen. Ich meine aber, daß gerade die Konzentration auf die hermeneutische Erforschung gruppentherapeutischer Prozesse es Theoretikern wie Praktikern erleichtern könnte, zu einer Zusammenarbeit zu kommen. Insbesondere scheint mir dies im Bereich der analytischen Gruppentherapie möglich.

Zusammenfassung

1. Eine Analyse der vorliegenden Forschungsliteratur ergibt, daß praktisch keine *Gruppenprozeßstudien* vorliegen.
2. Es wird die These aufgestellt, daß dieses Forschungsdefizit darin begründet ist, daß die herkömmlich nomologisch-positivistische Forschungsmethode der empirischen Sozialwissenschaften für die Erfassung des Geschehens in (analytischen) Therapiegruppen wenig geeignet ist. Insbesondere kann hiermit der *Sinn* des Geschehens nicht erfaßt werden.
3. Aufgrund einer Analyse dessen, was analytisch orientierte Gruppentherapeuten tun, wenn sie das Geschehen in einer Gruppe verstehen wollen, kommt der Verfasser zu dem Ergebnis, daß es sich hierbei in erster Linie um ein *hermeneutisches* Verfahren handelt. Aller Wahrscheinlichkeit nach gestattet es beim derzeitigen Stande unseres Wissens nur ein hermeneutisches Verfahren, den Gruppenprozeß adäquat abzubilden. Erst zu einem späteren Zeitpunkt der Gruppenprozeßforschung ist es sinnvoll, vermehrt Methoden der herkömmlichen quantitativen Sozialforschung einzusetzen.
4. Es wird herausgearbeitet, welche Anforderungen an eine adäquate Methodik der Gruppenprozeßforschung gestellt werden müssen, d. h. wie eine *Wissenschaft von der Erfassung des Gruppenprozesses* (= Methodologie) beschaffen sein sollte.
5. Schließlich wird dargelegt, welche methodologischen Annahmen und Verfahrensbestandteile der Verfasser für eine *hermeneutische Analyse* zur Rekonstruktion von Gruppenprozessen entwickelt hat.

Literatur

Argelander H (1979) Die kognitive Organisation psychischen Geschehens – Ein Versuch der Systematisierung der kognitiven Organisation der Psychoanalyse. Klett-Cotta, Stuttgart
Argelander H (1982) Der psychoanalytische Beratungsdialog. Studien zur Textstruktur und Deutung an formalisierten Protokolltexten. Vandenhoeck & Ruprecht, Göttingen
Bednar RI, Kaul TJ (1978) Experiential group research: Current perspectives. In: Garfield SL, Bergin AE (eds) Handbook of psychotherapy und behavior change: An empirical analysis, 2nd edn. Wiley, New York, pp 769–815
Bednar RI, Kaul TJ (1979) Experiential group research: What never happened. J Appl Behav Sci 15:311–319
Bennis WG (1960) A critique of group therapy research. Int J Group Psychother 10:63–77
Bion WR (1971) Erfahrungen in Gruppen und andere Schriften. Klett, Stuttgart
Dies RR (1979) Group Psychotherapy: Reflections on Three Decades of Research. J Appl Behav Sci 15:361–374

Ezriel H (1973) Bemerkungen zur psychoanalytischen Gruppentherapie II. Interpretation und Forschung. In: Ammon G (Hrsg) Gruppenpsychotherapie. Hoffmann & Campe, Hamburg, S 108–122
Frank JD (1951) Some problems of research in group psychotherapy. Int J Group Psychother 1:78–81
Frank J (1975) Group psychotherapy research 25 years later. Int J Group Psychother 25:159–162
Frank J (1979) Thirty years of group therapy: A personal perspective. Int J Group Psychother 29:439–452
Ganzarain CR (1960) Die Forschungsarbeit in der Gruppentherapie. Ihre Probleme, Methoden und Aufgaben. Psyche 14:524–537
Hartman JJ (1979) Small group methods of personal change. Ann Rev Psychol 30:453–476
Lieberman MA (1976) Change induction in small groups. In: Rosenzweig MR, Porter LW (eds) Ann Rev Psychol 27:217–250
Lorenzer A (1974) Die Wahrheit der psychoanalytischen Erkenntnis – Ein historisch-materialistischer Entwurf. Suhrkamp, Frankfurt
Nassen U (1982) Klassiker der Hermeneutik. Schöningh, Paderborn
Oevermann U (1976) Beobachtungen zur Struktur der sozialisatorischen Interaktion. In: Auwärter M, Kirsch E, Schröter K (Hrsg) Seminar: Kommunikation, Interaktion, Identität. Suhrkamp, Frankfurt, S 371–403
Oevermann U (1979) Die Methodologie einer objektiven Hermeneutik und ihre allgemeine forschungslogische Bedeutung in den Sozialwissenschaften. In: Soeffner HG (Hrsg) Interpretative Verfahren in den Sozial- und Textwissenschaften. Metzler, Stuttgart, S 352–434
Opp KD (1970) Methodologie der Sozialwissenschaften. Rowohlt, Hamburg
Parloff MB (1967) Group therapy evaluation. Much to do about nothing. Int J Group Psychother 17:353–358
Parloff MB, Dies RR (1977) Group psychotherapy outcome research 1966–1975. Int J Group Psychother 27:281–319
Sandner D (1978) Psychodynamik in Kleingruppen. Theorie des affektiven Geschehens in Selbsterfahrungs- und Therapiegruppen. Reinhardt, München
Sandner D (1981) Theoriebildung in der Gruppenanalyse. Gegenwärtiger Stand und Perspektiven. Gruppenpsychother Gruppendynamik 17:234–250
Sandner D (1982) Considerations regarding the state of theory in group analysis. In: Pines M, Rafaelson L (eds) The individual and the group, Vol I: Theory. Plenum, London, New York, pp 631–637
Sbandi P, Vogl A (Hrsg) (1978) Lebenselement Gruppe. Pfeiffer, München, S 11–36
Schindler W (1980) Die analytische Gruppentherapie nach dem Familienmodell. Ausgewählte Beiträge. Herausgegeben und eingeleitet von D. Sandner. Reinhardt, München
Soeffner HG (1979) Interpretative Verfahren in den Sozial- und Textwissenschaften. Metzler, Stuttgart
Stock D, Liebermann A (1976) Methodologische Ansätze zur Beurteilung von Gesamtgruppenprozessen. In: Ammon G (Hrsg) Analytische Gruppendynamik. Hoffmann & Campe, Hamburg, S 226–239
Vogl A (1978) Kommunikation und Gruppe in Gesundheit, Krankheit und Therapie. In: Sbandi P, Vogl A (Hrsg) Lebenselement Gruppe. Pfeiffer, München, S 37–52

12. Begründung und Darstellung eines hermeneutischen Verfahrens zur Erfassung des Beziehungsgeschehens in der analytischen Gruppenpsychotherapie (Gruppenanalyse)

Dieser Beitrag schließt sich an Überlegungen an, wie ich sie in meinen Aufsätzen über „Theoriebildung in der Gruppenanalyse" (Sandner 1981) sowie „Zur Methodologie der Erforschung des Gruppenprozesses in der analytischen Gruppentherapie" (Sandner 1984) entwickelt habe. In diesen beiden Arbeiten habe ich eine Analyse des Stands der Theoriebildung in der Gruppenanalyse und eine Bestandsaufnahme der bisher vorliegenden empirischen Befunde auf diesem Gebiet durchgeführt. Dabei bin ich zu dem Ergebnis gekommen, daß in der analytischen Gruppenpsychotherapie eine Vielzahl von Konzepten nebeneinander bestehen, die aus der klinischen Praxis spekulativ gewonnen und sozusagen adhoc entwickelt wurden, es aber praktisch keine Gruppenforschung gibt, in denen diese unterschiedlichen Konzepte einer Klärung und Überprüfung unterzogen wurden. Als zentrales *Forschungsproblem* hat sich hierbei erwiesen, daß bislang nur wenig Überlegungen angestellt wurden, wie es methodisch *überhaupt* möglich ist, das Geschehen in analytischen Gruppen *ganzheitlich* zu erfassen. Es reicht ja nicht, einzelne isolierte Variablen zu untersuchen, da die Konzepte der analytischen Gruppenpsychotherapie durchweg holistische Annahmen über den Sinn des Beziehungsgeschehens in solchen Gruppen beinhalten.

Bei näherer Betrachtung des in der Literatur deutlich hervortretenden Defizits an empirischer Erforschung des Gruppenprozesses kam ich v. a. in meiner Arbeit von 1984 zu dem Ergebnis, daß die herkömmliche Form der quantitativen empirischen Sozialforschung, konkreter, das nomologisch-positivistische Forschungsparadigma (vgl. Opp 1970) für die ganzheitliche Erfassung und Erforschung des Beziehungsgeschehens in analytischen Gruppen wenig geeignet, wenn nicht gar ungeeignet ist. Ich stellte die These auf, daß dieses Geschehen adäquater mit einem *noch zu entwickelnden* hermeneutisch-empirischen Forschungsansatz zu erfassen sei und formulierte einige Prinzipien, auf denen eine solche Forschungsmethode meiner Auffassung nach basieren müßte.

In diesem Beitrag möchte ich darlegen, zu welchen Ergebnissen ich bei der weiteren Entwicklung meines hermeneutisch-empirischen Forschungsansatzes gekommen bin, v. a. bei der Konkretisierung meiner methodologischen Grundüberlegungen bzw. der Entwicklung eines konkret anwendbaren hermeneutischen Forschungsverfahrens für den Bereich der analytischen Gruppenpsychotherapie. Der Beitrag gliedert sich in 3 Abschnitte:

1. werde ich darlegen, welche grundsätzlichen Überlegungen meinem Verfahren zugrunde liegen, d. h. welche Zielsetzung, welche therapeutischen Annahmen und welche methodologische Grundposition ich damit verknüpfe;

2. stelle ich das Verfahren vor, wie es als konkrete Forschungsmethode Anwendung finden kann;
3. werde ich ausführen, welche Verfeinerung, Präzisierung und Operationalisierung erforderlich ist, um zu intersubjektiv verwendbaren Analysekategorien zu gelangen.

Zielsetzung, theoretische Annahmen und methodologische Grundlagen des Verfahrens

Wissenschaftliche Zielsetzung (Forschungsinteresse)

Bevor ich die theoretischen Annahmen und die methodologischen Grundlagen meines Verfahrens schildere, möchte ich umreißen, welches Forschungsinteresse bzw. welche Zielsetzung ich damit verbinde:

Mir geht es um die Entwicklung einer Methode, mit der es möglich wird, den *Sinn des Geschehens* in analytischen Gruppen zu erfassen bzw. abzubilden (vgl. hierzu auch Stock u. Lieberman 1976). Mein Interesse gilt hierbei dem Verstehen des in Gruppen zwischen allen Teilnehmern einschließlich des Gruppenleiters jeweils sich konstellierenden *gemeinsamen affektiv-emotionalen Problems*. Mich interessieren (zunächst) nicht einzelne Variablen, Verhaltensweisen, Themen usw., sondern die möglichst genaue Rekonstruktion und sprachliche Abbildung eines von mir *hypothetisch angenommenen gemeinsamen szenischen Geschehens*. Ich frage nicht, inwieweit die einzelnen Beiträge zu einem adäquaten Verstehen der Teilnehmer untereinander führen, vielmehr geht es mir um das Verstehen und Erfassen des gemeinsamen *Beziehungsgeschehens* der gemeinsam „gespielten" *Szene*. Diese Szene ist häufig nicht identisch mit dem, was die Teilnehmer manifest erleben bzw. verhandeln. Anders ausgedrückt: Ziel des zu entwickelnden Verfahrens ist es nicht, den subjektiven Sinn und die subjektive Bedeutung des Geschehens für einzelne Gruppenteilnehmer oder den Beobachter abzubilden, es geht vielmehr im Sinne und in der Intention einer sog. „objektiven Hermeneutik" (nach Oevermann et al. 1979) darum, herauszuarbeiten, was gemeinsam verhandelt wird, welches objektive Beziehungsgefüge als kognitiv-emotionaler Bezugsrahmen bzw. als soziale Beziehungsstruktur dem Geschehen zugrunde liegt. Es geht um die Erfassung der *Soziodynamik,* der konkreten Beziehungsstruktur, an der alle mitarbeiten und beteiligt sind, auf die aber auch alle Teilnehmer immer schon gleichzeitig bezogen sind (zur Problematik von Psycho- und Soziodynamik in Gruppen vgl. Sandner 1978, S. 29–32).

Damit wird als Ziel der hermeneutischen Analyse gerade dasjenige ins Auge gefaßt, was immer wieder als der spezifische Gegenstand der Gruppenforschung bzw. der Gruppenanalyse apostrophiert wird, meist aber elementaristisch-psychologistisch auf die Beiträge der einzelnen Teilnehmer oder strukturalistisch-soziologistisch als vermeintliches soziales System Gruppe mit spezifischen Systembestandteilen (Rolle, Status, Kohäsion, Führungsfunktion usw.) angegangen wurde. Der spezifische Sinn des Geschehens in einer Gruppe geriet in beiden Fällen aus dem Blick und um diesen geht es mir.

Wie jedem Forschungsvorhaben liegen meinem Forschungsinteresse bzw. meiner Zielsetzung bei der Erforschung des Prozesses in analytischen Gruppen *theoretische*

Annahmen zugrunde, die ich angeben möchte, damit auch die theoretischen Grundannahmen meines Verfahrens explizit sind und diskutiert werden können.

Welche theoretischen Annahmen liegen meinem hermeneutischen Verfahren zugrunde?

1. Es gibt so etwas wie einen spezifischen, feststellbaren, *eindeutigen Sinn,* der dem Geschehen in analytischen Gruppen zugrunde liegt bzw. in ihm zum Ausdruck kommt. Dies ist eine Annahme, wie sie z.B. Oevermann (1979) in seiner „objektiven Hermeneutik" macht, sowie Argelander in seinen Arbeiten (1979, 1982) anvisiert. Diese Annahme liegt auch den Überlegungen von Lorenzer (1974) über das szenische Geschehen in der Psychoanalyse zugrunde, sowie dem Konzept der Gruppenmatrix in der Gruppenanalyse nach Foulkes (1974, vgl. hierzu auch Sandner 1976) sowie dem Konzept der Grundannahmen in Gruppen von Bion (1971, vgl. auch Sandner 1975, 1985).
2. Der angenommene Sinn ist dadurch *charakterisiert,* daß eine spezifische *Beziehungsproblematik* zwischen allen Teilnehmern einschließlich dem Gruppenleiter sich aktuell in der jeweiligen Gruppensitzung als spezifisches, gemeinsames, emotional-affektives Beziehungsproblem konstelliert. Der angenommene *Sinn repräsentiert bzw. bildet dieses spezifische Beziehungsproblem ab.* Dies ist eine Annahme der Psychoanalyse und der Gruppenanalyse generell (vgl. Sandner 1985).
3. Bei dem jeweils sich konstellierenden Beziehungsproblem, das als solches den Teilnehmern oder dem Beobachter mehr oder weniger bewußt sein kann, handelt es sich um ein Beziehungsproblem, das eine *spezifische Objektbeziehung im psychoanalytischen Sinne* darstellt und mindestens mit der Wahrnehmungseinstellung und den Befunden der psychoanalytischen Objektbeziehungstheorie wissenschaftlich fruchtbar angegangen werden kann.
4. Die *spezifische Objektbeziehung,* das spezifisch sich konstellierende aktuelle Beziehungsgeschehen und somit der Sinn des Geschehens *bildet sich sprachlich hinreichend ab,* indem die Wortäußerungen aller Gruppenteilnehmer ernstgenommen und in ihrer Gesamtheit als ein Ganzes betrachtet werden, ein *Sinn*ganzes, zu dem alle einzelnen Teilnehmer ihren spezifischen Beitrag leisten. Anders ausgedrückt: Wie wenn in analytischen Gruppen ein Stück aufgeführt wird, das nach einem unbekannten Drehbuch sich gestaltet, an dem jeder mitwirkt, das aber zunächst keiner kennt. Die Beiträge sind dieser Annahme entsprechend nicht zufällig, sondern in spezifischer, wenn auch zunächst unbekannter Weise aufeinander bezogen. Dies ist eine Annahme, die den Überlegungen von Argelander (1979) über die kognitive Organisation psychischen Geschehens z.B. zugrunde liegt.
5. Dieses gemeinsame Geschehen zwischen den Teilnehmern, das sich psychoanalytisch als Objektbeziehung und sprachlich als begriffener Sinn erfassen läßt, ist – so ist meine letzte Annahme – nur adäquat *durch ein hermeneutisches Verfahren der Sinnerfassung abzubilden,* zu erforschen und zu erfassen (Sandner 1984). Meine hier nur kurz andeutbare Vermutung ist, daß im Grunde jeder sozialwissenschaftlichen empirischen Erfassung sozialen Geschehens eine intuitive hermeneutische Erfassung des jeweiligen Geschehens zugrunde liegt.

Methodologische Grundprinzpien des Verfahrens

Ich möchte hier nicht näher ausführen, wie ich auf das *hermeneutisch-empirische Verfahren* gekommen bin (vgl. Sandner 1984), dessen methodologische Prinzipien ich im folgenden schildern werde. Nur so viel sei gesagt, daß dieses Verfahren für mich zunehmend an Bedeutung gewonnen hat aus dem Wunsche heraus zu verstehen, was in analytischen Gruppen geschieht und aus meinem Unbefriedigtsein mit den Verfahren und Befunden, die mit herkömmlichen sozialwissenschaftlich-empirischen Methoden gewonnen wurden. Daneben hat es mich immer schon sehr beschäftigt, wie es möglich ist, die vorliegenden *gruppenanalytischen* Konzepte, die allesamt aus der praktischen analytischen Arbeit gewonnen wurden, zu überpüfen.

Mein Verfahren basiert auf folgenden 7 bzw. 8 methodologischen Prinzipien:

1. Der Sinn des Geschehens in einer Gruppe ergibt sich nicht aus den einzelnen Beiträgen der Gruppenmitglieder, sondern aus der *sukzessiven* Betrachtung der aufeinanderfolgenden Beiträge über eine gewisse Zeitspanne hinweg.
2. Die Beiträge werden als *fortlaufende Kommentare zueinander* und zu dem betrachtet, was an interpersonellem Geschehen im Hier und Jetzt der Gruppe sich konstelliert.
3. Die Beiträge werden streng nach ihrem umgangssprachlichen *Wortsinn* genommen und verstanden als *Optionen* für die Klärung oder die Abwehr eines gemeinsamen emotional-affektiven Beziehungsproblems.
4. Besondere Bedeutungen haben Beiträge bzw. Aussagen von Teilnehmern, die *zunächst unverständlich wirken,* aus dem sonstigen Sinnkontext herausfallen. Sie lassen im Betrachter eine Spannung entstehen, die bisher angenommene „Sinnrichtung" zu problematisieren, das provisorische Bezugsystem zu überprüfen.
5. Bei der solcherart vorgenommenen hermeneutischen Analyse eines Verbatim-Protokolls wird rasch deutlich, daß auch bei Anwendung der geschilderten methodologischen Gesichtspunkte insbesonders der Sukzessivanalyse der Beiträge dennoch eine große Anzahl von Bezugssystemen an einen Text herangetragen werden kann. Ich halte es deshalb für methodologisch bedeutsam, um die Vielzahl weniger ergiebiger Interpretationsalternativen zu verringern, *Modellüberlegungen,* wie sie in der analytischen Gruppentherapie bereits entwickelt wurden, als *spezifische* Bezugssysteme zu verwenden.
6. Dabei wird ein weiterer wichtiger Gesichtspunkt meiner Methodologie deutlich: Sehr wahrscheinlich läßt sich anhand *einer* Modellüberlegung nicht mit Sicherheit sagen, ob ein bestimmter Text stimmig damit interpretiert und vom Sinn her integriert wird: Meiner Erfahrung nach wird gerade durch die Verwendung *alternativer* Modellüberlegungen deutlich – bei gleichzeitiger Anwendung der von mir vorgeschlagenen Forschungsmethodologie –, welche Modellüberlegung dem Text adäquater ist, ihn besser integriert. Das bedeutet, daß meine Methodologie als wesentliches Moment der hermeneutischen Erfassung und Sicherung des Textsinns die Anwendung alternativer Modellüberlegungen erfordert.
7. Der Text eines Protokolls gilt als integriert, hermeneutisch erfaßt, sobald *alle Beiträge sich in einen gemeinsamen Sinnener einfügen,* d.h. das gemeinsame affektive Problem in der Gruppe als gemeinsame Szene identifiziert und sprachlich rekonstruiert ist.

Ein weiteres und letztes methodologisches Prinzip, dessen *Erfordernis* allerdings erst noch weiter in hermeneutischen Analysen geprüft werden muß, lautet:

Der Sinn der sukzessiv betrachteten Einzelbeiträge erschließt sich bisweilen *rückwirkend* von späteren Elementen des Textes her. Neben die Sukzessivanalyse der einzelnen Beiträge tritt deshalb die *Ausweitung der Betrachtung* auf den vermeintlichen *Gesamtsinn* des Geschehens und von diesem her eine eventuelle Neuinterpretation des zunächst ermittelten Sinns der einzelnen Beiträge im Rahmen der Sukzessivanalyse.

Darstellung des hermeneutischen Verfahrens

Es mag zunächst scheinen, als ob mit den gerade geschilderten methodologischen Grundprinzipien meines Verfahrens schon eine genügende Grundlage gegeben sei für die konkrete Anwendung dieses Verfahrens auf Transkripte von Gruppensitzungen, dies ist jedoch keineswegs der Fall. Damit das Verfahren anwendbar ist, sind noch 2 methodische Schritte (Präzisierungen, Konkretisierungen) erforderlich:

1. Welche *spezifischen Bezugssysteme* möchte ich auf der Grundlage der methodologischen Prinzipien verwenden bzw. mit diesen Prinzipien verknüpfen (was macht den wesentlichen Unterschied zwischen meinem Verfahren und dem von Oevermann u. a. aus)?
2. Wie können diese Bezugssysteme soweit präzisiert und operationalisiert werden, daß unterschiedliche Untersucher sie in derselben Weise auf das zu untersuchende Textmaterial anwenden können?

Welches spezifische generelle Bezugssystem verwende ich?

Als spezifisches Bezugssystem von einer ganzen Reihe alternativer Konzeptionen (z. B. dem von Bion, Foulkes, W. Schindler usw.) möchte ich eine Modellüberlegung verwenden, die ich in einer Monographie (Sandner 1978) eingehend dargestellt habe: Diese Überlegung basiert auf der Grundannahme, daß in analytischen Gruppen im Hier und Jetzt sich für alle Beteiligten die Phasen der Entwicklung des Kinds im sozialen Kontext, d. h. die *epigenetischen Entwicklungsschritte* wiederholen. Ob dies der Fall ist, steht natürlich gerade zur Überprüfung an.

In dieser Modellüberlegung habe ich im einzelnen ausgeführt, daß es in analytischen Gruppen möglicherweise unterschiedliche Ebene der Regression gebe, die stark vereinfacht bestimmten *Typen von Objektbeziehungen* analog sind:

a) eine Konstellation die als *präödipale* Objektbeziehung charakterisiert werden kann (frühe Mutter-Kind-Beziehung),
b) eine Konsellation, die durch *ödipale* Objektbeziehungen gekennzeichnet ist (Beziehungsgeflecht Mutter-Kind-Vater) sowie
c) eine reife Form der Objektbeziehung, die ich *reflexiv-interaktionell* oder postödipale Objektbeziehung nennen möchte (Beziehungen unter gleichaltrigen Kindern, Pubertierenden oder Erwachsenen).

Diese 3 Typen von Objektbeziehungen bzw. Regressionsniveaus in Gruppen sollen als Bezugssysteme dienen, wobei es sich zunächst lediglich eben um Typen handelt. Die reale Entwicklung eines Kinds im sozialen Kontext ist ja fließend und das psychoanalytische Bezugssystem, die psychoanalytische Objektbeziehungstheorie, die diese Entwicklung als *typische Entwicklung* abbilden soll, muß innerhalb bestimmter Bezugspunkte flexibel und durch neue Erkenntnisse bereicherbar sein. Es geht mir bei meiner Modellüberlegung also darum, unterschiedliche *Typen* von Objektbeziehungen als qualitativ unterschiedliche Beziehungsformen auf einem angenommenen Kontinuum der kindlichen Entwicklung zu verstehen und den konkreten Gruppenprozeß diesem infantilen Geschehen jeweils zuzuordnen. Die Frage ist natürlich, wie kann das konkret geschehen?

Welche spezifischen Ebenen der Analyse (spezielle Bezugssysteme) verwende ich?

Bei meinen hermeneutischen Analysen des Geschehens in analytischen Gruppen hat es sich als sinnvoll erwiesen, zur Erfassung der jeweiligen Objektbeziehungen mit 3 wechselseitig sich ergänzenden *speziellen Bezugssystemen* an den Text heranzugehen.

a) Das sprachlogische Bezugssystem

Hierbei werden die aufeinanderfolgenden Beiträge als sukzessive Kommentare zueinander betrachtet, wobei der manifeste sprachliche Wortsinn im jeweiligen grammatikalischen Kontext ernstgenommen wird. Bezugssystem ist der kontextual zu ermittelnde *Wortsinn* bzw. das sprachliche Sinngefüge, das sich auf der umgangssprachlich-logischen Ebene ergibt, wenn der Text als Ganzes, als Sinnganzes betrachtet wird.

b) Das schon geschilderte *psychoanalytische* Bezugssystem

Da der sprachlogische Sinnzusammenhang für sich genommen an manchen Stellen vieldeutig bleibt – wie die Analysen von Oevermann et al. deutlich zeigen – ist es erforderlich, das sprachlich-logische Bezugssystem mit dem Bezugssystem der psychoanalytischen Objektbeziehungstheorie meiner Modellüberlegung zu verknüpfen. Die sprachlogisch zu betrachtenden aufeinanderfolgenden Beiträge werden hierbei verstanden als spezifischer sprachlicher Ausdruck jeweils spezifischer Objektbeziehungen. Durch die Verknüpfung des sprachlogischen und des psychoanalytischen Bezugssystems wird die psychoanalytische Betrachtung am konkreten sprachlichen Ausdruck festgemacht und präzisiert, während umgekehrt die bisweilen vieldeutige logisch-grammatikalische Analyse des Sinns der sukzessiven Beiträge auf spezifische Objektbeziehungen bezogen werden, als Ausdruck sich konstellierender spezifischer Objektbeziehungen angesehen und als solche „gelesen" werden.

c) Das *gruppendynamische* Bezugssystem

Schließlich hat es sich als sinnvoll erwiesen, als 3. Bezugssystem den Text einer Gruppensitzung unter der Perspektive zu betrachten, inwiefern sich die psychoanalytisch verstandene Objektbeziehung im Feld *Gruppenleiter/Gruppe/einzelne Teilnehmer* ausdrückt. Mit Hilfe dieses gruppendynamischen Bezugssystems wird es möglich abzubilden, welche spezifische Ausprägung *Objektbeziehungen in Gruppen* annehmen: z. B. wie eine angenommene extreme Regression sich sprachlich so ausdrückt, daß keinerlei Differenzierung zwischen Gruppenleiter/Gruppe und Teilnehmern möglich ist, die Beiträge vielmehr so formuliert sind, daß lediglich eine diffuse Unterscheidung zwischen 2 – psychoanalytisch verstandenen – wenig strukturierten Beziehungsobjekten möglich ist.

Alle 3 geschilderten Bezugssysteme sind *methodische Hilfsmittel,* um den latenten Sinn des Geschehens, die jeweilige Objektbeziehung, *hermeneutisch* zu erfassen. Die spezifisch hermeneutische Bedeutung dieser Bezugssysteme liegt darin, daß sie sich *wechselseitig ergänzen* und es ermöglichen, *sprachlogische, psychoanalytische und gruppendynamische Aspekte* systematisch aufeinander zu beziehen. Wesentlich ist hierbei, daß die einzelnen Bezugssysteme nicht isoliert voneinander an den Text herangetragen werden, sondern als wechselseitig zu berücksichtigende Bezugspunkte den Sinn des Textes differenziert und komplex hervortreten lassen. Gleichzeitig haben sie wechselseitig eine Korrekturfunktion: z. B. wenn die psychoanalytische Betrachtungsweise sich vom sprachlich vorliegenden Text entfernt oder die sprachlogische Betrachtung vieldeutig wird.

Weitere Konkretisierung des Verfahrens (Explikation und Operationalisierung der 3 Bezugssysteme des Verfahrens)

Trotz der ausführlichen Beschreibung des Verfahrens (s. S. 153 ff. und S. 156 ff.) ist es für die praktische Handhabung erforderlich, die 3 Verfahrensbestandteile (das psychoanalytische, das sprachlogische und das gruppendynamische Bezugssystem der Analyse) weiter zu konkretisieren, zu explizieren und vorläufig zu operationalisieren. Dies möchte ich in diesem Abschnitt tun.

Explikation der psychoanalytischen Ebene

Auf der psychoanalytischen Ebene der Analyse geht es zunächst darum, den *Typ* der Objektbeziehung zu identifizieren:

a) *Eine präödipale Beziehung liegt vor,*
   wenn es sich bei dem im Text vorkommenden Personen
   – um überhaupt keine identifizierbaren Personen handelt
   – lediglich um *eine* Person oder
   – lediglich um 2 Personen.
   Hierbei wird bei einer expliziten Nennung der Gruppe als Ganzer diese als Person betrachtet.

b) *Eine ödipale Beziehung liegt vor,*
   wenn im Text wenigstens 3 Personen identifizierbar sind, von denen 2 Personen um eine 3. Person konkurrieren bzw. rivalisieren; die 3. Person kann wiederum die Gruppe als Ganzes repräsentieren. Der Bezug im Text hierauf muß allerdings sprachlich explizit vorgenommen werden.

c) *Eine reflexiv-interaktionelle Beziehung liegt vor,*
wenn in dem vorliegenden Text Beziehungen zwischen mehr als 3 Personen vorkommen, wobei Rivalität auftreten kann, aber eine Beziehungsform unter anderen darstellt.

In einem ersten Durchgang durch das Material wird die Zuordnung der sprachlichen Gestalt des Textes zu einer dieser 3 Grundformen von Objektbeziehungen vorgenommen. Hierdurch wird der *Typ der Objektbeziehung identifiziert.* Die *spezifische Geartetheit* der Objektbeziehung, ihre konkrete Ausprägung, ergibt sich erst, indem die sprachlogische Sukzessivanalyse vorgenommen wird.

Explikation der sprachlogischen Ebene

Auf der sprachlogischen Ebene der Analyse geht es um die grammatikalische Gestalt, die sprachlogische Struktur des Textes, verstanden als sprachliche Abbildung (Ausdruck) einer spezifischen Objektbeziehung.
  Die *spezifische* Objektbeziehung wird erst in der konkreten sprachlichen Analyse deutlich, indem der sprachlich konkrete Ausdruck und grammatikalische Kontext als *Abbildung* der Objektbeziehung gelesen wird. Ich möchte dies am Beispiel der ersten beiden Sätze des Beginns einer Gruppensitzung veranschaulichen:

Patient: „Also heute bin ich früher losgefahren. Dafür war's noch verstopfter".
  In diesem Beitrag sagte ein Teilnehmer, *er* sei früher losgefahren (um in die Gruppe zu kommen), aber *es* sei noch verstopfter gewesen: Ein spezifisches Objekt, der Patient, fährt früher los, um zu einem nicht genannten Objekt, offensichtlich der Gruppe, zu kommen, aber: „es war noch verstopfter"; da ist etwas, ein diffuses Objekt, das es noch verstopfter gemacht hat. Auffallend ist die sprachliche Form dieser Aussage: Patient sagt *„also heute bin ich früher losgefahren"* und fährt fort: „dafür war's noch verstopfter", wie wenn er ausdrücken und betonen wollte: er habe sich besonders bemüht, gerade *heute* früher loszufahren (zur Gruppe). *Dafür,* so meinte er, sei es noch verstopfter gewesen, wie wenn er von irgendetwas oder irgendwem besonders behindert oder gar bestraft worden wäre, gerade dann, als er sich bemüht hat, früher zu kommen.

Die sprachlogische oder genauer syntaktische Analyse *präzisiert den zunächst identifizierten Typ* der Objektbeziehung: es handelt sich explizit um eine primitive präödipale Beziehung, in der lediglich das Subjekt als solches sprachlich klar ausgedrückt wird, nicht aber ein diffuses Objekt (die Gruppe) und ein weiteres diffuses Objekt (der heftige Verkehr), das den Patienten gehindert hat, schneller zum ersten Objekt (Gruppe) zu kommen. Meinen sprachlogischen und psychoanalytischen Analysekriterien entsprechend handelt es sich sprachlich um eine primitive präödipale Beziehung, wobei eine sprachlich eigenartig imponierende Triangulierung stattfindet, die aber lediglich erschlossen werden kann, eine möglicherweise primitive ödipale Beziehung, deren Beziehungsobjekte durch den sprachlichen Kontext identifizierbar sind, nichtsdestoweniger vom Patienten sprachlich aber völlig diffus gehalten werden. Meine Hypothese ist, daß genau die *sprachlich ausgedrückte* diffuse präödipale/ödipale Objektbeziehung aktuell in dieser Gruppensitzung zu Beginn vorliegt. Wobei natürlich die Frage ist, wie sie sich weiter entwickelt bzw. im Verlauf der Gruppensitzung gestaltet.

Explikation der gruppendynamischen Ebene

Was das gruppendynamische Bezugssystem der Analyse anbelangt, so wird die jeweilige Ausprägung der Beziehung Gruppenleiter/Gruppe/einzelne Teilnehmer bzw. Differenzierung oder Entdifferenzierung dieser Struktur strikt an den explizit geäußerten Aussagen (sprachlogischer Sinn) festgemacht:

a) Eine extrem *wenig differenzierte Struktur* (präödipales Niveau) wird angenommen, wenn
die Beziehung Gruppenleiter/Gruppe/Teilnehmer lediglich völlig undifferenziert im Text sprachlich ausgedrückt wird: In dem gerade zitierten Redebeitrag taucht sprachlich explizit lediglich ein Teilnehmer auf, die Gruppe nur implizit und der Gruppenleiter gar nicht.

b) Eine *Struktur auf mittlerem Differenzierungsniveau* (ödipalem Gruppenniveau) wird angenommen, wenn
die 3 Bestandteile Gruppenleiter/Gruppe/Teilnehmer sprachlich deutlich voneinander differenziert sind, z.B. wenn der obengenannte Teilnehmer sagen würde: „Ich wollte heute pünktlich in die Gruppe kommen, aber Dr. X. wohnt ja so ungünstig, daß ich nicht durch den Verkehr durchkam, obwohl ich früher losgefahren bin".

c) Eine *Struktur auf hohem Differenzierungsniveau* (reflexiv-interaktionelle Struktur in Gruppen) wird angenommen, wenn der jeweilige Teilnehmer oder die aufeinanderfolgenden Redebeiträge differenziert die Beziehungen zwischen Teilnehmer/Gesamtgruppe und Gruppenleiter ausdrücken, z.B.: „Letzte Sitzung hat mich der Beitrag von Herrn X. sehr beschäftigt, wir konnten nicht weiter darüber reden, deshalb wollte ich heute auf jeden Fall pünktlich in die Gruppe kommen, um mit euch und dem Gruppenleiter weiter darüber zu reden".

Mit der gerade vorgenommenen Parallelisierung von unterschiedlichen Differenzierungsniveaus des Beziehungsgefüges Gruppenleiter/Gruppe/Teilnehmer mit entsprechenden Niveaus der psychoanalytischen Objektbeziehung (präödipal, ödipal, reflexiv-interaktionell) möchte ich ausdrücken, daß es von diesem 3. Bezugssystem der hermeneutischen Analyse her darum geht, die *Objektbeziehung in ihrer spezifischen Ausprägungsform in Gruppen* zu identifizieren und zu erfassen.

Welches konkrete Vorgehen bei der Anwendung des Verfahrens hat sich als günstig erwiesen?

Für die konkrete hermeneutische Analyse hat sich folgendes Vorgehen als günstig herausgestellt:

a) Zunächst sollte *das psychoanalytische Bezugssystem* beim 1. Durchgang durch den Text verwendet werden und damit provisorisch der *Typ der Objektbeziehung* identifiziert werden.

b) Danach ist es sinnvoll, *sprachlogisch die spezifische Geartetheit und Modifikation der Objektbeziehung* im Verlauf des Texausschnitts zu ermitteln, d.h. das sprachlogische Bezugssystem zu verwenden.

c) Dann erst sollte das gruppendynamische Bezugssystem an den Text herangetragen werden.
d) Als *Einheit der Analyse* hat sich für Forschungszwecke eine Textbasis von 2 Schreibmaschinenseiten (etwa 6 min Gespräch auf dem Tonband) als optimal herausgestellt. Längere Texte erschweren die Übersicht, kürzere das Erfassen des Sinns des Geschehens (die Objektbeziehung), da aufgrund weniger Äußerungen das sich in der Gruppe konstellierende szenische Geschehen schwerer zu rekonstruieren ist (vieldeutig bleibt).
e) Für die Erforschung des Gruppenverlaufs über eine längere Zeitspanne hinweg genügt es meiner Meinung nach, etwa bei jeder 10. oder 12. Gruppensitzung, die ersten 6 min zu untersuchen.

Literatur

Argelander H (1979) Die kognitive Organisation psychischen Geschehens – ein Versuch der Systematisierung der kognitiven Organisation der Psychoanalyse. Klett-Cotta, Stuttgart
Argelander H (1982) Der psychoanalytische Beratungsdialog. Studien zur Textstruktur und Deutung an formalisierten Protokolltexten. Vandenhoeck & Ruprecht, Göttingen
Bion WR (1971) Erfahrungen in Gruppen und andere Schriften. Klett, Stuttgart
Foulkes SH (1974) Gruppenanalytische Psychotherapie. Kindler, München
Lorenzer A (1974) Die Wahrheit der psychoanalytischen Erkenntnis – ein historisch-materialistischer Entwurf. Suhrkamp, Frankfurt
Oevermann U, Allert T, Gripp H, Konau E, Krambeck J (1976) Beobachtungen zur Struktur der sozialisatorischen Interaktion. In: Auwärter M, Kirsch E, Schröter K (Hrsg) Seminar: Kommunikation, Interaktion, Identität. Suhrkamp, Frankfurt, S 371–403
Oevermann U, Allert T, Gripp H, Konau E, Krambeck J (1979) Die Methodologie einer objektiven Hermeneutik und ihre allgemeine forschungslogische Bedeutung in den Sozialwissenschaften. In: Soeffner HG (Hrsg) Interpretative Verfahren in den Sozial- und Textwissenschaften. Metzler, Stuttgart, S 352–434
Opp KD (1970) Methodologie der Sozialwissenschaften. Rowohlt, Hamburg
Sandner D (1976) Die analytische Theorie der Gruppe von W. R. Bion. Gruppenpsychother Gruppendynamik 9:1–17
Sandner D (1976) Der Beitrag von S. H. Foulkes zur Entwicklung einer analytisch fundierten Gruppendynamik. Gruppenpsychother Gruppendynamik 10:203–219
Sandner D (1978) Psychodynamik in Kleingruppen. Theorie des affektiven Geschehens in Selbsterfahrungs- und Therapiegruppen (Selbstanalytischen Gruppen). Reinhardt, München
Sandner D (1981) Walter Schindlers Beitrag zur gruppenanalytischen Theorie und Technik. Gruppenpsychother Gruppendynamik 17:137–141
Sandner D (1981) Theoriebildung in der Gruppenanalyse. Gegenwärtiger Stand und Perspektiven. Gruppenpsychother Gruppendynamik 17:234–250
Sandner D (1984) Zur Methodologie der Erforschung des Gruppenprozesses in der analytischen Gruppentherapie. Gruppenpsychother Gruppendynamik 19:380–393
Sandner D (1985) Gruppenanalyse der Gruppe als Ganzes – Ein umstrittenes Konzept. In: Kutter P (Hrsg) Methoden und Theorien der Gruppenpsychotherapie. Frommann-Holzboog, Stuttgart Bad Cannstadt, S 69–92
Schindler W (1980) Die analytische Gruppentherapie nach dem Familienmodell. Ausgewählte Beiträge. Herausgegeben und eingeleitet von D. Sandner. Reinhardt, München
Stock D, Lieberman A (1976) Methodologische Ansätze zur Beurteilung von Gesamtprozessen. In: Ammon G (Hrsg) Analytische Gruppendynamik. Hoffmann & Campe, Hamburg, S 226–239

13. Zur Wechselwirkung von Theorie, Praxis und Forschungsmethode bei der Erforschung des Prozesses in der analytischen Gruppenpsychotherapie (Gruppenanalyse)*

Gruppenprozeßforschung, wie ich sie verstehe, steht zwar nicht unter dem Druck, dem der Praktiker ausgesetzt ist, der unmittelbar handeln und entscheiden muß. Sie ist auch nicht genötigt, theoretische Positionen behaupten zu müssen, sie zu bestätigen und als klinisch bedeutsam nachzuweisen, eine Situation, in der die Vertreter oder Schöpfer theoretischer Ansichten in der Gruppenanalyse sich – mindestens psychodynamisch gesehen – leicht befinden. Dennoch stellt sich für mich als Gruppenforscher folgende Frage:

Wie läßt sich das Geschehen in einer Gruppe untersuchen, so daß für den Praktiker wie für den Theoretiker relevante Ergebnisse herauskommen?

Das ist keine einfache Aufgabe, denn, wie ich in meinem Beitrag „Zur Methodologie der Forschung in der analytischen Gruppentherapie" feststellen mußte, gelangte die bisherige Gruppenprozeßforschung kaum zu klinisch relevanten und theoretisch sonderlich erhellenden Forschungsansätzen (Sandner 1984). Mit den herkömmlichen sozialwissenschaftlich-empirischen Forschungsmethoden gelang es bisher immer nur, einzelne Aspekte des Gruppengeschehens zu erfassen. Der Gruppenforscher hatte sozusagen nur Teile in seiner Hand, ihm fehlte, um mit Goethe zu sprechen, gewissermaßen „das geistige Band". Andererseits weiß jeder klinisch erfahrene Gruppenforscher, daß die vorliegenden theoretisch-klinischen Konzepte nicht einfach aus der Luft gegriffen sind, daß sich darin *schon* Erfahrungen ihrer Schöpfer abbilden, aber ob diese Erfahrungen nur unter bestimmten Bedingungen gelten, abhängig z. B. von der spezifischen Eigenart des jeweiligen Theoretikers und seiner Arbeit mit Gruppen, oder aber, ob generalisierbare Aussagen über das Geschehen in Gruppen damit vorliegen, bleibt als große Frage stehen. Darüber hinaus gilt wohl: auch wenn in bestimmten vorliegenden gruppenanalytischen Konzepten theoretisch und klinisch bedeutsame Phänomene erfaßt sein sollten, wie läßt sich das *wissenschaftlich* überprüfen? Welche Forschungsmethoden benötigen wir, um praktisch bedeutsame und theoretisch stichhaltige Annahmen über das Geschehen in Gruppen zu erhalten?

Bei meinen eigenen Überlegungen zur Frage einer adäquaten Forschungsmethode zur Erfassung des Geschehens in analytischen Gruppen (Sandner 1981, 1984, 1985 a)

---

* Ich widme diesen Beitrag Dr. W. Schindler, einem der Pioniere der analytischen Gruppenpsychotherapie, der mich gelehrt hat, einfachen Antworten im Bereich der Gruppenanalyse mit Skepsis zu begegnen bin ich immer wieder auf die Bedeutsamkeit der gerade geschilderten 3 *Zugänge* zur Theoriebildung in der Gruppenanalyse gekommen: der Praxis, der Theorie und der Forschung im engeren Sinne. Es verdichtete sich mir zunehmend die Auffassung, daß es erforderlich und nützlich ist, die *Wechselwirkung* dieser 3 Zugänge zur Erfassung von Gruppenprozessen, aber auch ihre relative *Eigenständigkeit* zu berücksichtigen und theoretisch-methodisch zu reflektieren.

In diesem Beitrag möchte ich deshalb die wechselseitige Bezogenheit, aber auch das jeweils eigenständige Gewicht, das diese 3 Zugänge haben, ein Stück klären und meine Ergebnisse zur Diskussion stellen. Der Vortrag gliedert sich in 4 Abschnitte:

1. Im 1. Abschnitt werfe ich die Frage auf, ob Wechselwirkungen zwischen Theorie, Praxis und Forschung für den Praktiker überhaupt relevant sind.
2. Im 2. Abschnitt thematisiere ich an einigen ausgewählten Autoren die Frage, was die gruppenanalytische Theorie anzubieten hat, welche Form von Theoriebildung und Theorie vorliegt.
3. Im 3. Abschnitt werde ich ausführen, wieso ich meine, daß Gruppenprozeßforschung sowohl für die Theorie als auch die Praxis der Gruppenanalyse nötig ist und in welcher Weise die Bedeutung theoretischer Konzepte und praktischer Erfahrungen in einem konkreten Forschungsparadigma berücksichtigt werden könnten und müßten.
4. Im 4. Abschnitt schließlich möchte ich noch kurz skizzieren, welche Bedeutung die Erforschung bzw. das wissenschaftlich gesicherte Verstehen des Geschehens in analytischen Gruppen hat
   a) für die Frage der adäquaten Behandlungstechnik,
   b) das Problem der immer eingeschränkten Wahrnehmungsfähigkeit des Gruppenanalytikers,
   c) die Einschätzung von Übertragung und Gegenübertragung im Gruppenprozeß und schließlich
   d) für die Ausbildung in Gruppenanalyse generell.

Ist die Frage nach der Wechselwirkung von Theorie, Praxis und Forschungsmethodik für den gruppenanalytischen Praktiker relevant?

Ich bin mir nicht sicher, ob gruppenanalytische Praktiker meinen, theoretische Konzepte bzw. die Frage einer adäquaten Methode zur Erforschung des Gruppenprozesses seien für ihre praktische Arbeit bedeutsam. Wenn ich richtig sehe, sind viele Praktiker der Auffassung, es gehe in der analytischen Gruppenpsychotherapie darum, analytische Kenntnisse und Fertigkeiten aus ganz unterschiedlichen Quellen so anzuwenden, wie es eben dem eigenen Gefühl, den eigenen Möglichkeiten und den Realitäten in den Gruppen einigermaßen entspricht. Ich meine, daß sie mit dieser Einstellung auch recht haben: es geht in der Tat immer darum, welche konkreten Möglichkeiten der Gruppentherapeut in seinem Umgang mit den Patienten in einer Gruppe hat oder entwickelt, ja noch mehr: Praktiker können sich auf den Standpunkt stellen, was übrigens auch ganz renommierte Psychoanalytiker tun, wie z. B. Argelander (1970), es gehe in der analytischen Gruppenarbeit gar nicht um theoretische Konzepte, sondern um freischwebende Aufmerksamkeit, ein Hinhören auf das, was geschieht.

In der Tat geht es, so meine ich, sehr um dieses Hinhören, um das Bleiben an dem, was die Patienten sagen, ganz konkret in der Gruppensituation und natürlich auch darum, was der Gruppentherapeut antwortet. Dieser intime Praxisbezug ist der unverzichtbare Grundpfeiler, auf dem jede gruppenanalytische Theoriebildung und Forschung beruht. Dennoch stellt sich die Frage, wie sich das hörbare und sichtbare Geschehen in einer Gruppe verstehen und begreifen läßt, wie die eigene Rolle zu verstehen sei, welche Behandlungstechnik günstig sei, ob mit einer bestimmten konkreten Arbeitsweise gute Ergebnisse zu erzielen seien usw. Es stellt sich mir und jedem Praktiker die Frage, wie er das einordnen soll, was er sieht und hört. Sicherlich sind mein Gefühl und mein Gespür und meine emotionalen Möglichkeiten ganz wesentlich, aber bewegen sie sich so ganz jenseits von theoretischen Vorstellungen, Annahmen impliziten, privaten Konzeptionen vom Geschehen? Das ist natürlich nicht der Fall: es läßt sich nicht nur anhand von Interaktionssequenzen zeigen, sondern ist wohl auch jedem Gruppenanalytiker mehr oder weniger klar, daß er Annahmen, Bezugssysteme, Vorlieben, Aversionen hat, was günstig für die Arbeit in Gruppen sei und was nicht.

Die Frage ist wohl mehr, woher der Praktiker Hinweise, Hilfen und Befunde bekommen kann für seine Arbeit, d.h. Hilfen, die er konkret brauchen kann. In diesem Sinne käme dem Praktiker wohl durchaus gelegen, wenn ihm die Theorie das anbieten könnte, was K. Lewin sinngemäß einmal so gesagt hat: „Es ist nichts so praktisch, wie eine gute Theorie". Wie aber steht es um die vorliegenden gruppenanalytischen Konzepte, was bieten sie dem Praktiker an?

Was bietet die gruppenanalytische Theorie an?

Ich kann und möchte hier nicht darlegen, welche theoretischen Konzepte in der analytischen Gruppenpsychotherapie vorliegen, es gibt hierfür ja die zusammenfassende Darstellung von Frau Heigl-Evers (1972), die sehr praxisnahe Einführung von Kutter (1976), meinen eigenen systematischem Versuch in meinem Buch „Psychodynamik in Kleingruppen" (Sandner 1978) sowie den von Kutter (1985) herausgegebenen Sammelband, in dem die wichtigsten Konzepte der analytischen Gruppenpsychotherapie von den jeweiligen Vertretern selber dargestellt werden. Was ich hier näher erörtern möchte, ist, wie die vorliegenden theoretischen Konzepte *entstanden* sind. Wie kamen z.B. Bion, Foulkes, Schindler oder Ohlmeier, um nur einige wenige Autoren herauszugreifen, zu ihren theoretischen Vorstellungen? Läßt sich sagen, daß hierbei eigene langjährige Erfahrungen *auf den Begriff gebracht* wurden?

Bei Bion (1972) läßt sich dies noch am ehesten aus seinen Schriften entnehmen. Wer den 1. Teil seiner Schrift „Erfahrungen in Gruppen" liest, kann deutlich erkennen, wie sehr Bion sich bemüht hat, zunächst wenig verständliche Erfahrungen bzw. von ihm erlebte Phänomene in Gruppen begrifflich zu fassen, z.B. in den Konzepten Grundannahmen in Gruppen, Gruppenkultur, Arbeitsgruppe (vgl. Sandner 1975 bzw. den Beitrag 1 in diesem Band).

Bei Foulkes ist – soweit ich seine Schriften kenne – nicht zu erkennen, wie er seine 1948 erstmals ausführlich dargestellten Konzepte anhand von Erfahrungen in und mit Gruppen gewonnen hat. Es hat eher den Anschein, daß er holistische Annahmen, die er aus der Gestaltpsychologie, v.a. von einem seiner Lehrer, K. Goldstein, übernommen hat, als *heuristische Prinzipien* auf das Geschehen in Gruppen angewendet und hieraus sein Konzept der Gruppenmatrix entwickelt hat. Darüber hinaus hat er versucht, psychoanalytische Grundprinzipien wie z. B. die freie Assoziation auf die Situation in Gruppen zu übertragen. Dabei kam er bekanntlich auf das Konzept, wonach die einzelnen Teilnehmer in ihren aufeinanderfolgenden Beiträgen quasi Assoziationen um ein angenommenes latentes Gruppenthema haben (vgl. Foulkes 1974, 1978). Die *heuristische* Fruchtbarkeit dieses und anderer Konzepte von Foulkes für die gruppenanalytische Arbeit ist unbestritten (vgl. Foulkes 1974; Sandner 1976). Aber was besagt das bezüglich der Frage, was in analytischen Gruppen vor sich geht? Handelt es sich dabei um eine *begriffliche Erfassung* des Geschehens?

Die Auffassung von Schindler, wonach in Gruppen der Gruppenleiter häufig als väterlich, die Gruppe insgesamt als mütterlich, die Teilnehmer untereinander als geschwisterlich erlebt werden, wurde nie eingehender aus Erfahrungen in Gruppen abstrahiert bzw. nachvollziehbar abgeleitet. Nichtsdestoweniger spricht wohl die klinische Erfahrung dafür, daß dabei etwas erfaßt wird, was für die therapeutische Arbeit fruchtbar ist und manche Phänomene besser verstehbar werden läßt. Meine Vermutung ist, daß diese Konzeption sehr mit dem zu tun hat, wie Schindler selber sich in Gruppen verstanden hat, wie er mit Patienten in Gruppen gearbeitet hat, d. h. es drückt sich in seinen Annahmen aus, wie *er* Gruppen strukturiert hat und wie bestimmte Phänomene sich von daher auch gehäuft wohl gezeigt haben. Was ist also mit den von Schindler vorgeschlagenen Konzepten *theoretisch* abgebildet worden?

Und noch ein letztes Beispiel: Der Ansatz von Ohlmeier, wie er ihn z. B. 1976 in seinem Aufsatz über die „Gruppeneigenschaften des psychischen Apparates" dargelegt hat (vgl. auch Ohlmeier 1979) wurde auch nicht nachvollziehbar anhand gehäufter Erfahrungen in Gruppen entwickelt, es hat vielmehr den Anschein, als ob Prinzipien, die in der psychoanalytischen Zweierbeziehung gewonnen wurden, daß es sich nämlich immer um die Beziehung zwischen 2 Personen handele, auf die Situation in der Gruppe übertragen werden, wobei allerdings sehr originelle heuristische Überlegungen herausgekommen seind, wie in dem obengenannten Aufsatz deutlich wird. Daß dann, wenn die Annahme einer immer nur vorhandenen Zweierbeziehung zwischen Gruppe und Gruppenleiter Grundlage der Arbeit in Gruppen ist, das Verhalten des Leiters so geartet ist, daß er bis zu einem gewissen Grad die Gruppe wirklich homogenisiert, quasi zu einer Person werden läßt, ja die Gruppe vom beobachtbaren Phänomen her wie eine Einheit imponiert, ist verständlich. Das wird z. B. natürlich auch unterstützt durch eine bestimmte Wahrnehmungseinstellung des Therapeuten, der sich auf die vermutete Konstellation einer Zweierbeziehung einstellt, selten interveniert und dann Interpretationen anbietet, die wiederum seinem Bezugssystem entsprechen. Aber was besagen die Konzepte, die auf die gerade geschilderte Weise in Gruppen angewendet und bis zu einem gewissen Grad von den Phänomenen dann auch widergespiegelt werden? Sie besagen wohl, wie ich in einer kritischen Würdigung des Konzepts Gruppe als Ganzes herausgearbeitet habe (Sandner 1985), daß unter bestimmten Annahmen und bestimmtem Interventionsverhalten gehäuft bestimmte Phänomene beobachtbar sind. Das ist wissenschaftlich schon ein wichtiger Befund, nur wie weit reicht er, wenn es darum geht, das Geschehen in Gruppen *umfassend* zu verstehen und *auf den Begriff zu bringen?*

Die Bedeutsamkeit der Frage nadch dem, was in den vorliegenden Konzepten vom jeweils in Gruppen ablaufenden Prozeß *abgebildet* wird und was nicht, wird besonders deutlich, wenn wir uns Fragen der Behandlungstechnik bzw. der Effektivität der Gruppenbehandlung für die Patienten zuwenden: Solange wenig geklärt ist, was in Gruppen vor sich geht, psychodynamisch geschieht, ist m. E. nicht vernünftig entscheidbar, jedenfalls nicht fundiert, wie der Gruppenleiter sich in einer bestimmten Situation günstig, für die Patienten förderlich verhalten *soll*. Reicht es, „Phänomene" anzusprechen, die der Therapeut von seiner theoretischen Einstellung her vermutet, wünscht oder befürchtet? Hilft das dem Patienten in seinen Schwierigkeiten? Schöpft eine solche möglicherweise wenig im realen Geschehen der Gruppe fundierte Arbeitsweise das spezifisch-dynamische therapeutische Potential in Gruppen aus, das doch ganz offensichtlich anders ist als in der Zweierbeziehung?

Daß diese Frage keinesfalls nur von theoretischem Interesse ist, wird z. B. in einer der wenigen Untersuchungen deutlich, in denen umfassend der Effekt der gruppenal. (1976) empirisch untersucht wurde. Dabei konnte in einer ausgesprochen sorgfältigen Untersuchung gezeigt werden, daß die als besonders psychoanalytisch apostrophierte Methode, die Gruppe als Ganzes gegenüber dem Gruppenleiter durchgehend zu betrachten und zu deuten, für die Teilnehmer weder in kurzen noch in langen (jahrelangen) Gruppentherapien zu befriedigenden Ergebnissen geführt hat, ja daß die Teilnehmer sich weitgehend unverstanden, vom Gruppenleiter unverstanden gefühlt haben. Dabei kann es gut sein, daß die jeweiligen Gruppenleiter in den analytischen Gruppen der Untersuchung von ihrem Konzept her Phänomene angesprochen haben, die wirklich in den Gruppen vorhanden waren. Aber was geschah in den Gruppen mit den Teilnehmern? Jedenfalls kann es wohl zu keiner therapeutisch fruchtbaren gemeinsamen Klärungsarbeit gekommen sein.

An dieser Stelle möchte ich zurückkehren zu der eingangs in diesem Abschnitt gestellten Frage: Was bietet die gruppenanalytische Theorie dem Praktiker an? Sie müßte eigentlich ergänzt werden durch die Frage: *Wie entwickeln und gehen Theoretiker mit ihren Konzepten um?* Diese Frage habe ich skizzenhaft in diesem Abschnitt zu beantworten versucht. Es ist mir dabei nicht darum gegangen, einzelnen Theoretikern am Zeug zu flicken und an ihnen herumzumäkeln, es ging mir vielmehr darum, deutlicher hervortreten zu lassen, wie wichtig die theoretisch-begriffliche Erfassung des Geschehens in analytischen Gruppen ist, wie bedeutsam griffige Konzepte für die praktische Arbeit sind und wie wenig diese Frage von den Theoretikern der Gruppenanalyse bisher als Problem einer aus der konkreten Erfahrung zu gewinnenden und zu korrigierenden Theorie gesehen wird. Die Entfaltung des Begriffs, dessen methodisch gesicherte Herleitung aus der Praxis sowie die innertheoretische Relativierung der Befunde ist bislang (so gut wie gar) nicht geleistet. Das führt mich zum 3. Teil meiner Ausführungen über die Notwendigkeit der Gruppenprozeßforschung. Dabei wird deutlich werden, daß es mir nicht bloß um Kritik geht, sondern um die Frage, welche Lösung des schwierigen Theorie-Praxis-Problems angestrebt werden müßte und daß dies ganz wesentlich mit der Entwicklung einer adäquaten Forschungsmethodik in der Gruppenanalyse verknüpft ist.

Die Notwendigkeit der Gruppenprozeßforschung

Meine bisherigen Überlegungen lassen sich zusammenfassen in folgender Aussage: Sowohl der Praktiker als auch der Theoretiker kommen in der Arbeit nur voran, wenn auf irgendeine Weise geprüft werden kann, welche Prozesse und typischen Probleme wir in Gruppen annehmen können (Theorie) und wie wir effektiv damit umgehen können (Behandlungstechnik). Dies ist normalerweise Aufgabe der Forschung. Eigenartigerweise gibt es im Bereich der Gruppenanalyse aber so etwas wie eine Erforschung des Gruppenprozesses schlichtweg *nicht,* noch mehr: es gibt nur ganz wenige Überlegungen, wie eine *Methode der Forschung* überhaupt aussehen könnte.

In meiner Arbeit „Zur Methodologie der Forschung in der analytischen Gruppentherapie" habe ich dargelegt, welche methodologischen Gesichtspunkte bei einer zu entwickelnden Methodik der Gruppenprozeßforschung berücksichtigt werden müßten (Sandner 1984). Ich werde die zentralen Punkte, die sich für mich mittlerweile herauskristallisiert haben, auch noch kurz schildern. Zuvor scheint es mir aber wichtig zu verdeutlichen, wie der *innere Zusammenhang* zwischen Praxis, Theorie und Forschungsmethode in der Gruppenanalyse von meinem Standpunkt aus beschaffen ist:

1. Jeder *Praktiker* hat und macht Erfahrungen in Gruppen und hat seine Vorstellungen von dem, was abläuft und was günstig sein könnte. Er ist *hautnah* an den Phänomenen dran. Allerdings ist seine Wahrnehmung eingeschränkt durch theoretische Vorannahmen, beschränkte Aufnahmefähigkeit, was die vielfältigen und rasch ablaufenden Prozesse anbelangt, Widerstände gegen das Bewußtwerden eigener abgewehrter Anteile, einseitige Gruppenzusammensetzung, spezifische eingespielte eigene Weisen des Umgangs mit dem Geschehen in Gruppen usw. Aber er hat einen ganz großen Vorteil: *er ist immer direkt an der emotionalen Dynamik in seinen Gruppen und in sich.*
2. Der *Theoretiker,* der ein bestimmtes Konzept vertritt und auf das Geschehen in Gruppen anwendet, hat zunächst den Vorteil, daß sich für ihn das Geschehen in besonderer Weise *strukturiert,* aber es besteht die Gefahr, daß er
   – nur bestimmte Phänomene sieht
   – Phänomene annimmt, die gar nicht nachvollziehbar sind in bestimmten Gruppensitzungen
   – Phänomene durch seine Annahmen und daraus resultierenden Verhaltensweisen erzeugt oder gar
   – lediglich theoretische Konstruktionen vornimmt, die seinem Bedürfnis nach Logik oder Stimmigkeit oder theoretischen Vorlieben entsprechen, aber wenig mit den realen Vorgängen in seinen Gruppen zu tun haben.

Kurz, der Theoretiker, der nicht ständig versucht, seine Theorien rückzukoppeln mit der konkreten praktischen Arbeit, und zwar auf eine *methodisch geleitete Weise,* wird sich von der Praxis lösen, er verliert den Bezug zur Praxis, zu dem, was seine Konzepte eigentlich verständlich und verstehbar machen sollen. Darüber hinaus begibt er sich aber auch dessen, was ja wohl sein spezifisches Anliegen und seine Stärke ist: der innertheoretischen Abarbeitung und Erarbeitung einer theoretisch-begrifflichen *Abbildung des Geschehens* in Gruppen, d. h. der Arbeit

an der Vergrößerung des Wissensstands, der wissenschaftlichen Sicherung unseres Wissens über Gruppenprozesse.
3. Die Aufgabe besteht offensichtlich darin, einen Weg zu finden, wie die praktischen Erfahrungen in Gruppen mit theoretischen Annahmen konfrontiert werden können, die ihrerseits sich von der praktischen Erfahrung nicht loslösen, oder anders ausgedrückt: Gibt es eine Methode der Erforschung und Klärung des Geschehens zwischen allen Beteiligten in Gruppen, bei der Theorie und Praxis *nicht auseinanderfallen,* sondern vielmehr über eine spezifische Forschungsmethodik verknüpft werden?

Ein solches *Forschungsparadigma* gibt es, und ich will es kurz schildern (vgl. Sandner 1984, 1985):

1. Zunächst ist es erforderlich, bei der Untersuchung bzw. Erforschung des Geschehens in einer (analytischen) Gruppe von einer ganz *konkreten Materialbasis* auszugehen: möglichst von dem transskribierten Text der aufeinanderfolgenden Beiträge in Gruppensitzungen. Diese gemeinsame Textbasis ist deshalb besonders bedeutsam, weil nur so unterschiedliche Untersucher mit unterschiedlichen Ansätzen oder Forschungsmethoden an den Text herangehen können und die Ergebnisse vergleichbar werden.
2. Es ist arbeitsökonomisch günstig und zugleich von der bereits vorliegenden theoretischen Arbeit, den bereits vorhandenen gruppenanalytischen Annahmen und Konzepten geboten, einzelne oder mehrere solcher *gruppenanalytischer Annahmen als spezifische Bezugssysteme* zu verwenden, die an den Text herangetragen werden, um den Sinn des Geschehens zu identifizieren. Hierbei wird in der Regel schon deutlich, welche Konzepte mehr und welche weniger gut anwendbar sind. Darüber hinaus wird der Untersucher gezwungen, deutlich herauszuarbeiten, was er mit einem bestimmten gruppenanalytischen Teilkonzept meint.
3. Es ist günstig und sinnvoll, *unterschiedliche Bezugssysteme* an ein und denselben Text anzulegen und zu vergleichen, welche Konzepte den Text am ehesten verstehbar machen, als Sinnganzes hervortreten lassen. Hierfür ist es auch bedeutsam, nicht einfach einzelne Elemente oder ganz kurze Sequenzen herauszugreifen, sondern ein Verständnis des Sinns einer längeren Passage anzustreben.
4. Es ist erforderlich, ein Verfahren zu entwickeln, mit dessen Hilfe die Entsprechung zwischen bestimmten theoretischen Annahmen und den im Text sprachlich ausgedrückten Dialogsequenzen *intersubjektiv* von unterschiedlichen Forschern *nachvollziehbar* festgestellt bzw. herausgearbeitet werden kann. Ich meine, daß dies ein hermeneutisch-empirisches Verfahren der Sinnermittlung sein müßte: ein Verfahren, mit dem es möglich wird, die aufeinanderfolgenden Beiträge als gemeinsame *Sinngestalt* hervortreten zu lassen (vgl. Sandner 1985).
5. Schließlich ist es notwendig, zwischen unterschiedlichen Untersuchern *Einigung* darüber zu erzielen, *welches Untersuchungsverfahren angewendet werden soll* und dem Gegenstand adäquat ist. Nur wenn sich unterschiedliche Untersucher darauf einigen, ein und dasselbe Transkript unter einem ganz bestimmten methodisch geleiteten Blickwinkel zu betrachten, läßt sich der Wert und die Ergiebigkeit des verwendeten Bezugssystems und der Untersuchungsmethode herausarbeiten (Sandner 1984).

Die gerade skizzierten methodologischen Prinzipien einer gruppenanalytischen Forschung sind weder vollständig noch systematisch, sie sollten lediglich verdeutlichen, welchen Weg m. E. die gruppenanalytische Forschung, möglicherweise aber auch der gruppenanalytische Praktiker gehen könnte, wenn er für sich das Geschehen in seinen Gruppen klären möchte. Zentraler und grundlegender Gesichtspunkt müßte hierbei wohl sein: *die Erfassung des Beziehungsgeschehens in der jeweiligen Gruppensitzung*. Wieso gerade diesem Gesichtspunkt so zentrale Bedeutung für die Gruppenanalyse generell zukommt, möchte ich in meinem letzten Abschnitt noch kurz zeigen.

Die grundlegende Bedeutung der Erfassung des Sinns des Geschehens in analytischen Gruppen

Meine These ist, daß die Grundlage für die Lösung aller in der Gruppenanalyse anstehenden Fragenkomplexe die *Erfassung des Sinns des Geschehens* ist. Nur wenn wir feststellen, theoretisch-sprachlich *abbilden* können, was in konkreten Gruppensitzungen vor sich gegangen ist, können wir eine Reihe weiterer wesentlicher Probleme der gruppenanalytischen Arbeit einer Lösung näher bringen:

a) z. B. die Frage angehen, welche therapeutischen Interventionen günstig sind und welche nicht, d. h. das Problem der Behandlungstechnik; oder
b) untersuchen, was ein Gruppenleiter in einer konkreten Gruppensitzung sinnvollerweise erfassen kann und soll und was nicht;
c) wie der Gruppenleiter in konkreten Gruppensitzungen im Beziehungsgeschehen sich verhält, was er abwehrt, zuläßt, fördert oder hemmt. Das heißt das Problem der Übertragung und Gegenübertragung des Gruppenleiters auf eine weniger willkürliche, von der jeweiligen emotionalen Stellungnahme des Betrachters allein einschätzbaren Basis her betrachten; und schließlich
d) es wird dann möglich in fundierter Weise zu entscheiden, wie Gruppenanalyse günstigerweise erlernt werden kann, zentriert um die Frage, was denn in konkreten Sitzungen emotional-beziehungsmäßig vor sich geht, wie sich der Gruppenleiter fühlt und verhalten kann und wie er seine therapeutische Kompetenz im Umgang mit diesem dynamischen Feld, in dem er selber ist, vergrößern kann (vgl. Sandner 1984a).

Bei der Klärung, der begrifflich-theoretischen Erfassung und Erforschung dieser 4 Problembereiche ist, so meine ich, ganz zentral, inwieweit es gelingt, den jeweiligen *Sinn des Geschehenes* zu erfassen, typische Konstellationen und Bezugspunkte herauszuarbeiten, kurz, eine *Theorie der Gruppenanalyse* zu erhalten, die diesen spezifischen Gegenstand, *das Gruppengeschehen, adäquat abbildet*. Ich meine, daß wir dann auch fundierte Aussagen machen könnten, ob es typische Verläufe in Gruppen gibt und welche das sind.

Literatur

Argelander H (1970) Das Erstinterview in der Psychotherapie. Wiss Buchgesellschaft Darmstadt
Bion WR (1971) Erfahrungen in Gruppen und andere Schriften. Klett, Stuttgart
Ezriel H (1960/61) Übertragung und psychoanalytische Deutung in der Einzel- und Gruppensituation. Psyche XIV:496–523
Foulkes SH (1971) Introduction to group-analytic psychotherapy. Heinemann, London
Foulkes SH (1974) Gruppenanalytische Psychotherapie. Kindler, München
Foulkes SH (1978) Praxis der gruppenanalytischen Psychotherapie. Reinhardt, München
Heigl-Evers A (1978) Konzepte der analytischen Gruppentherapie. Vandenhoeck & Ruprecht, Göttingen
Kutter P (1976) Elemente der Gruppentherapie. Vandenhoeck & Ruprecht, Göttingen
Kutter P (1985) Methoden und Theorien der Gruppenpsychotherapie. Frommann-Holzboog, Stuttgart Bad Cannstadt
Malan DH, Balfour FG, Hood VG, Shooter AMV (1976) A long-term follow-up study of group psychotherapy. Arch Gen Psychiat 33:1303–1315
Ohlmeier D (1976) Gruppeneigenschaften des psychischen Apparates. In: Eicke D (Hrsg) Die Psychologie des 20. Jahrhunderts, Bd II. Kindler, Zürich, S 1133–1144
Ohlmeier D (1979) Bemerkungen zur gruppentherapeutischen Anwendung der Psychoanalyse. In: Fischle-Carl H (Hrsg) Theorie und Praxis der Psychoanalyse. Bonz, Stuttgart, S 148–160
Sandner D (1975) Die analytische Theorie der Gruppe von W. R. Bion. Gruppenpsychother Gruppendynamik 9:1–17
Sandner D (1976) Der Beitrag von S. H. Foulkes zur Entwicklung einer analytisch fundierten Gruppendynamik. Gruppenpsychother Gruppendynamik 10:203–219
Sandner D (1978) Psychodynamik in Kleingruppen. Theorie des affektiven Geschehens in Selbsterfahrungs- und Therapiegruppen. Reinhardt, München
Sandner D (1981) Theoriebildung in der Gruppenanalyse. Gegenwärtiger Stand und Perspektiven. Gruppenpsychother Gruppendynamik 17:234–250
Sandner D (1984) Zur Methodologie der Erforschung des Gruppenprozesses in der analytischen Gruppentherapie. Gruppenpsychother Gruppendynamik 19:380–393
Sandner D (1984) Psychologische und soziologische Überlegungen zur Sozialisation des Gruppenanalytikers. Gruppenpsychother Gruppendynamik 20:112–125
Sandner D (1985a) Gruppenanalyse der Gruppe als Ganzes – eine umstrittene Perspektive. In: Kutter P (Hrsg) Methoden und Theorien der Gruppenpsychotherapie. Psychoanalytische und tiefenpsychologische Perspektiven. Frommann-Holzboog, Stuttgart Bad Cannstadt, S 69–92
Sandner D (1985b) Begründung und Darstellung eines hermeneutischen Verfahrens zur Erfassung des Beziehungsgeschehens in der analytischen Gruppenpsychotherapie (Gruppenanalyse). In: Czogalik D, Ehlers W, Teufel R (Hrsg) Perspektiven der Psychotherapieforschung. Hochschulverlag, Freiburg, S 300–315
Schindler W (1980) Die analytische Gruppentherapie nach dem Familienmodell. Ausgewählte Beiträge. Herausgegeben und eingeleitet von D. Sandner. Reinhardt, München

Gesellschaftliche Bezüge der Gruppenanalyse

14. Über die Schwierigkeit, kollektive Widerstände zu bearbeiten. Kritische Anmerkungen zu den Protokollen der Arbeitskreise der 8. Arbeitstagung des DAGG*

Das Thema der 8. Arbeitstagung des Deutschen Arbeitskreises für Gruppenpsychotherapie und Gruppendynamik (DAGG) *„Veränderung und Widerstand in Gruppen im Spannungsfeld zwischen Individuum und Institutionen"* paßte eigentlich gar nicht mehr in unsere politische Landschaft. Es kam reichlich verspätet und wirkte wie der Nachhall emanzipatorischer Ideen, die in den USA schon Anfang der 70er Jahre und bei uns spätestens Mitte dieses Jahrzehnts merklich an Kraft eingebüßt hatten. Andererseits ist natürlich die Frage berechtigt, ob es nicht gerade in dieser Situation, in der alle im Sozialbereich Tätigen sich mit dem Gedanken und der Realität des Abebbens der verheißungsvollen emanzipatorischen Ansätze in den späten 60er Jahren anfreunden müssen, von besonderer Wichtigkeit ist, Bilanz zu ziehen, eine Bilanz der gruppendynamischen Bewegung in der Bundesrepublik Deutschland unter dem Gesichtspunkt: Welche über den beschränkten Rahmen der Kleingruppenarbeit hinausgehende Möglichkeiten bieten Gruppen, um im Spannungsfeld zwischen den einzelnen und den sie umgebenden Institutionen zu vermitteln, zu verändern, Spielräume zu erweitern oder gar institutionelle Bedingungen zu verändern?

Zu erwarten gewesen wäre auf dem Kongreß eine Bestandsaufnahme dieser Möglichkeiten und Grenzen der Gruppenarbeit, quasi eine Selbstverständigung der Mitglieder des DAGG über das bisher Angestrebte, das Erreichte und mögliche Zukunftsperspektiven.

Voraussetzung für eine solche Klärungsarbeit ist in jedem Fall – so meine ich – die Verständigung über den Bezugsrahmen, das Bezugssystem, innerhalb dessen der Beitrag der Gruppenarbeit im Spannungsfeld zwischen Individuum und Institution betrachtet, eingeordnet und beurteilt werden kann. Wenn ich richtig sehe, so hatten sich die Veranstalter des Kongresses über ein solches Bezugssystem nicht verständigt. Es lag wohl nur die (abstrakte) gemeinsame Vorstellung zugrunde, daß Gruppen überhaupt einen Beitrag im Spannungsfeld zwischen Individuum und Institution leisten könnten. Dies führte denn auch besonders in den 19 Arbeitskreisen, über deren Arbeitsprotokolle ich in diesem Essay berichte, zu einer ziemlichen *konzeptionellen* Verwirrung. Aber nicht nur das: Nach dem Studium der Berichte der einzelnen Arbeitsgruppen verdichtete sich in mir die Vorstellung, daß ebenso starke *affektive, kollektive Hindernisse* vorhanden gewesen sein müssen hinsichtlich der Klärung und Reflexion *realer* Möglichkeiten und Grenzen der Gruppenarbeit in Institutionen.

---

* Frau Dipl.-Soz. D. Friedrich danke ich für ihre konstruktive Kritik der ersten Fassung dieses Beitrags

Bevor ich im einzelnen darangehe, die Arbeit der Arbeitsgruppen zu würdigen, möchte ich gerne meine eigene Position bezüglich des Kongreßthemas skizzieren sowie einige Hypothesen formulieren über den allgemeinen Trend der inhaltlichen Arbeit der Arbeitsgruppen. Der Leser wird so in die Lage versetzt, selber ein Stück weit zu überprüfen, inwieweit meine Ausführungen über die konkrete Arbeit meine These des „kollektiven Widerstands" gegen die gestellte Thematik bestätigen oder widerlegen.

Meines Erachtens läßt sich die Arbeit aller Arbeitsgruppen durch die Beantwortung folgender Fragen gedanklich strukturieren:

1. Auf welcher Ebene der sozialwissenschaftlichen Betrachtung haben sich die Überlegungen der Teilnehmer bewegt? Hier würde ich eine *individualpsychologische,* eine *sozialpsychologische* und eine *soziologische* Ebene unterscheiden:
   – Unter *individualpsychologischer* Betrachtung meine ich z.B. Überlegungen darüber, wie ein Gruppenteilnehmer sich in einer Gruppe innerhalb einer Institution fühlt, sofern seine intrapsychischen Ängste, Hoffnungen, Abwehrmaßnahmen usw. im Mittelpunkt stehen, also seine psychische Strukturierung, die er lebensgeschichtlich erworben hat und die als Verzerrung der ihn umgebenden Wirklichkeit sein Verhalten gegenüber anderen Gruppenteilnehmern oder auch der Institution als solcher sich auswirken.
   – Unter *sozialpsychologischer* Betrachtung verstehe ich hier die psychische Dynamik, die in einer Arbeits- oder Selbsterfahrungsgruppe innerhalb einer Institution entsteht, aufgrund der konkreten Interaktionen der Teilnehmer und der dabei auftauchenden psychischen Konflikte, Anpassungsleistungen, Phantasien usw. Der Akzent liegt hier auf der psychischen Dynamik, die durch die Interaktionen der Gruppenteilnehmer und das Erfordernis, sich wechselseitig aufeinander einzustellen, sofern die Gruppe überhaupt weiterbestehen soll, zusätzlich zur lebensgeschichtlich-individualpsychologischen Dynamik entsteht.
   – Unter *soziologischer* Betrachtung schließlich meine ich die konkrete Berücksichtigung institutioneller Realitäten bei der Arbeit in einer Kleingruppe, z.B. die Frage *realer* Macht- und Abhängigkeitsverhältnisse bis hin zur Gefahr etwa des Verlusts des Arbeitsplatzes, wenn ein Gruppenteilnehmer oder die ganze Gruppe Positionen bezieht, die innerhalb der Institution unerwünscht sind.

   Mir scheint, daß es für die Möglichkeiten und Grenzen der Gruppenarbeit im Spannungsfeld zwischen Individuum und Institution erforderlich ist, diese 3 unterschiedlichen Ebenen der Betrachtung zu berücksichtigen. Zugleich ermöglichen sie eine gewisse Einordnung der Arbeit der Arbeitsgruppen.

2. Die 2. Dimension, die mir bei der Einschätzung der inhaltlichen Arbeit der Arbeitsgruppen bedeutsam erscheint, ist, inwiefern die jeweilige Thematik *konkret* oder aber *abstrakt* diskutiert wurde. Ich denke hierbei z.B. daran, ob über mögliche Schwierigkeiten in der Institution einer Klinik ganz allgemein oder konkret gesprochen wurde.

Auf dem Hintergrund des gerade geschilderten *zweidimensionalen Bezugssystems* möchte ich folgende *Hypothesen über die Arbeit der 19 Arbeitsgruppen* formulieren:

1. Abgesehen von wenigen Ausnahmen bewegte sich die Diskussion der Arbeitsgruppen auf individualpsychologischem oder sozialpsychologischem Niveau. Der soziologische Gesichtspunkt bei der Gruppenarbeit in Institutionen wurde weitgehend ausgeklammert.
2. Je mehr sich die Diskussion der soziologischen Ebene näherte oder von der Aufgabenstellung her nähern sollte, um so abstrakter wurde diskutiert und um so mehr verlagerte sich die Arbeit auf mehr gruppendynamische Prozesse innerhalb der Arbeitsgruppe.
3. Für mich ergibt sich deshalb die Vermutung, daß, je näher die Diskussion der realen soziologischen oder institutionellen Problematik der Gruppenarbeit in Institutionen kam, der *„kollektive"* Widerstand, diese Fragen v. a. *konkret* zu diskutieren, anwuchs.

Ich bin mir darüber im klaren, daß der von mir vermutete Trend, den ich in diesen 3 Hypothesen zu formulieren versuchte, die vielfältigen Beiträge der Arbeitsgruppen nur unzureichend widerspiegelt, und möchte deshalb diese Aussagen inhaltlich anreichern, indem ich eine konkrete Einschätzung der 3 *Gruppen von Arbeitskreisen* gebe, die von den Veranstaltern des Kongresses selbst in dieser Weise gruppiert wurden:

- Arbeitsgruppen zum Einfluß institutioneller Bedingungen auf die Gruppenpsychotherapie
- Arbeitsgruppen zum Versuch, die institutionellen Bedingungen in die Gruppenarbeit einzubeziehen
- Arbeitsgruppen zur Veränderung der Institution durch Gruppenarbeit.

Arbeitsgruppen zum Einfluß institutioneller Bedingungen auf die Gruppenpsychotherapie

Von den 5 Arbeitsgemeinschaften, die sich mit den institutionellen Bedingungen der Gruppenpsychotherapie befaßten, hatte ich mir v. a. Antworten auf eine Frage erwartet, die in der gruppentherapeutischen Literatur meist vernachlässigt wird: Inwieweit beeinflußt die umgebende Institution die *gruppentherapeutische* Arbeit?

Einen besonders interessanten Ansatz hätte da die Arbeitsgemeinschaft *„analytische Gruppenpsychotherapie stationär – psychotherapeutische Kliniken und psychotherapeutische Abteilungen in organisch orientierten Kliniken"* bieten können. Ich war gespannt darauf, welche Konflikte mit den Institutionen im Hinblick auf die psychotherapeutische oder gruppentherapeutische Arbeit in ansonsten nicht psychotherapeutisch orientierten Kliniken auftreten. Leider waren die Vertreter psychotherapeutischer *Spezialkliniken* aber praktisch unter sich, was vielleicht nicht zufällig war.

Von den Leitern der Arbeitsgemeinschaft (H. Enke, Stuttgart; K. Köhle, Ulm; K. König, Tiefenbrunn; M. von Rad, Heidelberg; S. Stephanos, Gießen) waren fast alle aus psychotherapeutischen Spezialkliniken, nicht aber aus einer psychotherapeutischen Abteilung an einer organmedizinisch orientierten Klinik. Es war daher schwer, überhaupt Konflikte zwischen psychotherapeutischen Abteilungen und Gesamtklinik zu identifizieren, da diese für die Leiter der Arbeitsgruppe in ihren realen Arbeitsbezügen gar nicht auftreten. Die wenigen Gruppenteilnehmer, die z. B. in psychiatrischen Kliniken versucht haben, psychotherapeutisch zu arbeiten, konnten denn auch nur ihren Unmut artikulieren über die „privilegierten" Psychotherapiekliniken. Zwar diskutierte die gesamte Arbeitsgemeinschaft längere Zeit über die institutionellen Schwierigkeiten der weniger privilegierten psychotherapeutischen Frontkämpfer innerhalb der Organmedizin, aber wie nicht anders zu erwarten, wurden lediglich „zu erwartende" Probleme diskutiert, z. B. über die Abgrenzung gegenüber anderen Abteilungen, die Gefahren der Entstehung eines „bösen" Außenfeinds oder aber auch einer zu großen Isolation.

Ich möchte hier einen Teil des Berichts der Arbeitsgruppe wörtlich wiedergeben, um zu verdeutlichen, was ich meine:

Die Ansprüche einer psychotherapeutischen Abteilung, die Praxis psychiatrischer oder organmedizinischer Arbeit innerhalb einer Gesamtinstitution zu verändern, lösen eine Reihe von Ängsten aus, insbesondere Ängste um die eigene Identität, aber auch Rivalitätsprobleme. Solche Ängste treten durchaus auch in psychotherapeutischen Abteilungen auf und sind keineswegs ein Monopol der nichtpsychotherapeutischen Kollegen. Sie entstehen beispielsweise, wenn an die Stelle eines zunächst rein organmedizinisch orientierten Konsiliarus ein psychotherapeutisch interessierter Kolleege tritt, der dann mit den psychotherapeutischen Ärzten in Konkurrenz gerät. Es wurde die Frage gestellt, ob der Psychotherapeut nicht eine Art Emigrantenstatus einnehmen sollte mit den Vorzügen dieser Rolle, etwa der Möglichkeit, eine eigene Kultur und selbständige Sichtweise der Dinge aufrechtzuerhalten, aber auch mit den Gefahren einer möglichen Isolation, zu großen Distanz oder gar der Rolle des Sündenbockes. Hier wurde deutlich, daß mit dem Widerstand der Institution, deren Veränderung angestrebt wird, in der Regel „die anderen" eine Art Außenfeind assoziiert wird und daß es uns als Psychotherapeuten in klinischen Institutionen nach wie vor schwerfällt, uns selbst als Teil und Träger einer solchen Institution zu verstehen. Auch hier konkurrieren analog den eingangs geschilderten Positionen unterschiedliche Strategien: Die Psychotherapeuten können versuchen, eigene Ängste und die Besorgnisse ihrer Kollegen zu verstehen, um über gemeinsame Projekte im wissenschaftlichen oder Versorgungsbereich in eine produktive Arbeitsbeziehung einzutreten, die auch Veränderung ermöglicht. Oder sie können über eine bewußte Konfrontation versuchen, eine Kooperation zu erreichen.

Hier wird deutlich, daß die Teilnehmer der Arbeitsgruppe zentrale Probleme diskutiert haben, die bei der Einführung von Psychotherapie in ansonsten organisch orientierten Kliniken entstehen. Inhaltlich betrachtet aber waren diese Diskussionen eher abstrakt, wenig „geerdet". Darüber hinaus wurde wenig über die spezifische Bedeutung des institutionellen Umfelds der Klinik *für die Gruppentherapie* gesprochen. Lediglich bei der Frage der gruppentherapeutischen Arbeit an psychotherapeutischen Spezialkliniken wurde ausgeführt, es gebe dort mehr Möglichkeiten, die Patienten einer spezifisch indizierten Behandlung zuzuführen; außerdem sei dort oft der heilsame Zwang vorhanden, die zeitlich begrenzte Behandlung sorgfältig zu planen sowie die Notwendigkeit, sich Gedanken über mögliche Formen gruppentherapeutischer Kurzbehandlungen zu machen.

Die 2. Arbeitsgemeinschaft (innerhalb des 1. Rahmenthemas) unter dem Vorsitz von H. W. Gnädiger (Kassel) wäre von ihrer Themenstellung her *„Gruppenarbeit in therapeutischen Institutionen"* dazu prädestiniert gewesen, Aufschlüsse über zentrale Probleme der Gruppenarbeit in diesem Bereich zu geben:

In dieser Arbeitsgemeinschaft sollte die Gruppenarbeit aus dem Blickwinkel einer Supervisionsgruppe in einer therapeutischen Institution betrachtet werden, wo die

Interessen der Patienten, der Therapeuten und der Institution aufeinanderprallen. Das Ergebnis war vielleicht repräsentativ für die reale Situation einer solchen Gruppe: Sie wurde mehr zu einer Selbsterfahrungsgruppe für die Sorgen und Nöte der einzelnen Mitglieder, wie dies in Supervisionsgruppen vor Ort wohl häufig der Fall sein dürfte. Es wurde viel über *„in der Institution drin sein und von ihr absehen"* (!) gesprochen und über den Abbau von Hierarchie in der Gruppe, d. h. hauptsächlich von individualpsychologischen und sozialpsychologischen Problemen, nicht aber über die realen Schwierigkeiten mit der umgebenden Institution und deren Folgen für die Arbeit der Supervisionsgruppe und ihrer Teilnehmer. *Die Arbeit in der Arbeitsgemeinschaft wurde zu dem, was Gruppenarbeit wohl meistens wird, angesichts übermächtiger Institutionen: Selbsterfahrung oder Selbsthilfe für individuelle Probleme der Teilnehmer.*

Das finde ich schade: Gerade aus dem Blickwinkel einer Supervisionsgruppe hätte sich die ganze Vielfalt der Probleme gut diskutieren lassen, die für die konkrete Gruppenarbeit entsteht im Spannungsfeld zwischen den Ansprüchen der Klienten, der Institution und der Eigendynamik einer solchen spezifischen Gruppe.

Diese Tendenz, entweder über den Einfluß institutioneller Gegebenheiten auf die Gruppentherapie abstrakt zu sprechen oder aber diese Einflüsse überhaupt aus dem Blick zu verlieren und *Selbsterfahrung an ihre Stelle treten zu lassen,* war in der 3. Arbeitsgemeinschaft von U. Seeger besonders deutlich ausgeprägt. Obwohl das Thema lautete *„Veränderung der stationären Psychotherapie durch die Einführung psychodramatischer und soziometrischer Methoden",* wurde in der Gruppe lediglich „allgemein über den Widerspruch von Individuum und Gesellschaft" gesprochen.

In dem Bericht wird betont, die Gruppenteilnehmer hätten das Thema selber auf diese allgemeine Fragestellung hin abgeändert, weil nicht genügend Teilnehmer da waren, die konkrete Erfahrungen mit der stationären Psychotherapie einbringen konnten. Trotzdem bleibt die Frage, warum dann nicht diese wenigen Teilnehmer oder der Gruppenleiter gefragt wurden oder berichtet haben, welche Probleme sich für sie ergeben haben bei der Einführung psychodramatischer oder soziometrischer Methoden. Möglicherweise lag hier – ähnlich wie bei der Arbeitsgemeinschaft 1 – ein Grundproblem vor, das sich bei vielen Arbeitsgemeinschaften gleichermaßen gestellt hat: Die Gruppenleiter waren sich vielleicht manchmal selber nicht so ganz klar darüber, ob sie über die geplante und angekündigte Thematik sprechen wollten oder diese spontan nach den Bedürfnissen der jeweils anwesenden Teilnehmer abändern sollten. Das Ergebnis war in dieser Arbeitsgemeinschaft, wie in vielen anderen, daß sich spontan eine Art Selbsterfahrungsgruppe entwickelte, in dieser Arbeitsgemeinschaft mit stark psychodramatischem Akzent.

Die 4. Arbeitsgemeinschaft unter dem Vorsitz von J. Werner, für den W. Beck den Bericht schrieb, hatte das Thema *„Gruppentherapie in der klinischen Rehabilitation".* Diese Gruppe gelangte im Gegensatz zu den zuvor geschilderten sehr nahe an einen zentralen Konflikt zwischen Institutionen und Gruppentherapie: Gruppentherapeuten, die in Rehabilitationseinrichtungen arbeiten, fühlen sich unter sehr starkem Druck von seiten der Institution und konkurrierender anderer therapeutischer Verfahren, was den *Effekt der Arbeit* angeht, nämlich die Patienten in einer begrenzten Zeit wieder *arbeitsfähig* zu machen. Darüber hinaus kommen Gruppentherapeuten, die in einer solchen Einrichtung arbeiten, nicht selten auch noch in ein anderes Dilemma: Einerseits besteht ein großer Druck von der sie bezahlenden

Rehabilitationseinrichtung her, andererseits lastet auf diesen Gruppentherapeuten ebenfalls der Druck der Fachkollegen, die häufig die gruppentherapeutischen Bemühungen im Rahmen einer solchen Einrichtung als reine „Anpassungshilfe" abtun. Der Bericht dieser Gruppe zeigt, wie konkret in dieser Arbeitsgruppe an diesen Problemen gearbeitet wurde, die im Grunde jeden Gruppentherapeuten angehen, in der Privatpraxis oder in psychotherapeutischen Spezialkliniken aber leicht aus dem Blick geraten. In dem Bericht wird deutlich, daß die gruppentherapeutische oder auch die psychotherapeutische Arbeit innerhalb organmedizinischer Institutionen nach wie vor mit massiven Vorurteilen und Behinderungen rechnen muß, die wir aber vielleicht allzu leicht ausblenden, indem wir uns auf den psychotherapeutisch oder gruppentherapeutisch orientierten Kreis von Fachkollegen zurückziehen. Es wundert mich nicht, daß sich am Ende dieser Arbeitsgruppe der Grundtenor einstellte, „hat es überhaupt einen Sinn, sollen wir es nicht lieber lassen?".

In der letzten Arbeitsgemeinschaft dieser Gruppe, die sich zum Ziel gesetzt hatte, institutionelle Faktoren bei der Gruppentherapie zu berücksichtigen, der Arbeitsgemeinschaft von F. Schwarz und mir über *„Gruppenanalyse in der Klinik mit Psychotikern und anderen schwer gestörten Patienten"* wurde der Versuch unternommen, das institutionelle Problem von 2 Seiten her anzugehen. Von den spezifischen Auswirkungen, die von psychotischen Patienten, die in Gruppen behandelt werden, auf die Klinik und umgekehrt ausgehen sowie von der Frage, inwieweit institutionalisierte etablierte Vorstellungen in unseren psychiatrischen Einrichtungen in der Regel es unmöglich machen, daß psychotische Patienten überhaupt gruppentherapeutisch behandelt werden. Da besonders diese letzte Frage möglicherweise den Angelpunkt für eine Vermittlung zwischen lediglich pharmakologisch oder sozialpsychiatrisch arbeitender Psychiatrie und der extremen Variante der Auflösung psychiatrischer Krankenhäuser generell, wie in Italien, bilden könnte, mindestens was die Frage der Gruppentherapie angeht, soll dieser Bericht in diesem Band abgedruckt und gesondert zur Diskussion gestellt werden (vgl. den Beitrag 10).

Arbeitsgruppen zum Versuch, die institutionellen Bedingungen in die Gruppenarbeit einzubeziehen

In dieser 2. Gruppe von Arbeitsgemeinschaften ging es um die *Einbeziehung institutioneller Bedingungen* in die Gruppenarbeit. Die insgesamt 9 Arbeitsgruppen lassen sich in 3 Untergruppen einordnen:

1. 4 Arbeitsgemeinschaften beschäftigen sich mit den Problemen der Gruppenarbeit in spezifischen *Berufsfeldern* (pädagogische Institutionen, Bewährungshilfe, Resozialisierung und Hochschule).
2. 2 Arbeitsgruppen versuchten den Beitrag des Psychodramas für die Klärung von Problemen der Gruppenarbeit in Institutionen fruchtbar zu machen.
3. 3 weitere Arbeitsgemeinschaften beschäftigten sich mit der Balint-Gruppenarbeit sowie der Gruppenarbeit in der ambulanten Praxis und der gesundheitlichen Aufklärung und deren Beeinflussung durch institutionelle Gegebenheiten.

Zu (1) – Gruppenarbeit in spezifischen Berufsfeldern

Bei den Arbeitsgruppen, die sich mit spezifischen Berufsfeldern und den dort auftretenden institutionellen Einflüssen auf die Gruppenarbeit befaßten, war ein starker Praxisbezug zu erwarten. Die Analyse der Berichte ergibt aber, daß auch diese Arbeitsgruppen große Mühe hatten, sich konkreten Konflikten zuzuwenden. Die Diskussionen blieben – abgesehen von einem ganz faszinierenden Bericht über die konkreten vielfältigen institutionellen Schwierigkeiten bei der Gruppenarbeit in einer Resozialisierungseinrichtung – doch im wesentlichen abstrakt, *was die institutionelle Problematik anbelangt*.

Wie aus dem Bericht der Arbeitsgemeinschaft *„Gruppenarbeit in pädagogischen Institutionen"* unter der Leitung von B. Januszewski hervorgeht, bildete sich die Problematik „Bedürfnisse der Lernenden" versus „Stoffdruck", die bei der Einführung der Gruppenarbeit im pädagogisch-schulischen Bereich regelmäßig auftritt, deutlich in der Arbeitsgruppe selber ab.

Ein Teilnehmer schilderte seine Schwierigkeiten als Seminarlehrer, Gruppenarbeit mit seinen Studenten einzuführen. Von seiten der Institution bekäme er dabei wenig in den Weg gelegt, wohl aber meinten seine Kollegen, das wäre Luxus. An diesem konkreten Problem entzündete sich innerhalb der Arbeitsgemeinschaft eine heftige Kontroverse zwischen Teilnehmern, die diesem Gruppenmitglied unbedingt helfen wollten und viele Vorschläge erarbeiteten, und einigen wenigen, die diesbezüglich ihr Pensum nicht erfüllen wollten. Der vom Teilnehmer geschilderte Konflikt spiegelte sich in der Gruppe wider, die Arbeitsgruppe wurde zu einer gruppendynamischen Gruppe, in der der Konflikt inszeniert wurde. Ganz aus dem Blick geriet dabei die eigentlich institutionelle oder soziologische Problematik, die Frage nach den *realen* institutionellen Möglichkeiten und Grenzen des Gruppenunterrichts in verschiedenen pädagogischen Bereichen, angesichts der geforderten Bewältigung eines bestimmten Stoffpensums einem starken Prüfungsdruck und den kurzfristig häufig auftauchenden disziplinarischen Problemen.

Die sozialpsychologische Problematik, die häufig auch dann vorhanden ist, wenn die jeweilige Institution durchaus einen gewissen Spielraum läßt, kam in dieser Arbeitsgemeinschaft dagegen gut heraus. Beunruhigend ist aber, daß das ganze Bemühen der sehr engagierten Gruppenteilnehmer sich dann auf diese sozialpsychologischen Probleme konzentriert hat und die häufig drückenden Behinderungen oder Einschränkungen seitens institutioneller Gegebenheiten den Teilnehmern völlig aus dem Blick gerieten. Ich meine, daß das „Steckenbleiben" in sozialpsychologischen Problemen in dieser Arbeitsgruppe nicht zufällig war, sondern einerseits die starke gefühlsmäßige Verstrickung in die tagtäglichen Probleme des Unterrichts ausdrückt, andererseits aber auch die Scheu, sich den realen institutionellen Gegebenheiten zu stellen.

Diese Verkürzung der Betrachtungsweise – entgegen den ursprünglichen, auch eigenen, Intentionen – wird auch in dem Gruppenbericht über *„Ausbildungsprobleme im sozialtherapeutischen Feld am Beispiel der Gruppenarbeit in der Bewährungshilfe"* deutlich, der von U. Koeppen und F. Sagebiel vorgelegt wurde: Ausgangspunkt waren die *konkreten Schwierigkeiten* bei der Einführung von Gruppenarbeit in der Bewährungshilfe. Bisher sei es so gewesen, daß die Bewährungshelfer durchweg als *Einzelkämpfer* in Einzelfallhilfe gearbeitet hätten, was von den amtlichen Stellen, mit denen sie zusammenarbeiten müssen, auch so und nicht anders erwartet würde. Es sei sehr schwierig, diese Rolle zu verändern, und es ginge nur, wenn überhaupt, unter der Voraussetzung, daß sich Bewährungshelfer zusammenschließen und gemeinsam als Gruppe, sozusagen als eigene „Institution", die Methode der Gruppenarbeit absichern. Ich finde dies einen ganz ausgezeichneten Gedanken. In der konkreten Gruppenarbeit ging es allerdings weniger um diesen Gesichtspunkt, der „organisatorischen Absicherung neuer therapeutischer Strategien und Interventionen", sondern fast ausschließlich um das – den Bewährungshelfern sicherlich auf den Nägeln brennende – Problem, wie die erste Sitzung einer Gruppe mit zu Resozialisierenden gestaltet werden könnte. Nur am Rande wurde auch darüber gesprochen, daß die entsprechende Institution über die veränderte Arbeitsweise informiert werden müßte. Die Arbeit in dieser Arbeitsgemeinschaft blieb stecken in den mehr sozialpsychologischen Problemen, die in einer Gruppe von Bewährungshelfern entstehen, wenn es darum geht, ein *gemeinsames Konzept der Gruppenarbeit* oder aber eine *optimale Strategie für die konkrete Arbeit zu entwickeln.* Das heißt bei – sicherlich ernstzunehmenden – Problemen, die für die einzelnen Bewährungshelfer auftauchen, wenn sie von der Einzelfallhilfe zur Gruppenarbeit übergehen. Die eigentlich institutionellen oder soziologischen Probleme blieben dabei jedoch ausgeklammert.

Diese Einschränkung auf individualpsychologische oder sozialpsychologische Probleme bei der Gruppenarbeit in Institutionen wurde von den 2 verbleibenden Arbeitsgruppen zu unterschiedlichen Arbeitsfeldern durchbrochen, allerdings mit völlig entgegengesetztem Ergebnis:

In der Arbeitsgemeinschaft *„Analytische Gruppentherapie in der Institution Hochschule"* von A. Leber, W.-V. Lindner und J. K. Roth wurde der Einfluß der Institution Hochschule *lediglich abstrakt* formuliert:

Typisch für die Institution Hochschule erscheint im Zuge unbewältigter Expansion eine fehlende Struktur einerseits oder ein Übermaß an Struktur in Form von Verschulung andererseits. Beides verhindert Autonomie gleichermaßen. Als Beispiel für solch fehlende Struktur in zwischenmenschlichen Beziehungen an der Unversität wurde darüber diskutiert, daß in der Anrede zwischen Du und Sie häufig klare Grenzen fehlen. In diesem Phänomen wurden sowohl Wünsche nach Nähe wie Angst vor Nähe gesehen.

In diesem Zitat aus dem Arbeitsbericht wird deutlich, daß die Verfasser zwar abstrakt so etwas wie eine Institution Hochschule sehen, die bei der Gruppenarbeit in der Hochschule auftauchenden Probleme aber lediglich unter dem Gesichtspunkt psychoanalytischer Kleingruppenproblematik betrachten unter Ausklammerung jeglicher Autoritäts- oder Machtproblematik und jeglichen institutionellen Drucks. Es wurde denn auch lange in dieser Arbeitsgemeinschaft diskutiert, ob analytische Gruppenarbeit in der Hochschule Therapie ist oder nicht. Mir scheint, daß hier sehr deutlich sich das Defizit psychoanalytischer Gruppenarbeit zeigt, reale institutionelle Gegebenheiten in der Arbeit zu berücksichtigen und eine die Grenzen der analytischen Gruppentherapie überschreitende Form der analytischen Gruppenarbeit in Institutionen zu entwickeln.

Einen faszinierenden Erfahrungsbericht hat die Arbeitsgemeinschaft *„Resozialisierung im Rahmen und mit Hilfe von Institutionen"* von B. Pfeiffer geliefert von den vielfältigen praktischen Problemen, die bei der Einführung von Gruppenarbeit in einer Strafanstalt auftraten, und zwar sowohl auf der individualpsychologischen und der sozialpsychologischen als auch auf der soziologischem Ebene. Ich finde diesen Bericht so materialreich und plastisch, daß ich ihn hier nicht zusammenfassen möchte (vgl. Gruppenpsychother Gruppendynamik 17, 1982, 387–389).

Zu (2) – Psychodrama

2 Arbeitsgemeinschaften befaßten sich mit der Frage, inwiefern das Psychodrama Möglichkeiten an die Hand gibt, institutionelle Bedingungen in die Gruppenarbeit einzubeziehen:

In der 1. Arbeitsgruppe unter der Leitung von Frau G. A. Leutz sollte es darum gehen, *„das triadische System Psychodrama, Soziometrie, Gruppentherapie in seiner Anwendung auf Institutionen und Individuen"* zu diskutieren. Realiter beschäftigte sich die Gruppe allerdings lediglich mit sich selber und den frühkindlichen Problemen zweier Teilnehmer in ihrer Arbeitsstelle. Die von der Themenstellung her vorgesehene Verknüpfung des Psychodramas mit konkreten institutionellen Problemen in einer Klinik zum Beispiel (wo sonst könnte Gruppentherapie stattfinden, wenn es um eine Institution geht!) wurde nicht versucht.

Während diese Gruppe also bei individualpsychologischen und ansatzweise sozialpsychologischen Überlegungen stehen blieb, hielt die 2. Arbeitsgruppe über die Möglichkeit der *„Hierarchieanalyse durch Psychodrama"* von I. Schumacher-Merz durchaus, was sie versprach: In ihr wurde eingehend diskutiert, daß es sich in Institutionen nicht nur um psychologische oder sozialpsychologische Probleme handelt, wenn die geplante Arbeit gehemmt wird, sondern ebenso sehr um institutionelle Probleme, d. h. formal festgelegte oder informell bestehende Rollengefüge, die durch gruppendynamische oder psychodramatische Gruppenarbeit nur bis zu dem Punkt angegangen werden können, wo die harte Realität dieser Strukturen angetastet wird. Mit einer psychodramatischen Hierarchieanalyse kann, so wurde betont, lediglich der Status quo festgestellt werden und evtl. eine Veränderung der Erwartungsdynamik der Beteiligten versucht werden. Im konkreten Fall aber stelle sich das Problem häufig so dar, daß vielleicht die gewünschte Veränderung nur durch die Veränderung der Rollenbedingungen von außen möglich würde. Hier wurde der soziologische Gesichtspunkt, d. h. das Vorhandensein realer Rollenstrukturen und, wie ich noch ergänzen würde, von vorgegebenen Positionen recht eingehend diskutiert und am Beispiel einer Gesamtschule herausgearbeitet. Mich hat überrascht, daß beim Endergebnis lediglich an die Möglichkeit einer Veränderung der Rollenbedingungen *von außen* gedacht wurde und nicht auch an den Prozeß einer *gemeinsamen* Veränderung der Binnenstruktur einer Gesamtschule durch die Bildung einer Initiativgruppe z. B. beim Übergang vom gegliederten Schulsystem zu einer Gesamtschule. Könnte nicht das Psychodrama gerade hierbei eine gute Hilfestellung leisten?

Zu (3) – Balint-Gruppen

Die Bedeutung der Berücksichtigung realer institutioneller Strukturen bei der Gruppenarbeit in sog. *Reformprojekten des psychosozialen Bereichs* wurde in der Arbeitsgruppe von A. Heigl-Evers zusammen mit D. Eicke, F. Heigl, A. Hering, J. Münch und O. Schulte-Herbrüggen von verschiedenen Seiten herausgearbeitet.

Dabei wurden folgende Arbeitsergebnisse erzielt:

1. Bei der *Gruppensupervision* von A. Hering *in einer Strafanstalt* hat sich gezeigt:
   a) Eine affektive Arbeit mit den Gefangenen ist erst möglich, wenn die betreuenden Berufsgruppen eine ausreichende Kooperationsfähigkeit erreicht haben.
   b) Die Kooperationsfähigkeit beider Berufsgruppen (Therapeuten/Vollzugsbeamte) hängt nicht nur von der Bearbeitung der Beziehungsstörungen einzelner Mitglieder und beider Gruppen ab, sondern auch von der Organisationsstruktur der Institution.

2. Als Fazit der Diskussion über den Versuch von Münch, eine *offene Beratungsstelle für drogengefährdete Jugendliche* einzurichten, hielt die Arbeitsgemeinschaft fest:
   a) Wenn man eine solche Modelleinrichtung aufbaut, geht es nicht nur um die Berücksichtigung der Dynamik der Klienten, sondern ebenso sehr um die Dynamik der damit verknüpften Institution.
   b) Was die Gruppensupervision in einer solchen Einrichtung angeht, so kommt es darauf an, eine *spezielle Supervision* zu entwickeln, die auf die *institutionspolitischen Probleme* der Beratergruppe gerichtet ist.

3. Schulte-Hserbrüggen brachte schließlich den Gesichtspunkt ein, der bei der analytischen Gruppenarbeit häufig in den Hintergrund tritt, daß in jeder Gruppe neben den verzerrten Wahrnehmungen der einzelnen Teilnehmer bzw. der Externalisation verinnerlichter Beziehungen ganz *reale Beziehungen* zwischen den Teilnehmern bestehen, eine *äußere* Realität, die nicht auf innere Bilder verkürzt werden darf.

4. Heigl vertrat die Auffassung, daß die 3 aus der Psychoanalyse entwickelten gruppentherapeutischen Verfahren des *Göttinger Modells* für jeweils unterschiedliche Patientengruppen indiziert seien:
   Für Patienten mit narzißtischen Störungen, Charakterneurosen, strukturellen Ich-Defekten und schweren psychosomatischen Erkrankungen erweise sich, besonders in der 1. Phase einer Psychotherapie, die interaktionelle Gruppenmethode des Göttinger Modells als besonders geeignet.
   Für alle psychisch bedingten Störungen, bei denen sich die Konflikte vornehmlich im intepersonellen Bereich manifestieren, erscheint die tiefenpsychologisch fundierte Gruppenpsychotherapie des genannten Modells indiziert, bei deren Anwendung sich der therapeutische Prozeß vorwiegend auf der Ebene multilateraler Übertragung oder von psychosozialen Kompromißbildungen entfaltet.
   Der Indikationsbereich der analytischen Gruppenpsychotherapie umfaßt die klassischen Indikationen der Psychoanalyse (Psychoneurosen). Ferner ist sie für jene Patienten indiziert, die nach einer Initialbehandlung mittels der interaktionellen oder auch der tiefenpsychologisch fundierten Gruppenpsychotherapie jenes Maß von Ich-Stärke erworben haben, das für eine erfolgversprechende Anwendung der psychoanalytischen Methode im engeren Sinne eine Voraussetzung bildet.

5. An die Frage der Indikation unterschiedlicher Gruppenmethoden für bestimmte Patientengruppen hat Heigl-Evers angeknüpft. Sie vertrat die Auffassung, daß unterschiedliche Berufsgruppen schwerpunktmäßig in *einer* Methode des Göttinger Modells ausgebildet werden sollten:

Während die analytische Gruppenmethode vornehmlich in der Weiterbildung zum medizinisch oder psychologisch ausgebildeten Fachpsychotherapeuten eine Rolle spielt, wird die tiefenpsychologisch fundierte oder analytisch orientierte Gruppenmethode in Zukunft v. a. im Sinne der Selbsterfahrung beim Erwerb der Zusatzbezeichnung „Psychotherapie" von Bedeutung sein, aber auch als Methode der Selbsterfahrung für Sozialarbeiter, z. B. Suchtkrankentherapeuten, für Beratungslehrer, für Theologen und für Krankenpflegekräfte. Die interaktionelle Methode erscheint besonders geeignet für alle jene in der Therapie und Rehabilitation Tätigen, deren Klientel durch schwere Selbstwertregulationsstörungen und strukturelle Ich-Defekte gekennzeichnet sind.

Diese Ausführungen von Heigl-Evers und Heigl werfen m. E. eine Reihe wichtiger Fragen theoretisch-konzeptioneller, technisch-praktischer, berufspolitischer und ausbildungspolitisch-institutioneller Art auf. Leider wurden sie in der Arbeitsgemeinschaft nicht eingehender diskutiert, obwohl gerade das die eigentliche Thematik des Kongresses gewesen wäre.

Die beiden verbleibenden Arbeitsgemeinschaften unter der Fragestellung der Berücksichtigung institutioneller Gegebenheit bei der Gruppenarbeit brachten wenig neue Gesichtspunkte:

In der Arbeitsgemeinschaft von J. von Troschke über *„Gruppdynamische Verfahren in Gesundheitserziehung, -aufklärung und -beratung"* wurde lediglich darauf hingewiesen, daß gruppendynamische Methoden bedeutsam sein können bei der Erarbeitung von sozialen Aspekten gesundheitsschädigenden Verhaltens. Anstelle der bisher in der Gesundheitserziehung verbreiteten Belehrung durch Vorträge könnte die gemeinsame Erarbeitung dieser Aspekte in Gruppen treten und die eventuelle gemeinsame Diskussion zu realisierbaren Verhaltensalternativen führen.

Der Bericht der *Arbeitsgemeinschaft über die Balint-Gruppenarbeit* von A. Thurn gelangte nicht über die gemeinsame Diskussion dessen hinaus, was Balint-Gruppenarbeit überhaupt ist. Die Frage, welche realen Möglichkeiten in der Balint-Gruppenarbeit bestehen, wenn es darum geht, neben psychodynamischen und gruppendynamischen Prozessen auch institutionelle Probleme einzubeziehen, wurde zwar abstrakt gestellt, aber nicht konkret diskutiert. Ich lese aus dem Gruppenbericht eher die „idealistische" Tendenz heraus, in Balint-Gruppen vielleicht (harte) institutionelle Gegebenheiten durch den guten Willen der Teilnehmer eliminieren zu können bzw., wie es im Bericht der Arbeitsgruppe angedeutet wird, durch die verändernde Kraft unterschiedlicher Sichtweisen, die in solchen Gruppen aufeinanderstoßen, Veränderungen auch nach außen zu erzielen.

Arbeitsgruppen zur Veränderung der Institution durch Gruppenarbeit

Die 3. Gruppe von Arbeitsgemeinschaften, in der es um die *„Veränderung der Institution durch Gruppenarbeit"* gehen sollte, ließ in mir die Erwartung aufkommen, daß die bisher allenfalls nur in Ausschnitten sichtbar gewordenen Problemstellungen nun endlich ausformuliert würden. Ich wurde stark enttäuscht: Von den 5 Arbeitsgruppen haben 2 überhaupt keinen Bericht über ihre Arbeit erstellt, und die restlichen 3 Berichte sind – abgesehen von den sehr interessanten Gedanken von M. Mitscherlich über die Arbeitsgemeinschaft von A. Pirella über die Auflösung der psychiatrischen Kliniken in Italien (vgl. Gruppenpsychother Gruppendynamik 17, 1982, 391–393):

Dabei hätte z. B. das Thema der Arbeitsgemeinschaft von P. Fürstenau *„Fortentwicklung von Institutionen angesichts sich verändernder Umwelt als Voraussetzung erfolgreicher Gruppenarbeit"* gute Ansatzpunkte ermöglicht, die institutionell gegebenen Möglichkeiten und Grenzen des Veränderungspotentials von Gruppenarbeit in Institutionen auszuloten. Es bestand offenbar auch ein großes Interesse an dieser Thematik: Bei den 5 Gruppensitzungen waren 30–50 Teilnehmer anwesend, aber es entwickelte sich – und das vielleicht nicht zufällig – rasch eine Dynamik in Richtung auf eine Großgruppenselbsterfahrung mit einigen Stellungnahmen des Gruppenleiters zu diesem Trend und dem Versuch, diese Großgruppe als eine sich herauskristallisierende „vorübergehende" Institution (arbeitsorientierte Großgruppe auf einem Kongreß) zu deuten. Realiter setzte sich sehr schnell der Wunsch durch, gemeinsam (therapeutische?) Hilfen zu erarbeiten, wie einzelne Gruppenmitglieder in ihren Institutionen die Arbeit erfolgreicher gestalten könnten; die Gruppendynamik *der* oder besser die Psychodynamik *in der* Großgruppe hatte über die eigentliche Themenstellung gesiegt: Das Problem von Institutionen als realer begrenzender soziologischer Gebilde verschwand weitgehend aus der Diskussion. Die Gruppenarbeit war wieder da, wo sie meistens verbleibt: bei der Psychodynamik der jeweiligen Teilnehmer und der abstrakten Diskussion *psychologischer Möglichkeiten* der Veränderung realer Institutionen.

In der Arbeitsgruppe von K.-W. Dahm und H. Steinkamp *„Institutionelle Innovation durch gruppendynamische Verfahren"* sollte schließlich ein etwas weniger anspruchsvoller Versuch unternommen werden, die Möglichkeiten *gruppendynamischer Methoden* für Veränderung in Institutionen auszuloten, ein Versuch, der eine inzwischen jahrzehntelange Tradition innerhalb der gruppendynamischen Bewegung hat, in den sog. „Organisationslaboratorien". Aber hier zeigte sich, was auf dem ganzen Kongreß in dem Maße deutlich wurde, in dem die Arbeitsgruppen sich wirklichen institutionellen Problemen näherten: Es wurde eine *Selbsterfahrungsgruppe,* deren Dynamik so intensiv und heftig wurde, daß die Gruppe sich nach der 3. Sitzung auflösen wollte, bis eine überraschende Wendung einsetzte: Die Gruppe diskutierte mit zunehmendem Engagement die Frage der *Unterrepräsentierung der Frau* im DAGG. Meine Phantasie zu dieser überraschenden Wendung ist: Vielleicht geht es bei der Frage institutioneller Änderungen durch Gruppenarbeit gar nicht so sehr um den Wunsch, systematisch die reale Struktur einer Institution in einer Gruppe zu erarbeiten einschließlich der eigenen affektiven Verwobenheit in diese Institution, vielleicht geht es eher darum, *durch das erlebte Miteinander in einer Gruppe einen befriedigenderen Ort für sich selber zu finden angesichts der bedrohlichen Institution.* Das heißt aber, es ginge mehr um den Wunsch nach einer guten Mutter-Gruppe angesichts der bösen Mutter Institution oder um die Veränderung der bösen Mutter durch die gute Mutter-Gruppe, was sich in der Phantasie und Forderung ausdrückt: Die Frauen und Mütter sollten in der „Institution DAGG" stärker repräsentiert sein.

Interessanterweise griff gerade eine Frau, M. Mitscherlich, in ihren „Denkwürdigkeiten" zur Arbeitsgruppe von A. Pirella, das Problem der Verschränkung institutioneller und affektiver Probleme und die Notwendigkeit, politisch-organisatorischen Engagements bei der Veränderung der institutionellen Gegebenheiten im Bereich unserer psychiatrischen Institutionen mutiger und offener als die meisten übrigen Teilnehmer auf: Wenn es darum geht – wie es in Italien versucht wird – die Institution des psychiatrischen Krankenhauses abzuschaffen, so ist das nicht nur ein Problem des inneren Widerstands des in diesen Institutionen arbeitenden Personals oder der dann anders gearteten Arbeit mit den Patienten. Ebensosehr geht es um das umfassendere politische Problem der kontinuierlichen (Gruppen-)Arbeit an der Veränderung des Bewußtseins in den politischen Parteien, den Kommunen, in der Verwaltung, auf Nachbarschaftsebene usw. Eine solche Veränderung erfordert realiter die Integration individualpsychologischer, sozialpsychologischer und soziologischer Gesichtspunkte bei der koordinierten Mobilisierung vieler Gruppen zur Erreichung des gemeinsamen Ziels.

Diese Herausforderung an die Gruppenarbeit und an die Institution DAGG, die als elektrisierende Spannung die Podiumsdiskussion zwischen Pirella, Heigl und Ohlmeier in der Mitte des Kongresses und in der Podiumsdiskussion über die Berichte der Arbeitsgruppen am Ende beherrscht hat, wurde von den Vertretern des DAGG, v. a. den mehr psychoanalytisch orientierten Gruppentherapeuten, sehr *defensiv abgewehrt,* aber nicht nur von ihnen: Wie aus meinem Überblick über die Berichte der Arbeitsgruppen deutlich wird, läßt sich – von einigen wenigen Ausnahmen abgesehen – eine deutliche Tendenz feststellen, sich nicht mit *institutionellen* Fragestellungen der Gruppenarbeit zu befassen, v. a. nicht konkret. Sobald die politisch überschaubare Beschäftigung mit den sozialpsychologischen Binnenproblemen von Kleingruppen überschritten werden soll, wird es schwierig: Ungewollt (oder vielleicht doch gewollt?) stellen sich (kollektive) affektive Widerstände ein, sich in diese Richtung zu verändern.

Dabei wäre die Herausforderung durch das „Ärgernis" der italienischen Psychiatriereform eine gute Möglichkeit gewesen, am Beispiel dieser institutionellen Umwälzung zu studieren und zu analysieren, welche konkreten neuen Probleme auf die Gruppenarbeit zukommen würden, wenn wir z. B. bei uns versuchen wollten, solche oder ähnliche institutionelle Veränderungen in Angriff zu nehmen.

Ich hatte den Eindruck, daß die „Institution DAGG" auf eine solche Herausforderung nicht eingestellt war. Vielleicht könnte der nächste Kongreß des DAGG sich als Rahmenthema *die institutionellen Probleme der psychosozialen Versorgung in der BRD* stellen und die Möglichkeit der Gruppenarbeit bei der Realisierung bedarfsgerechter Einrichtungen in diesem Sektor unserer Gesellschaft untersuchen. Gruppenarbeit würde dann nicht nur verstanden als spezifische Methode, individualpsychologische und sozialpsychologische Probleme der Mitglieder einer Kleingruppe zu klären, sondern darüber hinaus organisatorische und politische Potentiale zu aktivieren zur Erreichung erwünschter Verbesserungen der psychosozialen Einrichtungen. Da die Mitglieder des DAGG aus den verschiedensten Arbeitsfeldern der psychosozialen Versorgung kommen, wäre der DAGG sicherlich ein guter Rahmen, über die berufspolitischen Interessen einzelner Gruppen hinaus die vielfältigen Aspekte einer Reform psychosozialer Institutionen mit Hilfe der Gruppenarbeit sachgerecht, aber auch emotional-affektiv engagiert zu diskutieren.

15. Psychologische und soziologische Überlegungen zur Sozialisation des Gruppenanalytikers*

Ausgangspunkt meiner Überlegungen zur Sozialisation des Gruppenanalytikers sind einige Beobachtungen, die ich im Zusammenhang mehrerer kritischer Bestandsaufnahmen zur Theorie (Sandner 1981, 1982), Behandlungstechnik (Sandner 1985) und dem Stand der Gruppenprozeßforschung (Sandner 1984) gemacht habe.

Bei den vorbereitenden Arbeiten hierzu ist mir aufgefallen, daß praktisch keine Auseinandersetzung zwischen unterschiedlichen *theoretischen Grundpositionen* innerhalb der Gruppenanalyse stattfindet, sondern jeder Ansatz von der sie vertretenden Gruppe – pointiert ausgedrückt – als der einzig rechtmäßige und adäquate implizit oder explizit dargestellt wird. Andere Ansätze, falls sie überhaupt genannt werden, werden als wenig bedeutsam oder inadäquat charakterisiert. Sie dienen nicht als Ansporn für eine Überprüfung, Modifizierung und Erweiterung der eigenen Position, sondern erscheinen eher als von außen kommende Störung und Irritation des eigenen Denkens und Handelns.

Ein ähnlich überraschendes Ergebnis ergibt sich bei einer näheren Betrachtung *behandlungstechnischer Fragen:* Es hat vielfach den Anschein, als ob mit der jeweiligen Methode – ohne irgendwelche Modifikationen – jede Art von seelischer Störung gleichermaßen behandelt werden könne und solle. Die Frage, welche *spezifische* gruppenanalytische Behandlungsmethode welche Vor- und Nachteile für welche Patientengruppen haben könnte, wird vielfach nicht gestellt, weil die Vertreter des jeweiligen Ansatzes sowieso der Auffassung sind, daß mit ihrer Methode alle Störungen behandelt werden können.

Schließlich fällt beim Studium der Literatur zur *Gruppenprozeßforschung* auf, daß es bislang praktisch keine Überlegungen gibt, wie eine Methode zur Erfassung des Gruppenprozesses und der Überprüfung gruppenanalytischer Annahmen aussehen könnte. Ja es scheint, als ob Überlegungen zu einer solchen *Methodologie der Erfassung von Gruppenprozessen* im Kreise von Gruppenanalytikern zwar auf Interesse, aber keinesfalls zu eigenem aktiven Engagement in dieser Frage führen.

Als ich mich gefragt habe, woher die gerade skizzierten Trends im Bereich der Gruppenanalyse kommen könnten, sind mir bald 2 Problemkreise bedeutsam erschienen: zum einen, daß die Gruppenanalyse eine relativ junge wissenschaftliche Disziplin ist und die Pioniere in diesem Feld sich zunächst nach außen wohl abschotten mußten, um ihre neue Sichtweise entwickeln und entfalten zu können,

---

* Ich widme diesen Beitrag den Mitgliedern der Arbeitsgemeinschaft für Gruppenanalyse, München

ohne daß sie von andersartigen Überlegungen gestört oder auch – bezogen auf die narzißtisch besetzten eigenen Auffassungen – gekränkt werden konnten. Zum anderen kam mir bald der Gedanke, daß die aus der gerade geschilderten Pioniersituation heraus entstandenen Gruppen und Schulen (z. B. der Gruppe um Foulkes, der Anhänger von Bion oder auch der Anhänger von Wolf und Schwartz oder W. Schindler) mehr im Zeichen der Absicherung des eigenen Ansatzes nach außen und der weiteren Differenzierung nach innen entstanden sind. Anders ausgedrückt: In der jeweiligen Gruppierung hat eine spezifische, auf die Bewahrung und Festigung des eigenen Ansatzes gerichtete *Sozialisation* stattgefunden, wobei der eigene Ansatz zum Ansatz schlechthin hochstilisiert wurde oder vielleicht – psychodynamisch gesehen – auch werden mußte. Hieraus werden, so meine ich, die Phänomene bereits verständlicher, wie ich sie zu Beginn meiner Ausführungen skizziert habe: kaum Auseinandersetzung mit anderen Ansätzen, wenig differenzierte Überlegungen zur Behandlungstechnik, wenig Interesse an der Gruppenprozeßforschung.

Auf dem Hintergrund der gerade skizzierten Überlegungen erschien es mir zunehmend bedeutsam und auch reizvoll, mich der Frage der Sozialisation zum Gruppenanalytiker konkret zuzuwenden. Zu welchen Ergebnissen ich hierbei gekommen bin, möchte ich in diesem Beitrag schildern.

Er gliedert sich in 3 Abschnitte:

1. werde ich ausführen, wie die Sozialisation zum Gruppenanalytiker im deutschen Sprachraum bislang vor sich geht;
2. geht es mir darum, psychologische und soziologische Gesichtspunkte zu erarbeiten, die sich aus der Darstellung der Sozialisationswege und Sozialisationsagenturen ergeben und einen nicht nur passageren, sondern *systematischen* Einfluß haben dürften auf das Denken und Handeln des angehenden Gruppenanalytikers;
3. werde ich einige Vorschläge skizzieren, auf welche Weise die Sozialisation zum Gruppenanalytiker günstiger gestaltet werden könnte. Dabei wird deutlich werden, daß die Verbesserung der Sozialisationsbedingungen lediglich einen Teil der eingangs geschilderten Probleme lösen dürfte: Daß die realen *Lebens- und Arbeitsbedingungen* des Gruppenanalytikers wohl ebenso, wenn nicht noch bedeutsamer sind.

Bestandsaufnahme der bisherigen Sozialisation zum Gruppenanalytiker

Bevor ich eine Bestandsaufnahme der Sozialisation zum Gruppenanalytiker im deutschen Sprachraum vornehme, möchte ich definieren, was ich unter einem Gruppenanalytiker verstehe: jeder Psychotherapeut, der *in Gruppen* mit Patienten oder analytische Selbsterfahrung suchenden Teilnehmern *analytisch* arbeitet und diese Arbeit als eine *spezifische analytische Arbeitsmethode* betrachtet. Ich verwende hier also einen relativ weiten Begriff von Gruppenanalytiker.

Wie sieht nun die Sozialisation zum Gruppenanalytiker in dem gerade definierten Sinne aus? Es gibt idealtypisch vereinfacht 3 Wege:

1. während oder im Anschluß an die Weiterbildung zum Psychoanalytiker,

2. während oder im Anschluß an den Erwerb des Zusatztitels „Psychotherapie" oder „Psychoanalyse" im Rahmen der regionalen Weiterbildungskreise für Ärzte und
3. durch Teilnahme an den überregionalen spezifischen Weiterbildungsgängen für analytische Gruppentherapie in Göttingen (das sog. Göttinger Modell von Heigl-Evers u. Heigl) bzw. Gießen, die von der Gruppenanalytischen Gesellschaft London in erster Linie getragen wird.

Wie sehen diese 3 Wege im einzelnen aus?

1. Rechtlich gesehen ist es so, daß jeder, der eine analytische Weiterbildung an einem von der DGPPT anerkannten psychoanalytischen Institut abgeschlossen hat, analytische Gruppentherapie über die Kassen abrechnen kann, ganz gleich, ob er eine spezifische Weiterbildung in analytischer Gruppentherapie absolviert hat oder nicht. Wenn ich die Münchner Zahlen auf das Bundesgebiet hochrechne, so arbeitet etwa jeder 2. Analytiker nach seinem Examen auch als analytischer Gruppentherapeut. Zu vermuten ist, daß nur ein relativ geringer Teil dieser Gruppentherapeuten während oder nach ihrer analytischen Weiterbildung die überregionalen Weiterbildungsangebote in Göttingen oder Gießen wahrnehmen. Ein größerer Teil absolviert sicherlich eine eigene analytische Selbsterfahrung in einer Gruppe. Es finden aber – soweit ich sehe – an den jeweiligen örtlichen psychoanalytischen Instituten bislang kaum Lehrveranstaltungen über analytische Gruppentherapie statt und auch keine behandlungstechnischen Seminare. Die öffentliche Meinung in analytischen Instituten kann nach wie vor als der analytischen Gruppentherapie gegenüber reserviert eingeschätzt werden. Mindestens ist mir kein analytisches Institut bekannt, an dem sich ein Kreis von Interessierten *systematisch* und *kontinuierlich* mit Theorie und Praxis der analytischen Gruppentherapie befaßt. Analytiker, die nach Abschluß ihrer Institutsausbildung analytisch mit Gruppen arbeiten, verfügen demnach über eine sehr gute psychoanalytische Qualifikation als Einzeltherapeut, aber nur über relativ wenig Weiterbildung in analytischer Gruppentherapie.
2. Was den 2. Sozialisationsweg zum Gruppenanalytiker anbelangt, den Erwerb des Zusatztitels „Psychotherapie" oder „Psychoanalyse" an den regionalen Weiterbildungskreisen für Ärzte, so gibt es gewisse Unterschiede zur Weiterbildung an den psychoanalytischen Instituten: speziell in der Weiterbildung zum Zusatztitel „Psychotherapie" ist die Selbsterfahrung in einer analytischen Gruppe sowie die Arbeit als Kotherapeut – wenigstens in Bayern – zentraler Bestandteil der Anforderungen an die Bewerber. Allerdings benötigen diese für den Zusatztitel Psychotherapie dann keinerlei einzelanalytische Selbsterfahrung mehr. Auch für den Zusatztitel „Psychoanalyse" für Ärzte ist der Nachweis von Lehrveranstaltungen zur analytischen Gruppentherapie gefordert, allerdings keine Selbsterfahrung in Gruppen.

Ärzte, die den Zusatztitel „Psychotherapie" oder „Psychoanalyse" erworben haben, können über die Kassen analytische Gruppentherapie abrechnen, verfügen aber in der Regel über keine systematische psychoanalytische Weiterbildung und nur im Falle des Zusatztitels „Psychotherapie" über eine gewisse gruppenanalytische Selbsterfahrung bzw. Weiterbildung als Kotherapeut. Während an den

psychoanalytischen Instituten jeweils eine Gruppe mit einer spezifischen *analytischen Kultur* besteht, gibt es für die Ärzte in den regionalen Weiterbildungskreisen eigentlich keine Gruppe, in der systematisch psychoanalytische oder gruppenanalytische Fragen theoretisch und praktisch reflektiert werden. Jeder ist auf sich allein gestellt und wählt von den angebotenen Lehrveranstaltungen das aus, was ihm zusagt.
3. Die einzige Möglichkeit, eine systematische Weiterbildung zum analytischen Gruppentherapeuten zu erlangen, besteht bislang darin, die überregionalen Weiterbildungsangebote in Göttingen oder Gießen wahrzunehmen. Im Rahmen dieser Weiterbildungsangebote wird ein umfassendes Programm angeboten, das Theorie, Selbsterfahrung und Behandlung unter Kontrolle umfaßt. Bei näherer Betrachtung dieser Weiterbildungsangebote fällt allerdings auf, daß sie – mindestens von der theoretischen Orientierung her – relativ starr festgelegt sind auf
a) das Konzept von Foulkes bzw.
b) das „Göttinger Modell".

Bei diesen einzigen *systematischen* Weiterbildungsmöglichkeiten zum Gruppenanalytiker ist demnach eine deutliche *Engführung* vorhanden, was die Theorie und die Auseinandersetzung mit anderen Ansätzen anbelangt. Darüber hinaus ist auch festzustellen, daß die Frage der spezifischen *analytischen* Behandlungstechnik für unterschiedliche Patientengruppen untergeordnete Bedeutung hat. Ebenso spielt die Frage der Gruppenforschung bzw. vorgängig der Entwicklung einer Methode zur Erfassung von Gruppenprozessen und der Überprüfung eigener oder fremder Konzepte keine Rolle.

Es ist auch festzustellen, daß v. a. bei dem Konzept der Gruppenanalyse nach Foulkes, aber auch in gewisser Weise bei dem Göttinger Modell, die Verbindung zwischen klinischer psychoanalytischer Theorie und den entsprechenden gruppenanalytischen Annahmen recht lose ist (vgl. Sandner 1981, 1982). Dies rührt z. T. wohl daher, daß z. B. in der Gruppenanalytischen Gesellschaft London es nicht erforderlich ist, für den Erwerb der vollen Mitgliedschaft eine psychoanalytische Weiterbildung absolviert zu haben.

Wenn wir einmal von den überregionalen Weiterbildungsgängen absehen, so spiegeln sich die Sozialisation über die psychoanalytischen Institute und die Weiterbildungskreise für Ärzte in der Struktur der beiden für Gruppenanalytiker einschlägigen Sektionen des Deutschen Arbeitskreises für Gruppenpsychotherapie und Gruppendynamik (DAGG) wider:

Gruppentherapeuten, die sich als Gruppenanalytiker verstehen, haben hierbei die Möglichkeit der Mitgliedschaft in der Sektion „analytische Gruppenpsychotherapie" sowie „Klinik und Praxis". Während der Sektion „Klinik und Praxis" jeder analytische Gruppentherapeut beitreten kann, können in die Sektion „Analytische Gruppenpsychotherapie" satzungsgemäß lediglich Therapeuten mit psychoanalytischer Institutsausbildung aufgenommen werden. Innerhalb beider Sektionen gibt es bislang keine *systematische* Weiterbildung, es finden nur jährliche Arbeitstreffen statt, auf denen neben berufsständischen Fragen auch ein gewisser Austausch der Mitglieder untereinander über Vorträge und in Arbeitskreisen stattfindet. Beide Sektionen sind bislang keine Sozialisationsagenturen, von denen eine geregelte Weiterbildung in Gruppenanalyse getragen wird.

Eine weitere Sozialisationsmöglichkeit stellt die vom DAGG getragene Zeitschrift „Gruppenpsychotherapie und Gruppendynamik" dar. Hier bildet sich allerdings wieder ab, was schon auf den Ebenen der unmittelbaren Sozialisation vor Ort sowie den beiden genannten Sektionen des DAGG deutlich geworden ist: Die Zeitschrift ist ein Sammelbecken für therapeutische und klinische Beiträge unterschiedlichster Provenienz, wobei zwischen den Verfassern kaum Querverbindungen bestehen. Es besteht v. a. keine Gruppe, die *kontinuierlich und systematisch* den kontroversen Austausch unterschiedlicher analytischer Gruppentheorien fördert bzw. an deren Weiterbildung zu einer *integrierten und differenzierten gruppenanalytischen Theorie und Behandlungstechnik* arbeitet sowie eine kumulative Gruppenforschung betreibt. Dies ist verwunderlich, da im deutschen Sprachraum durchaus kontroverse Positionen im Bereich der analytischen Gruppentherapie vorhanden sind: Es sind dies die Ansätze von Argelander, Finger, Heigl-Evers u. Heigl, König, Kutter, Ohlmeier, W. Schindler sowie meine eigene Modellüberlegung zur Psychodynamik in analytischen Gruppen (vgl. Sandner 1978; Ohlmeier u. Sandner 1979).

Soziologische und psychologische Effekte aufgrund der Struktur der Sozialisationswege

Nach der idealtypisch vereinfachten Schilderung der Sozialisationswege zum Gruppenanalytiker möchte ich die dort dargelegten Befunde um 2 für jede Sozialisation bedeutsame Gesichtspunkte zentrieren: Die Frage, welche systematischen Effekte die geschilderten Sozialisationswege haben
1. hinsichtlich der Bildung der beruflichen Identität des Gruppenanalytikers sowie
2. der Institutionalisierung der Gruppenanalyse im Rahmen des DAGG.

Es geht also einerseits darum zu untersuchen, welchen soziostrukturellen Anforderungen bzw. Bedingungen der angehende Gruppenanalytiker *ausgesetzt* ist und wie er psychologisch darauf *reagiert* auf dem Wege seiner Identitätsfindung bzw. Sozialisation.

Andererseits geht es um die Frage, wie in den Sozialisationsagenturen, v. a. den beiden obengenannten Sektionen des DAGG, aber auch den überregionalen Weiterbildungseinrichtungen sowie den örtlichen psychoanalytischen Instituten und Weiterbildungskreisen für Ärzte versucht wird, die geschilderten Probleme *zu regeln, institutionell zu lösen,* die bei der Sozialisation zum Gruppenanalytiker auftreten.

Soziologische und psychologische Bedingungen der Sozialisation zum Gruppenanalytiker

Die Frage nach den soziologischen Bedingungen, denen der angehende Gruppenanalytiker ausgesetzt ist, ist die Frage nach dem, wozu er *genötigt* ist, um analytisch mit Gruppen arbeiten zu können. Ich habe oben (S. 188) ausgeführt, daß er lediglich für den Zusatztitel „Psychotherapie" als Arzt eine analytische Gruppenselbsterfahrung und die Tätigkeit als Kotherapeut nachweisen muß. Ansonsten kann jeder Arzt mit Zusatztitel „Psychotherapie" oder „Psychoanalyse" und jeder Psychoanalytiker

– rechtlich gesehen – ohne irgendwelche gruppenanalytische Weiterbildung mit analytischen Gruppen arbeiten und über die Kassen abrechnen.

Anders ist es, wenn der angehende Gruppenanalytiker einer Fachgesellschaft, etwa der Sektion „Klinik und Praxis" oder „Analytische Gruppenpsychotherapie" des DAGG oder der Gruppenanalytischen Gesellschaft London beitreten möchte. Dann muß er sich einer Weiterbildung unterziehen, die den jeweiligen *Aufnahmekriterien* dieser Fachgesellschaften genügt. Wie ich ausgeführt habe, ermöglicht die Mitgliedschaft z. B. in einer der beiden Fachsektionen – soziologisch gesehen – dann allerdings lediglich einen relativ losen Diskussions- und Arbeitszusammenhang. Anspruchsvollen Aufnahmekriterien steht seitens der Sektionen weder ein differenziertes Weiterbildungsangebot noch eine entsprechende Gruppe gegenüber, die kontinuierlich und intensiv gruppenanalytische Fragen diskutiert. Dies hat beträchtliche Auswirkungen auf die psychologische Situation der angehenden Gruppenanalytiker, wie ich noch zeigen werde, stellt aber auch eine spezifische Form der Institutionalisierung dar, schafft spezifische Sozialisationsbedingungen für den angehenden Gruppenanalytiker.

Ich möchte dies an einigen wenigen organisationssoziologischen Überlegungen verdeutlichen, die Fürstenau (1979) in Anlehnung an Millerson (1964) im Zusammenhang seiner Überlegungen zur Struktur psychoanalytischer Vereinigungen anstellt. Fürstenau unterscheidet 4 Typen von qualifizierenden Vereinigungen, die aber auch als 4 unterschiedliche typische Funktionen von qualifizierenden Vereinigungen betrachtet werden können:

a) die „study association", deren oberstes Ziel das Studium und die Diskussion wissenschaftlicher Fragen darstellt;

b) die „qualifying association", die eine berufliche Aus- oder Weiterbildung in einem Fach betreibt;

c) die „occupational association", die in erster Linie als beruflicher und wirtschaftlicher Interessenverband fungiert, sowie

d) die „prestige association", die als Vereinigung ein hohes Prestige genießt, wobei es das individuelle Ansehen erhöht, Mitglied zu werden.

Wenn ich richtig sehe, so stellen die hier einschlägigen Sektionen des DAGG hauptsächlich den Typ der „occupational association", d. h. der beruflichen und wirtschaftlichen Interessenvertretung dar oder im speziellen Falle der Sektion „Analytische Gruppenpsychotherapie" den Typ der in Fachgesellschaften sozialisiert, in denen berufsständische oder Prestigeinteressen *überbetont* sind, während Weiterbildungsaufgaben (die Funktion der „qualifying association") sowie inhaltlich-fachliche Interessen und Aufgaben (die Funktion der „study association") *unterbetont* sind. Diese einseitige Betonung bestimmter Aufgaben hat Auswirkungen auf die psychologische Situation, die sich für den angehenden Gruppenanalytiker ergibt.

Die psychologische Situation des angehenden Gruppenanalytikers

Der angehende Gruppenanalytiker befindet ich psychologisch gesehen in einer schwierigen Situation: Einerseits benötigt er für seine Arbeit eine Reihe von theoretischen und behandlungstechnischen Kenntnissen, gruppenanalytische Selbsterfahrung und Supervision und im Idealfall auch einen Kreis von Kollegen, in dem er kontinuierlich die bei der gruppenanalytischen Arbeit auftretenden Probleme besprechen kann. Andererseits bieten ihm die Fachgesellschaften entweder nur Anforderungen für die Mitgliedschaft an, ohne ihm inhaltlich die erforderliche Qualifikation anzubieten, oder aber eine relativ auf ein Konzept eingeschränkte gruppenanalytische Qualifikation, deren inhaltliche Ausrichtung der angehende Gruppenanalytiker in Ermangelung anderer Gesichtspunkte lediglich einfach übernehmen kann (z. B. die Konzepte der Gruppenanalytischen Gesellschaft London).

Es verwundert bei dieser gegebenen Sozialisationssituation des Gruppenanalytikers nicht, daß im gesamten Feld der Gruppenanalyse eine große Unsicherheit und Irritierbarkeit sowie eine gewisse Leichtgläubigkeit, ein Sichhalten an bestimmte theoretische Konzepte anzutreffen ist und eine Scheu, diese Konzepte zu überprüfen. Zu überprüfen auf die Stimmigkeit und die Nützlichkeit für die eigene Arbeit generell und für spezifische Patientengruppen im besonderen (spezielle Behandlungstechnik). Ebenso wird die oben beschriebene Tendenz verstehbar, einerseits Interesse an der Entwicklung von Methoden zur Erfassung des Gruppenprozesses zu haben, andererseits selber eher passiv und abwartend sich zu verhalten, um durch diese Methoden nicht in der eigenen Arbeit versunsichert zu werden, denn wenn solche Methoden da wären, würden sie wohl früher oder später auch im größeren Umfang angewendet. Es wird auch verständlich, warum sich Gruppenanalytiker häufig nicht für Ergebnisse der Gruppentherapieforschung interessieren. Kurz, es wird verstehbarer, warum die in der Einleitung zu diesem Beitrag geschilderte Stagnation im Bereich von Theorie, Praxis und Forschung der Gruppenanalyse vorhanden ist.

Diese Stagnation hängt aber vermutlich auch damit zusammen, wie die gruppenanalytischen Fachgesellschaften bislang versuchten und aktuell versuchen, das *Sozialisationsproblem* und die dabei auftretenden Schwierigkeiten *institutionell*, d. h. von den Aufnahmebedingungen und den innerfachgesellschaftlichen Arbeitsschwerpunkten her anzugehen und *zu regeln*.

Institutionelle Strukturierungsmaßnahmen der Fachgesellschaften zur Regelung des Sozialisationsproblems

Wenn ich richtig sehe, veruchen die einschlägigen Fachgesellschaften, die Aufgabe, interessierte Psychotherapeuten zu Gruppenanalytikern weiterzubilden und in diesem Sinne zu einer Identität als Gruppenanalytiker zu sozialisieren, zu lösen, indem sie die Aufnahmebedingungen verschärfen und den Kreis derer, die Ausbildungsfunktionen ausüben dürfen, einschränken. Beide Maßnahmen sind für eine qualifizierte Weiterbildung sicherlich erforderlich, sie werden aber schwerlich dazu beitragen, bislang fehlende gruppenanalytische Kulturen bzw. Gruppen von Interessierten, die sich intensiv und kontinuierlich mit Theorie, Praxis und Forschung in der Gruppenanalyse befassen, entstehen zu lassen. Solche Gruppen können aber wohl nur und hauptsächlich die *Basis* für die gruppenanalytische Arbeit, die Sozialisation sowie für die koordinierenden Aktivitäten der Fachgesellschaften bilden. Anders ausgedrückt, aufgrund der in diesem Beitrag versuchten Analyse der Sozialisationsbedingungen des Gruppenanalytikers müßte es vermehrt das Ziel der Fachgesellschaften werden, neben den bereits sehr ausgebildeten Funktionen „occupational association" sowie „prestige association" Maßnahmen zur Förderung und Koordinierung der zentralen Funktionen der „study association" sowie der „qualifying association" zu ergreifen. Ziel wäre hierbei *die Schaffung vielfältiger gruppenanalytischer Arbeitsgemeinschaften* sowie die Förderung regionaler und überregionaler Aktivitäten. Welche Möglichkeiten und Erfordernisse ich hierbei sehe, möchte ich in meinem letzten Abschnitt darlegen.

Vorschläge zur Verbesserung der Sozialisationsbedingungen des Gruppenanalytikers

Bevor ich meine Vorschläge für eine Verbesserung der Sozialisationsbedingungen des Gruppenanalytikers darlege, möchte ich kurz zusammenfassen, was ich als die Ziele einer adäquaten Sozialisation zum Gruppenanalytiker ansehe: Der Gruppenanalytiker sollte

1. die Fähigkeit erwerben, die analytische Gruppentherapie als spezifische therapeutische Methode für unterschiedliche Patientengruppen förderlich anzuwenden;
2. in der Lage sein, Konzepte und Behandlungstechniken anhand seiner Praxis und seiner Erfahrungen zu überprüfen sowie den Effekt der Behandlung einzuschätzen;
3. darüber hinaus sollte der angehende Gruppenanalytiker seine *eigene Erfahrung* als Lernmedium, aber auch als Quelle der beruflichen Befriedigung und persönlichen Weiterentwicklung erleben und verstehen können.

Von diesen 3 Zielen wird in der bisherigen Weiterbildung lediglich Wert gelegt auf das unter (1) genannte Ziel, die analytische Gruppentherapie als eine spezifische Behandlungsmethode zu erlernen. Darüber hinaus ist der Erwerb dieser Fähigkeit – wie ich gezeigt habe – entweder auf eine ganz bestimmte Schulrichtung eingeschränkt oder aber überhaupt nicht in einem geregelten Weiterbildungsgang zu erwerben.

Meine konkreten Vorschläge für die Verbesserung der Sozialisationsbedingungen zum Gruppenanalytiker beziehen sich deshalb in erster Linie auf die bislang vernachlässigten 2 Funktionen: der Funktion der „study association" sowie der Funktion der „qualifying association". Ich meine, daß im Mittelpunkt aller organisatorischer und fachlicher Bemühungen der beiden einschlägigen Sektionen des DAGG die Entwicklung *gruppenanalytischer Arbeitsgemeinschaften* bzw. *gruppenanalytischer Kulturen* stehen sollte. Solche Gruppen würden den bislang fehlenden Rahmen darstellen, innerhalb dessen kontinuierlich gemeinsam gruppenanalytische Fragen und Probleme diskutiert und geklärt werden könnten. Sie würden zugleich einen Rückhalt gegen die drohende Isolierung und Vereinzelung des praktizierenden Gruppenanalytikers darstellen. In ihnen bestünde die Möglichkeit, zu einem vertieften Verständnis der Vorgänge in den eigenen Gruppen und zur Erforschung des Gruppengeschehens zu gelangen sowie zu einer reflektierten Verknüpfung von Theorie und Praxis. Es wäre weiterhin möglich, vermehrt aus der eigenen Erfahrung zu lernen, Freude am Entdecken neuer Zusammenhänge zu entwickeln, die Erfahrungen auszutauschen und so zu einer kumulativen Vergrößerung individueller und gemeinsamer Behandlungskompetenz zu gelangen.

Zur Entwicklung und Förderung dieser Elemente der „study association" und der „qualifying association", generell gesprochen von gruppenanalytischen Kulturen, ist es bedeutsam, eine Reihe von strukturellen und organisatorischen, d. h. *institutionell verankerten Bedingungen* zu schaffen:

1. Neben den bisher bestehenden formalen Anforderungen zum Erwerb der Mitgliedschaft in den beiden Sektionen ist es erforderlich, *inhaltlich* zu präzisieren, was für einen Weiterbildungsgang zum Gruppenanalytiker erforderlich ist, d. h. entsprechende *inhaltlich gefüllte Rahmenrichtlinien* aufzustellen. Hierbei wird die Pluralität des Weiterbildungsangebots, spezifische Fragen der Behandlungstechnik sowie der Erwerb kritischer eigener Urteilskompetenz der gruppenanalytischen Arbeit gegenüber besondere Bedeutung zukommen.

2. Es wird darum gehen, *eine stärkere Verankerung der gruppenanalytischen Weiterbildung in den psychoanalytischen Instituten* zu erreichen. Solange analytische Gruppentherapie quasi exterritorial bleibt und nur von einigen wenigen Analytikern als Privatangelegenheit betrieben wird, ist die notwendige wechselseitige Befruchtung psychoanalytischer und gruppenanalytischer Betrachtungs- und Arbeitsweisen nicht möglich – zum Schaden (wie ich meine) sowohl für die Psychoanalyse als auch die Gruppenanalyse.

3. Wünschenswert wäre, die Frage einer *Integration der gruppenanalytischen und der psychoanalytischen Weiterbildung* näher zu überdenken. Ich meine, es ist weder vom zeitlichen und ökonomischen Aufwand noch von den genuin psychoanalytisch und gruppenanalytisch therapeutischen Möglichkeiten her sinnvoll, 2 Weiterbildungen nacheinander ohne Versuche der Integration durchzuführen.

4. Es ist erforderlich, daß die unterschiedlichen *universitären Einrichtungen sowie die Hochschullehrer,* die sich mit analytischer Gruppentherapie beschäftigen, *kooperieren,* sich untereinander koordinieren und austauschen. Dies könnte unter Federführung der beiden einschlägigen Sektionen des DAGG, insbesondere der Sektion „Analytische Gruppenpsychotherapie" erfolgen. Von einer solchen Zusammenarbeit könnten sicherlich Impulse und konkrete Angebote für die örtliche, regionale und überregionale Weiterbildung ausgehen.

5. Darüber hinaus wäre es günstig, *die Zeitschrift „Gruppenpsychotherapie und Gruppendynamik"* zu einem Forum der wissenschaftlichen und praktisch/klinischen gruppenanalytischen Kultur weiter auszubauen. Dies wäre möglich, indem die kontroverse Diskussion mehr als bisher gepflegt wird sowie die Vergrößerung des kumulativen Wissensbestands explizites Ziel der redaktionellen Arbeit wird. Zum Beispiel wäre bedeutsam, einen Katalog dringlicher theoretischer, behandlungstechnischer und forschungsmethodischer Probleme zu erstellen, die vermehrt in der Zeitschrift behandelt werden sollten.

6. Schließlich meine ich, daß alle von mir genannten Punkte zur Verbesserung der Sozialisationsbedingungen des Gruppenanalytikers *koordiniert* und besonders gefördert werden könnten *von den beiden Sektionen* „Analytische Gruppenpsychotherapie" und „Klinik und Praxis". Neben aller Freiheit der Initiative und Freude an möglichst vielen Initiativen von der Basis her ist es sicherlich günstig, wenn es eine Einrichtung gibt, die sich der Entwicklung gruppenanalytischer Kultur auf allen Ebenen fördernd und koordinierend annimmt.

7. Dies würde insbesondere bedeuten – und damit komme ich zum Ausgangspunkt meiner konkreten Vorschläge zurück –, *das Entstehen örtlicher Arbeitsgemeinschaften für Gruppenanalyse zu fördern* sowie deren Aktivitäten auf regionaler und überregionaler Ebene zu koordinieren. Ich meine, daß die Gruppenanalyse mit solchen örtlichen Arbeitsgemeinschaften steht und fällt.

Schlußbemerkung

Nach den vielfältigen Überlegungen zur Sozialisation des Gruppenanalytikers drängt es mich, abschließend noch einen Gedanken auszusprechen, der sich mir zunehmend bei meiner Untersuchung aufgedrängt hat: Ich frage mich, ob nicht *das* zentrale Strukturierungsmerkmal der Sozialisation des analytischen Gruppentherapeuten die *spezifische Form seiner beruflichen Tätigkeit* darstellt: die Niederlassung in privater Praxis. Der Psychotherapeut ist damit ja eine Art Kleinunternehmer, der völlig abhängig ist von dem eigenen psychischen Arbeitsvermögen. Diese Form des Arbeitens und der individuellen ökonomischen Reproduktion läßt zeitlich und psychodynamisch wenig Spielraum, viel nach links oder rechts zu sehen, die eigene Arbeit zu hinterfragen, wissenschaftliche und behandlungstechnische Fragen kontinuierlich mit Kollegen zu klären usw. Sie erzeugt wohl auch eine große narzißtische Verletzbarkeit, was die Einschätzung der eigenen Arbeit anbelangt. Ich meine, daß gerade diese Frage weiter im Auge behalten und geklärt werden müßte. Dennoch glaube ich ebenso, daß es auch unter den aktuellen Bedingungen einen gewissen Spielraum für die Entwicklung gruppenanalytischer Kulturen auf der örtlichen regionalen und überregionalen Ebene gibt. Ich verstehe diesen Beitrag denn auch als ein Plädoyer für die Ausweitung und Ausgestaltung vorhandener und noch zu schaffender Möglichkeiten.

Zusammenfassung

In dem Beitrag wird untersucht, auf welche Weise in der BRD die Sozialisation zum Gruppenanalytiker vor sich geht (soziologischer Aspekt) und welche Effekte dies auf die emotionale Befindlichkeit des angehenden Gruppenanalytikers hat (psychologischer Aspekt).

Ergebnis der Untersuchung ist, daß die Gruppenanalyse wenig an den psychoanalytischen Instituten verankert ist, die einschlägigen Sektionen „Analytische Gruppenpsychotherapie" und „Klinik und Praxis" des DAGG im wesentlichen berufsständische bzw. Prestigeorganisationen darstellen und die überregionalen systematischen Weiterbildungsgänge stark auf bestimmte Konzepte eingeengt sind.

Es wird für die vermehrte Bildung von *regionalen gruppenanalytischen Arbeitsgemeinschaften* plädiert, deren Anbindung an die psychoanalytischen Institute sowie eine stärkere Förderung und Koordinierung dieser Aktivitäten durch die beiden einschlägigen Sektionen des DAGG. Darüber hinaus wird vorgeschlagen, die psychoanalytische und die gruppenanalytische Weiterbildung zu integrieren, eine vermehrte Kooperation der gruppenanalytisch interessierten Hochschullehrer anzustreben sowie die Möglichkeiten der Zeitschrift „Gruppenpsychotherapie und Gruppendynamik" als Medium der Forschung und der kritischen Auseinandersetzung vermehrt zu nutzen.

Literatur

Argelander H (1972) Gruppenprozesse – Wege zur Anwendung der Psychoanalyse in Behandlung, Lehre und Forschung. Rowohlt, Hamburg
Bion WR (1971) Erfahrungen in Gruppen und andere Schriften. Klett, Stuttgart
Finger U (1977) Narzißmus und Gruppe. Fachbuchhandlung f. Psychologie, Frankfurt
Foulkes SH (1974) Gruppenanalytische Psychotherapie. Kindler, München
Foulkes SH (1978) Praxis der gruppenanalytischen Psychotherapie. Reinhardt, München
Fürstenau P (1979) Aktuelle Organisationsprobleme einer psychoanalytischen Vereinigung aus soziologischer Sicht. Klett-Cotta, Stuttgart, S 156–168
Millerson C (1964) The qualifying association. A study in professionalization. Routledge & Paul, London
Heigl-Evers A, Heigl F (1973) Gruppentherapie: interaktionell – tiefenpsychologisch fundiert (analytisch orientiert) – psychoanalytisch. Gruppenpsychother Gruppendynamik 7/2:132–156
König K (1976) Übertragungsauslöser, Übertragung – Regression in der analytischen Gruppe. Gruppenpsychother Gruppendynamik 10/2:220–232
Kutter P (1976) Elemente der Gruppentherapie. Vandenhoeck & Ruprecht, Göttingen
Ohlmeier D (1976) Gruppeneigenschaften des psychischen Apparates. In: Eicke D (Hrsg) Die Psychologie des 20. Jahrhunderts II. Kindler, Zürich, S 1133–1144
Ohlmeier D (1979) Bemerkungen zur gruppentherapeutischen Anwendung der Psychoanalyse. In: Fischle-Carl H (Hrsg) Theorie und Praxis der Psychoanalyse. Bonz, Stuttgart, S 148–160
Ohlmeier D, Sandner D (1979) Selbsterfahrung und Schulung psychosozialer Kompetenz in psychoanalytischen Gruppen. In: Heigl-Evers A (Hrsg) Lewin und die Folgen. Die Psychologie des 20. Jahrhunderts. Kindler, Zürich, Bd VIII, S 812–821
Sandner D (1978) Psychodynamik in Kleingruppen. Theorie des affektiven Geschehens in Selbsterfahrungs- und Therapiegruppen (Selbstanalytischen Gruppen). Reinhardt, München
Sandner D (1981) Theoriebildung in der Gruppenanalyse. Gegenwärtiger Stand und Perspektiven. Gruppenpsychother Gruppendynamik 17:234–250
Sandner D (1982) Considerations regarding the state of theory in group analysis. In: Pines M, Rafaelson L (eds) The individual and the group. Plenum, London New York, vol I. Theory, pp 631–637
Sandner D (1984) Zur Methodologie der Erforschung des Gruppenprozesses in der analytischen Gruppentherapie. Gruppenpsychother Gruppendynamik 19:380–393
Sandner D (1985) Gruppenanalyse der Gruppe als Ganzes – ein umstrittenes Konzept. In: Kutter P (Hrsg) Methoden der analytischen Gruppentherapie. Frommann-Holzboog, Stuttgart Bad Cannstadt, S 69–92
Schindler W (1980) Die analytische Gruppentherapie nach dem Familienmodell. Ausgewählte Beiträge. Herausgegeben und eingeleitet von D. Sandner. Reinhardt, München
Wolf A (1971) Psychoanalye in Gruppen. In: De Schill S (Hrsg) Psychoanalytische Therapie in Gruppen. Klett, Stuttgart, S 145–199
Wolf A, Schwartz E (1962) Psychoanalysis in groups. Grune & Stratton, New York

Quellennachweise der einzelnen Aufsätze

1. Die analytische Theorie von W. R. Bion. Gruppenpsychotherapie und Gruppendynamik 9, 1975, 1–17
2. Der Beitrag von S. H. Foulkes zur Entwicklung einer analytisch fundierten Gruppendynamik. Gruppenpsychotherapie und Gruppendynamik 10, 1976, 203–219
3. Walter Schindlers Beitrag zur gruppenanalytischen Theorie und Technik. Gruppenpsychotherapie und Gruppendynamik 17, 1981, 137–141
4. Modellüberlegung zur psychischen Dynamik in analytischen Gruppen. Überarbeitete Fassung des 2. Kapitels aus Sandner, D. „Psychodynamik in Kleingruppen". München, Reinhardt, 1978
5. Theoriebildung in der Gruppenanalyse – gegenwärtiger Stand und Perspektiven. Gruppenpsychotherapie und Gruppendynamik, 17, 1981, 234–250
6. Gruppenanalyse der Gruppe als Ganzes – eine umstrittene Perspektive. Erschienen in: Kutter, P. (Hrsg.) Methoden und Theorien der Gruppenpsychotherapie, psychoanalytische und tiefenpsychologische Perspektiven. Stuttgart-Bad Cannstatt, Frommann/Holzboog, 1985, 69–92. Der Abdruck erfolgt mit freundlicher Genehmigung des Verlages Frommann/Holzboog
7. Selbsterfahrung und Schulung psychosozialer Kompetenz in psychoanalytischen Gruppen. Dieser gemeinsam mit D. Ohlmeier verfaßte Aufsatz ist erschienen in: Heigl/Evers, A. (Hrsg.) Lewin und die Folgen, die Psychologie des 20. Jahrhunderts, Bd. 8. Zürich, Kindler, 1979, 812–821. Der Abdruck erfolgt mit freundlicher Genehmigung des Kindler-Verlages
8. Zur Psychodynamik in Arbeitsgruppen. Ein Beitrag zur Theorie der angewandten Gruppendynamik. Zeitschrift für Gruppenpädagogik, Bd. 2, Heft 4, 1976, 2–25
9. Psychodynamik von Schizophrenen in analytischen Gruppen gemeinsam mit Neurotikern. Gruppenpsychotherapie und Gruppendynamik 15, 1980, 32–50
10. Gruppenanalyse in der Klinik mit Psychotikern und anderen schwer gestörten Patienten. Dieser gemeinsam mit F. Schwarz verfaßte Beitrag ist erschienen in: Gruppenpsychotherapie und Gruppendynamik 17, 1982, 379–387
11. Zur Methodologie der Erforschung des Gruppenprozesses in der analytischen Gruppenpsychotherapie. Gruppenpsychotherapie und Gruppendynamik 19, 1984, 380–393
12. Begründung und Darstellung eines hermeneutischen Verfahrens zur Erfassung des Beziehungsgeschehens in der analytischen Gruppenpsychotherapie (Grup-

penanalyse), erschienen in: Czogalik, D., Ehlers, W. und R. Teufel (Hrsg.) Perspektiven der Psychotherapieforschung. Hochschulverlag Freiburg 1985, 300–315. Der Abdruck erfolgt mit freundlicher Genehmigung des Hochschulverlags

13. Der Zusammenhang zwischen Theorie, Praxis und Forschung in der analytischen Gruppentherapie (Gruppenanalyse). Überarbeitete Fassung eines Vortrags auf der Arbeitstagung der Sektion analytische Gruppenpsychotherapie des DAGG am 12. 5. 1984 in München
14. Über die Schwierigkeit, kollektive Widerstände zu bearbeiten. Gruppenpsychotherapie und Gruppendynamik 17, 1982, 360–375
15. Psychologische und soziologische Überlegungen zur Sozialisation des Gruppenanalytikers. Gruppenpsychotherapie und Gruppendynamik 20, 1984, 112–125